古色万安

郭白云　主编

萧人翔 郭志锋　执行主编

江西高校出版社
JIANGXI UNIVERSITIES AND COLLEGES PRESS

图书在版编目(C I P)数据

古色万安/郭白云主编.--南昌:江西高校出版社,2021.2(2022.3 重印)

ISBN 978-7-5762-0969-3

Ⅰ.①古… Ⅱ.①郭… Ⅲ.①万安县—概况 Ⅳ.①K925.64

中国版本图书馆 CIP 数据核字(2021)第 025971 号

古色万安

GUSE WAN'AN

郭白云 主编

萧人翔 郭志锋 执行主编

出版发行	江西高校出版社
社　　址	江西省南昌市洪都北大道96号
总编室电话	(0791)88504319
销售电话	(0791)88522516
网　　址	www.juacp.com
印　　刷	天津画中画印刷有限公司
经　　销	全国新华书店
开　　本	700mm×1000mm　1/16
印　　张	25
字　　数	380千字
版　　次	2021年2月第1版
	2022年3月第2次印刷
书　　号	ISBN 978-7-5762-0969-3
定　　价	88.00元

赣版权登字-07-2021-214

《古色万安》编委会名单

目录

定睛打量古万安

“古万安”是什么?

是抽象,是具象,更是意象。

观之,必仰首;察之,则俯身。俯仰之间,一目了然,古色生香也。

一、县境名分

出土文物证实,远在四千多年前,万安就有人类居住。1980 年,五丰的中洲村象嘴山北侧,发现了多种印纹陶片、铜钱花纹砖和石斧、石锥、打眼石范等。省考古队鉴定,其中一部分属新石器时代晚期文物。万安的先民们手持石器,辟路、采食、建住所,繁衍生息,谱写了一首生存壮歌。

然而,自夏朝行政区划萌芽后,万安很长时期内没有名分,只是作为附属地:商、周以前属扬州,春秋时属吴地,战国时属楚地,秦时属九江郡,西汉时属豫章郡,东汉时属庐陵郡;汉献帝建安四年(199 年)为遂兴县的一部分,三国时改称新兴县,西晋复名遂兴县,万安皆属之;隋开皇十年(590 年)废遂兴县,其属地并入泰和县。

直到南唐保大元年(943 年),承蒙天赐之吉,万安镇设立。据传,时人辟地得石符一帖,上有八分书,云“地界两州,神秀所蟠,更为都邑,万民以安”,故名万安;又因遂兴江口时起五色祥云,故别称“五云”,有“五云呈祥,万民以安”之誉。宋熙宁四年(1071 年),改万安镇为万安县。史料载:以镇当水陆之冲,舟车之会,控扼赣石之咽喉,割龙泉县(今遂川县)永兴、和蜀以及泰和诚信、赣县龙泉等乡,设万安县。

至此,万安县境之名分落定矣。

二、地理品貌

万安位于赣中南罗霄山脉东麓。

历代人口大迁徙,先民们筚路蓝缕,一路向南艰苦跋涉,相中了这儿,并在此安下心来。其因缘何在?在地理,品貌兼优也。

一是骨架匀称。万安的地形,宛若比例匀称的骨架,总体起伏不大,山地、丘陵和低丘岗地各占三分之一。二是肉质壮实。所谓"壮实",即万安地块不仅土壤种类多,有水稻土、潮土、紫色土、红壤、黄壤、草甸土、山地草甸土,而且矿产资源多。三是血管丰富。血管似的河流,均属赣江水系,呈树枝状分布。主动脉赣江纵贯县境达90公里,江面宽500~1000米;其支脉有流经县境西北部的蜀水和流经县境西部的遂川江等多条。四是肤色曼丽。此地野生动植物资源颇丰。茅草丛生,古木参天,飞禽走兽活跃于林间,动的、静的相伴相生。地面一片盎然,主色调永远是绿色。五是性情温润。万安就那么柔和,恰属于亚热带季风湿润气候,冷暖适宜,既适于水稻一类喜温作物生长,又利于秋播作物安全越冬。

诚然,古人当年的大脑沟回尚未摄入当今这些科学知识,敲定具体落脚点时往往借助卜卦,凭感观,凭经验,超前地做出预料,认定万安乃"风水福地"。

三、一江上下分两片

造物主的确有功夫,拿了赣江这根大动脉,就着万安县境自南而北地往当中一摆,就摆出了水东、水西两大片区。

然而,万安人约定俗成的却不是这个东西横向的划片,而是南北纵向的划片:以县城惶恐滩为界,向南往上游两岸谓之上乡,即上乡片;从北往下游两岸谓之下乡,即下乡片。

上乡片多为客家氏族,下乡片多为南迁氏族。

很显然,这与人口演变密切相关。

最初,秦始皇连续南征,带来了中国历史上第一次人口大迁徙,开始影响万安的人口构成。赣江从此成为从北方到岭南至沿海的主通道。再后来,西晋的

“永嘉之乱”,唐朝的“安史之乱”,两宋之交的“靖康之乱”,皆造成大规模的“北人南迁”,使得赣江两岸不断衍生新的炊烟。到了明清时期,更有大批闽、粤及赣南的客家人迁入万安。所谓“客家人”,指的是中原移民与当地(广东、福建、海南及赣南等地)少数民族共同生活并不断融合后形成的民系。据文史专家耿艳鹏考证:因人口膨胀、生活艰难而举族迁徙的客家人使得万安村落大增,明代新增 539 个村子,清代新增 1430 个村子。

有道是“先来后到”。县城下游丘陵地、低丘岗地及平野地由先来的南迁氏族占有,成为“下乡片”;后到的客家氏族便大多落户于县城上游山地,成为“上乡片”。

四、先民共有的精气神

所谓“百里不同天”,因地理条件的差异,上乡片多为深山区,交通闭塞,良田少,生活紧巴巴,而下乡片良田多,生活较富裕;又所谓“百里不同俗”,因氏族习俗的差异,上乡片与下乡片在方言、生产习惯、饮食、婚嫁及民居等方面都有着明显的不同。但是,这些不同并未导致人们在整体性格上相异,更未导致人们在整体品格修养上相差太大。

为何?空间上是上下游分两“片”,而本质上一江涵两“片”。那赣水,是汩汩不息的血液,滋养着两岸的万安子民。上乡片与下乡片共同生长并且互相融汇,以至形成“五云文化”(万安文化)而一脉相承至今。

赣江最为著名的一段乃十八滩。在上游,即赣县至万安流域,暗礁众多,地形险要。自南北朝太平二年(557 年),“唐路应为虔州(今赣州)守,尝凿败赣石,水势以安”。到宋嘉祐六年(1061 年),虔州知州赵抃疏浚险滩,先人们进行过多次整治与开凿。这对万安的社会经济产生了推动效应。

随着赣江的疏通,航运得以迅速发展,万安沿江派生出各种行业。人们的生活及生产方式亦随之变化,并逐渐形成了独特的信仰和民风。正是一系列信仰和民风造就了区域内的整合机制,才慢慢有了一种社会认同感,维持着上下游两岸同频共振的良好秩序。

古万安长期处于南北交通即赣江—大庾岭商道上，乃关隘要地，形成了独特的人文景象。

此刻，我们披着山光水色，深情地触摸着名胜古迹、文物遗存、族谱县志，感受着村风民俗及歌谣诗词的温度，仿佛听到了从远古传来的阵阵乡音，窥见了那一股精气神——仰宗敬祖、良善仁爱、尊师重教、崇尚贤哲、吃苦耐劳、聪敏灵巧、精明强干。

第一，民俗感恩，反映仰宗敬祖。

统观上乡片与下乡片的种种民俗，大多是纯朴之中蕴含着感恩之情。每逢初一、十五、除夕和春节，人们总是盛饭焚香，以示不忘祖先；每逢清明、冬至以及中元节，即使在外地的游子也不忘返家祭祖扫墓，烧香、磕头、焚"纸钱"，甚是虔诚。这个节、那个节，说到底，本质上就是我们的"感恩节"。此"感恩"之最高格局何在？在于具有宗族集合性质的修谱与建祠。"参天之木必有其根，怀山之水必有其源。"万安民间历代修谱皆为警醒后人"饮水思源不忘本"。翻阅各族谱，卷首跃入眼帘的均是"溯源序"，无一例外；主修者将"源"摆在至高位置，极尽郑重。至于宗祠，则更加明显，功能乃是仰宗敬祖，而非谋求保佑也。

第二，氏族融和，源于良善仁爱。

曾几何时，一次又一次人口迁徙，氏族云集。有的村子杂居六七个姓氏，但世代和睦相处，乃至联姻成亲。纵观万安各氏族家训，可见其首要目的乃熔铸光明伟岸之道德人格也。析之，作为建立良好家风的养成基础和形成社会风气的规矩认知，家训的核心有两点：一是忠孝，即在家能孝、于国尽忠；二是仁爱，即处世以仁、待人以爱。"仁爱"之具体表现："勿以善小而不为"，即怜饥悲寒、扶危济困、体恤孤寡、乐善好施而且不求回报；"勿以恶小而为之"，即"己所不欲，勿施于人"。因此，村里尊为"长者"的，并不只是年纪大、辈分高的，而往往是德高望重者。

第三，耕读传家，以至尊师重教。

无论是告老归田，还是终生于田，"耕读"都是万安人最为幸福的追求。宋

以来，耕读传家的思想观念长驻心坎。所谓“耕读传家久，诗书继世长”，于是，有田可耕，即衣食无忧；农闲读书，则其乐融融。从上乡片到下乡片，教子读书都被作为头等大事，窑头一带就有“捡禾秈也要教崽读书”的谚语。教学场所，除了县署建的学宫，还有众人捐建的书院，家族主办的私馆即私塾，也有贤士独资兴建的义塾。读书重要，教书亦重要，于是乎“尊师重教”成风。万安文教之盛甚至吸引了周敦颐（宋）这样的大师前来讲学，还吸引了张九龄、周必大、胡铨、文天祥、刘辰翁等一批唐宋名家题诗作赋以赞之。

民间特别昭示“尊师重教”的，乃儿童入学时的启蒙仪式。万安的启蒙仪式始于唐朝，由圩镇到乡村，逐步盛行。据本土已故老作家郭敬华生前回忆，即使是上乡片柏岩上造这样的偏远村也一直流行启蒙仪式。儿童由家长带着去“启蒙”，其过程为上乡片四步、下乡片六步，大同小异。相同的是这几步：儿童对孔夫子像拜三拜后，对老师拜三拜；老师拿出写着“幼而学，壮而行，上忧国，下便民”的红纸条幅，一边解释，一边教儿童念三遍，并教儿童写自己的名字，也写三遍；家长递给老师一挂猪肉、两把油纸扇，以致谢。仪式可谓步步相随，环环相扣。“教之崇高，师之尊严”，于上学第一天即植入灵魂矣。

尊师重教之必然结果——人才辈出。历代科举中，全县有翰林院庶吉士 2 人，会元 1 人，进士 135 人，举人 471 人，恩贡 508 人。诸多名士，载入五云史册的同时也载入了庐陵史册。

第四，家园厚土，贵在崇尚贤哲。

人类聚居的基本单元是村子。于是，一个县的兴衰必然见微于一个村子的兴衰，亦即立县源于立村。古往家园何以立村？生态立村，种田立村，养殖立村，经商立村，等等。对万安而言，最根本的乃是贤哲立村。全县史上所有“旺村”无不证明了这一点。

在此，需特别提及赣江支流泉江岸畔的西塘村（古称桂林村）。古西塘之“旺”，“旺”在哪？在人才吗？好像是。古西塘并非大村子，但人才甚多，历代科考进士有八人之多，甚至出现“父子解元（乡试第一名）”与“父子进士”的奇

迹:宋代,朱振于宝祐乙卯年(1255 年)魁江西,其子朱云龙于成淳癸酉年(1273 年)魁江西;明代,朱衡于嘉靖十一年(1532 年)举进士,其子朱维京于万历五年(1577 年)举进士。其实,这些只是“旺”的表象,其表象的里头乃贤哲也。特征有二。一者,重才力,读书蓄智慧,进而浸染家风,坚守本心。且看明代,西塘有两个皆因父亲早逝而于孝母中苦读修身的典型:朱世灏,“刻志读书”,举孝廉而不就,终日自学,沉酣于典籍直至彻悟人生要义才罢;朱齐观,研读经史乃至通宵达旦,后来他这份书卷气也熏陶着儿子,当有人嘲笑他为“三蠹”时,乃回应曰“守先人田园不如守先人书籍,毋使儿辈不达礼义而辱祖也”。二者,重品性,公益致良知,进而浸染村风、滋养民心。科考出去做官的,竭力于公家和老百姓;辞官归里,则倾情于教化以贡献余热。仍将目光投向明代,有三个光辉的榜样:朱与言,永乐辛卯年(1411 年)举进士,年老致仕,痴心“民本”,归里后以其威望而投身民风建设,以至“家居门庭清肃,乡人有不善者唯恐与言知之”;朱道相,万历己丑年(1589 年)举进士,官至云南观察使,“归里,与郡邑名儒倡明理学,每课(教育)子弟,忠孝廉节”;朱登明,天启贡士,授淮安府睢宁县知县,“少有文名,政则有声,谢职归里后与族子弟论文考艺,至老不衰”。科考未能考出去的,亦大多仗义克己,为乡亲、为众家。如明代朱祖贵,“性慷慨,人有患难即解金以赠,称贷者则焚券(借钱还不起的就烧了借契不要还)”;又如清代乾隆年间(1736—1795 年)的朱昌灌、道光年间(1821—1850 年)的朱飞鹏与朱希祖,“自幼读书通大义”,成人后“好行善事”“仗义疏财”,屡屡捐资修桥、铺路、凿井、建祠及助学。不胜枚举也。

难怪清同治十二年(1873 年)《万安县志》的人物志,编入西塘村历代贤哲二十二个。叹为观止!

第五,鱼米之乡,凸现吃苦耐劳。

远古时期,先民们披荆斩棘,垦荒辟壤,一代代耕作并不断改良,渐成沃土。史料载,至清初,万安有耕地 48.9 万亩。沃土盛产稻米,万安即成为产粮重地。稻谷在自足之外还随船帮被运至江苏一带。由于稻谷品种多、产量大,因此随之而来的加工品也多。比如神仙粉，以糯米为原料制成的干粉，保鲜期长，也是外销的土产之一。除了稻谷，甘蔗生产也历史悠久，魏晋南北朝时期即名传江南。史载："道光年间，赣人……近今沿河遍植矣。"赣江两岸历代种蔗，以泰和栖龙、马市、澄江和万安的涧田、五丰、罗塘、百嘉、窑头为最，产量高，水运外销极畅也。

家畜家禽养殖，以猪为著。宋朝时猪肉已成为万安老百姓的主要食用肉类。明朝，正当猪肉地位持续上升之际，发生了意外。正德十四年（1519年）十二月，因"猪"与明代皇帝朱姓同音，明武宗生肖又属猪，杀猪被看成大逆不道。皇帝严令禁止杀猪，违者及其家小"发极边永远充军"。这迫使农民把家里养的猪杀净吃光。然而，花猪养殖正值繁盛的万安不吃这荒唐的一套。老百姓用各种手段予以抵制，甚至地方官府施以暴力禁止养猪之际，仍有陈氏父子躲进深山穴居岩洞饲养花猪，使花猪得以延续，故有《万安县志》载，"明正德中禁天下猪，一时埋弃俱尽，陈氏穴地养之，遂传其种"。正是万安人民对于家畜业的那份执着与顽强，使万安花猪演变成"名猪"（1976年，作为赣中南优良品种被列入《中国猪种》系列）。

田园小农生活与水上搏浪生活，构成万安的千年劳动画卷。作为"鱼米之乡"，渔业当然一直红火。南宋吉州庐陵人胡铨在《厅壁记》中记述："顾其水则玉虹翠浪，山则龙岭芙蓉，岩石之怪奇，他郡所罕。矧其竹树连山，桑麻夹道，茶冠异品，鱼惬四时，物产之殷，人文之盛，实仕宦所居之乐也。"罗塘、桂江等地的池塘鱼久负盛名。万安人具有割草养鱼的传统习惯，他们起早贪黑，不辞劳苦。另外，江河捕捞业在渔业生产中占据很大的比重。渔民们长年漂在水上作业，或网或钩或利用鸬鹚捕鱼，相与为一，乐此不疲。

第六，手工技艺，尽显聪敏灵巧。

万安盛产竹木，人们将竹木"为我所用"。处于自然经济状态下的村民，所需生产资料和生活资料，全都与竹木生产有关，大至土木营造，小至木勺、筅帚。自宋建县以来，万安的手工业一直活跃，木匠、篾匠代代相承地拥有了绝活，其产品尽显心力与地气。此外,制纸、榨油、编棕鞣与打竹缆也声名远播。

因为手工业门类的增多以及工匠文化的发展,那由技术层面升华至艺术层面的,不仅体现于手工产品,还表现在民俗表演。万安一些起源于唐宋的节庆演唱或祭祀舞蹈,今天之所以被列为省级代表性非物质文化遗产,乃因为那些习俗艺术独特且灵巧。其载体道具,皆出于精湛之手工。“股子灯”中一股一股能分能合能摆字的灯具,“麒麟狮象灯”中纸糊篾扎而成的精细逼真的象形灯具,“儿郎灯会”中色彩斑斓、形态活泼的灯笼、蚌壳、花篮、烟火等,“元宵唱船”中既神气又神圣的纸扎花船以及元宵画,不一而足,各尽其妙。

第七,集市贸易,足见精明强干。

古时,最能彰显一个地方经济发展程度的乃是集市贸易(圩市)。万安圩市之繁盛,得益于农业与手工业的交织催化,亦得益于赣水之天然恩泽。

利用“上通交广,下接京畿,旁达乎闽浙之区,近抵乎荆楚之境”的“黄金水道”搞活经济,先人的精明强干发挥得淋漓尽致。惶恐滩头的县城毕竟是县域经济中心,在沿江码头及城墙的持续见证下,街市“天天是圩日”,自不待说。单说沿岸的那些小圩市。最早时,江畔的村子为利于船运物资交流而设置码头,随着商旅往来的日益频繁,人口逐渐聚集而变为小镇,巷道遂成街道,店铺与仓库亦应运而生。此商业集散地,即为圩镇也。到清朝时,全境有良口、百嘉、两江(今罗塘)、棉津、长桥、武术、沙坪、窑头等十多个圩场,圩日甚是热闹。上市物资主要有粮、油、土纸、蓝靛(做染料)等农副产品,猪肉、糕点等食物以及小农具、土布。

1990 年 8 月,万安水电站蓄水发电,上乡片的良口、涧田、武术、小蓼、长桥、棉津、昆仑七个圩镇被淹没。然而,其灿烂史永在。随便捞一捞,即可捞出湖底的记忆,先人们既立足本地创业守业,又借力水道开拓进取。以武术圩镇和棉津圩镇为证,民间述其盛况有“走遍天下四只角,不如棉津和武术”之说。武术圩镇位于赣江东岸,街长达 300 余米;棉津圩镇位于赣江西岸,街长 160 米,历来为县境土纸集散地,产品远销广东和东南亚。

可以想象，当年，万安县境之赣岸圩镇，即使一时黯淡也总能明朗有序：那码头货船吱吱呀呀的橹声，那街头地摊此起彼伏的吆喝声，那鹅卵石路面上杂沓的脚步声，那走南闯北带回来的嬉笑声，一齐伴随着店铺里清脆而温馨的算盘珠子声，如朝阳夕晖似的照耀着每一个逢圩日。

五、结语

一江碧浪一江金浪，两岸地理为两岸呈祥；

千载上乡千载下乡，万安历史由万安点亮。

（萧人翔）

走向万安“古色文化”的纵深处

万安的“古色文化”包罗万象，内容丰富，底蕴深厚，主要体现在赣江的“水文化”。赣江的“水文化”，包括很有代表性的“滩头文化”（亦名“十八滩文化”）。

打开万安“古色文化”这本巨著，迎面扑来的不仅仅是飞流险滩和郁郁葱葱的参天古树，还有一位位历史巨人向我们款款走来：或饱读经书、吟诗作赋，或指点江山、挥斥方遒，或创办书院、点燃圣火……万安“古色文化”是一部以赣江的水文化为表征的长篇巨著，曾吸纳历史的云烟，留存文化的传奇！

这部巨著，以千年历史为时间经线，以千里赣江为地理纬线，以丰富的名人诗赋、书院理学、宗教乡俗及其绿色山水为内容，建构了它所独有的科学严密的文化体系，不仅具有深厚的内涵、鲜明的特点，而且具有丰富的表现形式和高品位的文化品格，值得细细研究和品味。

走进这部巨著，就是走进千年的历史，就是走进万安文化的深处……

一

想象着手里捧着这本巨著，心里竟有沉甸甸的感觉。恍惚间，我们的目光似乎穿越了时空，透过一层层历史的书页，梳理出“古色文化”一路走过的脉络，一路走过的辉煌。

沿赣江北下，从赣县至万安，百余公里的水路，竟有十八个险滩。古代诗人吴兴祚曾有感而发：“怪石触舟怯，飞涛惊梦寒。曾问三峡险，不似此行难。”其中最著名的当属第十八险滩，那就是地处万安古城观澜门外的“惶恐滩”。此滩最深、最奇、最险，先有苏轼赋诗叹曰：“七千里外二毛人，十八滩头一叶身。山忆喜欢劳远梦，地名惶恐泣孤臣。”后有民族英雄文天祥在此挥笔写下千古名句：“惶恐滩头说惶恐，零丁洋里叹零丁。人生自古谁无死？留取丹心照汗青。”民间亦有流传：“惶恐滩，鬼门关，十船过滩九船翻。”其实，围绕赣江“十八滩”，特别是万安境内的九个险滩，千百年来已留下众多诗词歌赋，如杨万里的《过皂口》、朱熹的《题万安野馆》、赵抃的《入赣闻晓角有作》、彭汝砺的《万安道中》、戴复古的《游五云阁》、郭师元的《云洲》、辛弃疾的《菩萨蛮・书江西造口壁》、解缙的《疏源诗》，等等。这些名人名诗，渐渐形成了独具特色的滩头文化。这些美丽的历史篇章，使万安的“滩头文化”古今传颂，闻名遐迩。

当我们的目光投向一座座富丽堂皇、器宇轩昂的道观庙宇时，仿佛看到了一个个束发盘髻、身穿道袍的道神仙姑，乘舟北下，渡水越滩，走向万安。东汉年间，张道陵天师登上了江边的东华山，在此修身炼丹，创立了道教正一派。东晋年间，葛洪也来此修炼，东华山一时声名大震。道家许真君亦曾来此修炼，为当地百姓治病，誉满江西。元末道士许月评重修东华寺，更名东华观。清同治版《万安县志》载：“洪武中寇至，道士彭九万祷神御之，寇不敢毁。”最为著者为万安县城内的精修观，为唐开元间道士李善珪所创。宋宣和初，元阳赵真人尝居其中，研修遁甲步玄之术，声名大噪。

在“古色文化”里，“书院理学”应占有相当多的页码。据考证，万安的书院，最早的为宋代的昂溪书院和龙溪书院。至明朝，在横塘建有横溪书院；清朝康熙年间（1662—1722年），县令王圻在龙溪书院旧址建濂溪书院。讲学的老师多为名贤大儒，如欧阳修、刘辰翁曾在昂溪书院（即九贤寺）讲学，随后程伯淳、程正叔曾在此宣讲太极理学。朱熹曾到云兴书院讲授理学，并题“云兴书社”匾额。文天祥曾游学于赣江边的鳌溪书院，并题“鳌溪书院”匾额。此外，还有南岳书院、经馆书院、文明书院、大蓼书院、新华书院、瑞非书院、武举书院、银塘书院等二十余所。讲学之风，尤以明朝为盛，万安因此人才辈出，如刘广衡、刘孜、刘玉、张鸣冈、郭宗皋、刘士祯等都曾官居尚书或被追认为尚书，刘憼、周贤宣、朱维京、萧乾元、罗良、张雨、黄绍杰等都是誉满一时的大学者。

二

万安的“古色文化”还是一本有声音的巨著。一打开,就能听到震天动地的喊杀声、轰轰烈烈的枪炮声。

早在1277年,文天祥举兵勤王,在惶恐滩头与元军进行了生死抉战。赣江的水从宋代一直流到了近代,流逝的是时间,不变的是不屈不挠的战斗精神。1928年,万安暴动取得胜利,鲜艳的红旗终于插上了“惶恐滩”边的古城墙头,江西省第一个县级苏维埃政府随即宣告诞生。一大批喝着赣江水、唱着十八滩号子长大的万安儿女,从“惶恐滩”头出发。鲜血染红了赣江水,也染红了“十八滩头”,使她变得更加光彩夺目,并赋予了她一种历史的温度。

“吉州南上水环湾,十八滩头是万安。来客莫言万安恶,万安无数好青山。”正如诗歌所言,沿赣江下万安,张目四望,无不青山绿水,一派生机勃勃。特别是1995年万安水电站建成后,险滩变通途,赣江沿线更是青山逶迤,白鹭游弋,成为千里赣江最美的一段。而耳边,此刻传来的却是一阵阵简洁明快、幽默动听的万安山歌声。原来,世代生活在江边的万安人民,自古勤劳聪慧,故流传下丰厚的民俗传统,有客家风俗、歌谣传说,还有众多的乡间习俗,如著名的跑马灯、儿郎灯、麒麟狮象灯等灯彩表演,都曾风靡一时,传承至今。

三

脚踩在赣江滩边的鹅卵石上,两腮就溅满了从江中飘荡而来的水滴,只觉得一片清凉。我们知道,万安“古色文化”,如今还写在江中、写在水边,写在一千多年的历史里。

万安的“古色文化”既是一部巨著,将滩头文化、理学文化、道教文化、书院文化、民俗文化、革命文化和水电文化等融为一体,装订成册,作为她的表现形式、她的血和肉,又是一幅历史的山水长卷,徐徐展开在崇山峻岭之间,铺张在绿树红花之中。这幅山水长卷一画就是一千年，一展就是一千载。

读万安“古色文化”，能读到她的篇章结构，读到她的发展脉络，更能悟出她的内涵和精神。纵观这部历史文化巨著，集中表达的不过是一种人生态度，一份社会责任。从当年过滩的艄公身上可以看到这种精神，从文天祥、辛弃疾身上可以看到这种精神，从革命先驱曾天宇、康克清的身上也可以看到这种精神。无疑，这种精神就是不畏艰险、勇往直前，就是忠诚刚毅、不屈不挠。

读“古色文化”，能读到她的红绿七彩，读到她的千山万壑，更能悟出她的人格质地和文化品性。她和庐陵文化一脉相承，尊师崇文，正义凛然，既有村姑的纯朴，又有学者的傲然。她像是散落在江边、滩头上的千万颗珍珠，串起来是一道虹，连起来是一幅图。

如果说万安的“古色文化”是具象的，那么就能从造口壁、古城墙、古榕树、惶恐滩等地寻找到她美丽的足迹；如果说“古色文化”是抽象的，那么就从十八滩的吟咏中、从元宵唱船的歌声里、从玻璃红鲤鱼的传说中、从纤夫劳作时的号子声中寻找到她曼妙的身影。

打开万安“古色文化”这部巨著，就等于打开了一个宝库；打开万安“古色文化”这本巨著，就等于打开了一个多彩的世界……

（郭志锋）

第一辑 遗 存

村 落

作为乡村文化符号，传统村落乃是人类繁衍生息的必然空间与农耕文明的集中体现。在城乡关系重构的今天，一个个古村已成为传统文化传承与重塑的重要载体。万安境内散布于山野田垌的传统村落，大多处于山环水抱、茂林修竹之中，与周边的自然要素巧妙融合，形成了天人合一的理想聚居地。万安传统村落包括三大类：一是从物质外壳到文化内核都保存得相对完整，可惜数量不多；二是大部分古建筑于经风历雨中基本塌毁，只剩残垣断壁，所幸文化内核一代一代地传承下来，今天依然存在；三是才俊特别多，名人层出不穷。第一类以罗塘乡村背和百嘉镇下源为代表，下源村于2013年8月被正式列入第二批中国传统村落名录；第二类以窑头镇桐口为代表，其形态独特、内涵丰富而意韵悠长的贤哲文化可谓江南乡村文化之瑰丽者；第三类以百嘉镇艮方、五丰镇西塘、潞田镇邹江、韶口乡南乾、高陂镇符竹和窑头镇横塘为代表，村里历代出名人，或因科甲连登、才气过人，或因品格超群、仕途赫然，而被载入《万安县志》《吉安府志》等史册。至今，这三类传统村落皆闪耀着万安乡村历史的灼灼光华及其发展元素的隽永魅力。

下源其实叫夏源

万安有个国家级传统古村落，叫下源。它就在百嘉圩镇旁。远远望去，古村一二十栋高耸着马头墙的青砖老屋，掩映在浓绿的樟树丛中，颇显庐陵文化的厚重气派，吸引众多游客慕名而来。前往采风的作家记者亦不少。前不久，笔者也去了一趟古村。几个年长的村民见到我们，不太高兴地说："又是来采访采风的？我们这里不叫'下源'，叫夏源！夏天的夏，源源不断的源，不要再写成'下源'了！"

你不能说这些老人的呼声没有道理，人家历史上原本就叫夏源，这有清代的《万安县志》为证。将"夏"简写成"下"，是近几十年发生的事，而且多是办公事者所为，人家能不生气吗？看起来虽只改动了一个字，但细究起来，却几乎将古村的历史文化特色抹掉了！"下"，别说文字的意境不好，它与这个村子有什么历史文化关联吗？没有！而"夏"就不同了，它记载着与这个村子有特殊关系的季节和其衍生的文化精神，既有村庄的来历，又有它的发展，还有它的期盼。村里人能不为之动情吗？

这个村子始建于南宋。村子在赣江边，河水源源不断，财运就源源不断。河岸上，有七口大水塘环绕。先来的住户在水塘中植下的莲藕，盛夏时绿叶如盘，荷花亭亭，周边是大片良田，岸边樟树成林。这么好的地方，吸引郭、刘等大姓不时迁居过来。人多成村，盼望着生活如夏天那样美好、炽热。大家商议给村子取名时，几乎无任何争议地把它取名为夏源。

夏源的立村和发展得益于赣江水运。村边有百多米长的河岸，地势不高，但土质硬结。河岸外临赣江，比较低平。南下北上的过往船只停靠，人员上下船，货物搬运都十分简便。进村后即可见到古时流行的宽阔的卵石路，岸上一片大樟树，热天遮阳，冷天挡风，客栈、商店、茶馆、仓库就在岸边，为行人和商家提供了方便。时间一长，夏源就成了赣江东岸的天然良港。夏源地处这一大片区域的地理中心。周边村庄渐多，盛产粮食和瓜豆等，商贸交易十分活跃，这都离不开夏源码头。常常有数十条南来北往的大小船只在此停泊,久而久之,便带动了夏源村的发展。至明代,夏源村里的客栈、货物仓储、酒馆饭店多了起来,亦有了粮食、榨油、货物包装等作坊,土特产的外销也很好,夏源便成为今百嘉地域最早的圩市。

夏源码头地势低平,虽便于人员流动及货物搬运,但每年会遭遇两至三次赣江洪水。涨洪水的时候,人们就将船只临时停靠在码头南向的高地上。水退了,船只又会回到夏源渡口去。久而久之,近旁的临时码头也常有船停靠。于是,有人抓住商机,将夏源渡口的商街延伸过去。时间一长,南向人口逐渐增多,货物交易逐渐向南移,但都在夏源的边缘。直到 1915 年赣江发生特大洪水,罗塘百嘉临河店铺被一卷而空,夏源渡口及岸上商街损失巨大,人们才最终告别夏源古渡,下决心在夏源南向约三百米远的高地上重建百嘉渡口和圩市。该处向南约三百米便是艮方村,明代出了个官至刑部尚书的大人物刘士祯。为了让官员和家人出行方便,便于装卸物资,人们修建了石砌的凌枫码头。但从历史演变来看,百嘉码头、渡口和圩市,最早开发并长时间运用的,是在夏源。

交通的发达不但为夏源创造了物质财富,还给夏源带来一些不显眼但意义深远的影响,那就是它成了万安本土最早对外交流开放的地方之一。商贸吸引了各种人才,各种信息的交流,开阔了夏源人的眼界。本地村民也从这里大胆地走向了远方。

历史上这个开始时只是个小村子的地方,出了十多个文官武将,但村里人并没过多地炫耀。村里最赞许的是在外务工经商的那些人,因为他们才真正是劳动致富的带头人。“我们村在外当官的人只会造福他乡,很少顾及乡梓,而务工经商的人就不同了,赚了钱都寄回家乡,造屋、修路、建学馆、修祠堂,使村里面貌大变样,人们得以安居乐业。”老人热情地带我们去看那些宏大宽敞的古民居,“每块大青砖都要经过水磨处理,平整光滑,一砌到顶”。历经几百年风雨,村中还完好地保存着二十多栋古民居和祠堂,实属不易。

村里有一栋十分精美的大屋,可惜十多年前被火烧掉了。大屋建于明代后期，前后三进。院内还有前、后花园，是个商人大家族建的。大屋装饰十分讲究，文化特色突出。大门上方有架气派十足的精雕门楼嵌在正中，从大门进去后是三个中厅，中厅的雕刻与油漆的装饰内容各不相同。前厅以李白、杜甫、白居易的诗、画为主。中厅是《红楼梦》《水浒传》《三国演义》中的人物和故事。古代四大名著为何单抛开《西游记》？村里人说不能让妖魔进宅，务工经商讲诚信，不能有不牢靠的“猴气”。商人之家想的是发财富裕，这一理念用不着掩饰。主人打造了镀金的聚宝盆、摇钱树，配以腾飞的金凤凰，满屋金光闪耀。第三厅则是名花秀草，彰显大富大贵。在这个文化氛围浓厚、三大厅相连的大屋里，你闻不到铜钱的臭气，倒看到了夏源人追求劳动致富的欲望和勇气。富裕起来后，人们的精神生活也更加丰富了，表达着对美好生活的无限向往。“房子烧掉了，但它的文化精神已经渗透到夏源人的心里。”也许是这个缘故，十多年了，大屋残留的富有特色的墙壁、圆门等依然立在绿树下，见证着时代变迁，也时时鞭策着夏源的子民。

夏源老巷子

经济与文化是两姐妹。夏源人立村之时，既抓经济发展，让人们富起来，又抓文化教育，让人在社会上立起来。夏源村现在有 70 多户 400 多人，南宋建村时也许只有十多户几十人，但几十年之后，元代的郭翊卿就以贤良授提举，首开夏源人登仕之风。村里郭、李、刘、萧等姓人才辈出，以郭、刘为多。细读县志才发现，夏源刘姓可谓文武双全。文官中，清代有个刘绍锜，嘉庆年间（1796—1821 年）在浙江淳安当知县。那年，淳安先遭特大洪水，庐舍被淹没，百姓呼号待毙，后又遭旱灾，数月不雨，啼饥之民声达四境。刘绍锜“典衣悬赏”“单车劝捐”，四方呼号，先后为民募来三万多石粮食，“按户分赈”。他还向上级申请发给灾民三万多缗钱，淳安县民因此立祠纪念他。夏源没得到什么好处，但全村人却引以为荣，传颂至今。夏源刘姓武举屡有好成绩，明代洪武年间（1368—1398 年）的武举人刘志仁，“以功授千户”，属中高级军官。在忠孝传家、勤奋向上的良好风气的带动下，村里疏财仗义、乐文助教者大有人在。清代有个叫刘国泰的国学生，“性俭朴”，但村里修造永福桥时，他捐了五百余金。后来，县里建考棚，他又以儿子的名义捐了百金。清乾隆年间（1736—1795 年），刘光轴捐银八十两，买粮赈济灾民，无偿捐田，长期赡助夏源村与对岸韶口的来往渡船，方便村民往来出行。良好的民风就是在这样炽热的氛围中形成的，并传衍至今。

老人们送我们出村时，又一次提醒我们“是夏源，不是下源”，可谓企盼良多，意味深长。历史地名饱含了丰富的文化底蕴和精神寄托，我们实在不应该图简单而随意地写。这些年，一些地方建设美丽乡村、振兴乡村的过程中，不经意地失去了一些有价值的历史文物和民俗遗存。我们不能再让乡村失去原有的文化精神。已被评为中国传统村落的夏源，本就有与奋发兴旺的夏天有着紧密的历史联系，如果我们还把它叫作“下源”，这个传统村落的精气神能充分提振吗？

（耿艳鹏）

祥云环水即云洲

云洲村，处于遂兴江（今遂川江）与赣江汇合的冲积地带。

村子三面环水，一面靠着丘陵。那些高耸入云的古樟聚合成林，茂盛成荫，数十幢青堂瓦舍点缀其中，别有一番风采。

早在唐代，这里就有先民繁衍生息。据通志记载：唐大中年间（847—860年）有虔州（今赣州）刺史贾琮晋京入观，依江北上，途经万安，船泊此江口之村时，突然看见五色彩云从天冉冉而降，认为此乃大吉之兆，遂名该村“云洲”。

相传，时人因为五色云祥瑞，想在此建立县城池。然而，云洲人与对岸的人发生了选址之争，争得难分难解之际，即用秤砣称两地的泥土以重量来仲裁。哪里的泥土重，县城池就建在哪里。对岸的人暗中作假，在泥土里掺入铁砂子增加重量，县城池于是就建在对岸（即今万安县城老城区）。

当然，这只是个传说。最早的县城池并不在对岸，而在云洲村附近。清同治年间（1862—1874 年）修纂的《万安县志》载：东汉建安年间（196—220 年）建立的遂兴县（包括今遂川、万安两县的部分地区），县城就设在遂兴江与赣江汇合口的罗塘湾下街（古称两江市），与云洲村只隔着遂兴江而已。

不管怎么说，云洲村景观自古以来就被人吟咏。古万安八景之一的“云洲回澜”就在这里。赣江水流到云洲对岸的崇文塔下，因河床深处有一排突兀的巨石，水受阻而逆流上溯，又回旋到村子里的“娘娘庙”边。大澜急促而迂缓，拖长至四五里后才往下游而去，春汛期间更为显著，蔚成奇观。

《万安县志》有诗咏其胜，曰：

云涛奔泻云洲佳，砥柱中流喷锦涛。
千里蜿蜒花作浪，一湾盘曲层成隈。
鳞鳞细石吞还吐，点点轻鸥去欲回。
遥想龙梭深处隐，何年挂壁起风雷。

云洲回澜

云洲虽未成为县城池，但千百年来云洲人挺争气的。于沙地，于山岗，祖祖辈辈披星戴月，艰苦经营，创造出了物质与精神之双重财富。

必须特别一提的是，云洲村人骨子里头有一种忠义壮勇的精神。清咸丰年间(1851—1861 年)义士方肇苑父子四人即为典型。

方肇苑，号芝圃，县邑增生，学问渊博，品行端方。因家庭多故而无意仕途，乃专心从事春风化雨之教育工作，庐居授徒数十载，造就诸多人才。年逾八旬时，碰上"贼变"。那股山贼日益猖獗，百姓苦不堪言。方肇苑遂深隐山林，教谕生徒要"以大义为重"，并命令其子方千里荷戟对贼作战，竟屡战屡胜。后来，贼寇设下诡计，把方肇苑捉住了，并威胁他"儿子罢兵，即可免死"。方肇苑怒目圆睁，痛斥不止，并引首就戳，毫无惧色，如此多日仍誓不屈服。贼寇一姓梁的头目被他感动，出于良知将他释放。方肇苑便又全心全意地投入教育战线以教谕生徒，直到九十多岁去世。

方肇苑的三个儿子，名叫万里、千里和百里，均为义士。方百里，貌秀而性勇，年未及弱冠，娴于武事。清咸年三年(1853 年)，土匪进城，大肆洗劫。方百里从戎斗敌，屡立战功。咸丰六年(1856 年)，山贼踞城，无恶不作。方百里即随兄方千里共赴剿贼。兄弟俩皆为先驱，勇猛克县城，厥功甚伟。不久，流寇乱窜，方百里受命出防通津桥（今窑头镇辖地），失利，见其兄陷于贼阵，旋即奋然杀入贼阵，手刃数贼。其兄得以冲出重围，而他却被烈火硝烟缠身，不幸阵亡。朝廷知道后，将其入祀昭忠祠，追认军功六品；其兄方千里以军功保蓝翎五品衔，候选知县。

（刘盛瑞）

贤哲文化桐江口

河边沙洲墩，靠着屋背山；

代代有书香，就是不当官。

桐口人打小就听老人传诵这首风水谣，待长大了，却只知其意，不得其解。按科举制，入学考试即童试，包括县试、府试、院试三个阶段。院试合格者称生员，俗称秀才，桐口人称“书香”，然后分别前往府州县学学习。显然，考取生员，乃功名之起点。一方面，如果被各府州县学选拔为贡生，则可直接进入国子监，成为监生；另一方面，如果于各省提学官举行的考试中考取“科考生员”，即获得了参加正式科考的资格。然而，桐口的先人们自觉地止步于“府州县学”这个起点，并不进取功名。到了清末，即使偶有进一步者，比如萧汇泰考取同治三年（1864 年）贡士，也依然坚守村规而不出仕。“学而优则仕”的火热时代，桐口学子为何偏偏不“出仕”？是不屑于“出仕”，还是不敢“出仕”，抑或不甘于“出仕”？

今紧贴故土，深入村庄记忆，借助族谱及相关人物志，终获原委。

千年田庄

一

桐口,窑头镇连源山区的一个千年古村,旧称"桐江"。

开基祖萧万邦是五代十国后周时代随父萧訔,为避马氏之乱而由湘入赣的。史载:907 年,后梁封马殷为楚王,都长沙;927 年,马殷又被后唐封为楚国王;930 年,马殷死,次子马希声继位;932 年,马希声卒,其弟马希范继位;949 年,马希广据长沙;950 年,马希萼起兵攻长沙,杀希广,自立为王;951 年,马希萼被南唐王李景封为楚王,同年被灭。马氏之乱长达数十年,包括两个阶段。桐江先祖是第二阶段即公元 950 年为避"希广、希萼争位之乱"而过来的。相关谱牒曰:希广、希萼争位,国内大乱;訔公偕伯叔兄弟觉誉、学黉及子孙百余人奔豫章。又曰:同筮所止(一同占卦以看看该落脚于何处),得《易》之坎(八卦之一,代表水),云"遇水则止",遂至泰邑(泰和)早禾渡定居。岁余,兄弟散徙他所,或临川,或广东。萧訔则率若干人卜居(占卜以择地落户)泰邑麻溪(今万安县麻源)。据桐江族谱所记推测,萧訔之子万邦是在二十多岁娶麻溪(麻源)女子成家后即公元 956 年左右来桐江开基的。

那么,希广、希萼争位而致内乱时,萧訔为何一定要率族众出奔呢?形势所迫也。萧訔,仕楚王马殷而为桂阳令,又迁为长沙县尹,又擢为参谋。有善政。作为长沙当朝重臣,萧訔见马希萼起兵,不忍兄弟互相残杀,不忍政局动荡,即劝谏,未成,由此得罪起事者。他很快就听到了"要灭族除根"的风声,因此率族众远逃。一路上,饥饿、困顿、疾病,接踵而至。可谓历尽千难万险,萧訔一族方才死里逃生。

因当官从政而带来的这一次劫难,给萧訔以巨大的刺激和极深的伤痛,于是就有了一个口口相传的说法。萧訔临终时,反复嘱咐其子萧万邦(即桐江开基祖):"读诗书,怀仁德,勿入仕。"萧万邦临终时,亦反复嘱咐其子:"读诗书,怀仁德,勿入仕。"一代接一代,此九言遗嘱便成为桐江铁铸标牌一般的家风。

二

一方水土养一方人。依山傍水的桐江,以其独特的自然与人文结晶而数度成为旺村。

明清史料称,“桐江萧氏,吉郡望族也”,“自李唐末(五代末)开基以来,世传忠厚,贤哲代出不能赘述”,“萧氏所居之乡,仁里也,乐土也”。这些记述皆表明,彼时桐江甚是著名。

其名望之“根”何在? 在贤哲。

万邦公开基肇始,桐江萧族一脉相承者,无非“劝学”或“劝德”。

比如《族风小序八则》。列首位者“文学小序”,曰:“独不闻宋人有言曰,摊万卷等于南面百城,则读书是富贵人。明人有言曰,扫地焚香清是福,摊来书卷福添清,则读书是清福人。回道人有言曰,白酒酿成因好客,黄金散尽为收书,则识书是神仙。甚矣,族人之有文学,犹玄圃之夜光,薛门之青苹也。”这里用了两个典故。一是玄圃积玉:传说昆仑山顶的神仙居处玄圃中有奇花异石,多美玉,喻指诗章精华荟萃。二是薛门青苹:唐朝名将薛仁贵的宝剑锋利不减,喻指文风持续犀利。可见,桐江萧氏崇文之标志,乃源于书卷又超越书卷之雄劲诗风也。

传承演绎之中,赫然有了高品位的习俗“诗寿”。所谓“诗寿”,是指公认的德高望重者,趁逢十之大寿,举办隆重的诗赋祝寿典礼。全族人参与,长者公主持。典礼先由至亲作赋致意,再由特约嘉宾献诗以贺,接着择佳诗若干于寿筵唱读以助酒兴,末了由寿者吟诵答谢诗。寿典毕,诗赋结集成册并请名士题序。

久为传颂且有史料反映的“诗寿”典礼有二,即 1461 年的汝继公六十寿与 1490 年的嵩山公五十寿。

虽然诗册失传,但凭借流存之“序”可知当时盛况。明代天顺四年(1460年),邻县泰和进士欧阳雍撰《汝继公六十寿序》,曰:“乡绅举邑为庆,开东阁,启华筵,倾觞而醉,歌声(即唱诗)喧于四座,无非申其祝颂愿望之意。”弘治三年

(1490 年),文林郎湖广宝庆府推官(正七品官)龙津衷贤撰《庆萧君嵩山五十诗序》,描叙甚详。开篇,述缘起:嘉溪彭南璇与嵩山交情很深,六月七日,嵩山"适届知命之年"生日,彭南璇特邀诸君子一起去参加他的"诗寿"之典;"至亲用赋以华其寿筵,(嵩山)嘱余序其首"。中段,极尽博喻之妙:"高夫,嵩山,高出四方,其峰卓立;坚固深积,厚重不迁,其犹处士之静而有常乎。"结尾,类比以推进诗情:"昔刘凝之(宋代有名的安于清贫而乐善好施的隐士)居庐山,欧阳永叔(欧阳修)作庐山高以美之。今处士之匿才韬德不炫于世,固如凝之之杰者。诸君作嵩山诗以寿之,其亦欧阳公之意欤。处士必能砥心励行,坚其所守,宏其所施,终同嵩山之伟观而镇于一方欤。"

悠悠然,超越祝寿本身之祝寿也。

在以神明与苍天为崇拜、为主宰的时空里,竟然有一处山村诗心灿烂而"人为首要,其他皆次之;仁为根本,其他乃枝叶",以至大度生存,大颂生命,大振生机。诗寿,实在是民俗史上特别觉悟后的一个大写意。

遵圣堂遗址之一

"大写意"之间,还有庭训。《诫词六条》,自我而超我,推己及人,曰:"敦孝弟以重人伦,笃忠信以成德行,崇礼义以淑身世,尚廉耻以全名节,慎嫁娶以缔姻娅，戒游惰以谨惛傲。”显然，信念与志气，皆烙入家训条文。与之相应，“大写意”亦现于建筑物。据老人说，村里古屋虽然毁于史上两场洪灾，但印象永在——皆青砖黛瓦、飞檐翘角，而“文章世荫”“诗礼传家”“正气永续”一类的门楣匾额，则洋溢馨香。

遵圣堂遗址之二

三

于立体多面的教化中，那本质的东西即深入骨髓，渗透血液，成为村庄的基因，蓬勃不息。桐江萧氏于是乎以儒雅为质，以仁义为本，以节操为荣。

老谱之上册辑录文献 19 篇，其中 14 篇是“序”或“志”。这些当年名士所作的“序”“志”，无一例外地高度颂扬桐江萧氏万邦及其后的贤哲之风。最具代表性的就是邹元标的《双溪原序》。邹元标何许人也？庐陵吉水人，明代进士。始任刑部观察政务，因品性耿直，抨击时弊，遭小人暗算而被流放六年。复归朝廷后，任吏部给事中，仍直言朝政，再度贬官。数年后被起用，于户部任职，他又上疏呼吁改革吏治，触怒“龙颜”而被逐出京城。此后三十年，他居家讲学，研究理学，成为著名的讽议朝政的“东林党三君子”之一。《双溪原序》写于明代天启二年(1622 年)春,即邹元标逝世前两年。邹公以 71 岁高龄兼一生之历练与熟思,评议人事,醒悟人生。述及萧族“僻处一隅,亦皆履仁蹈义,敦诗说礼,恂恂多隐士”,慨叹曰:“吾人住世,显晦升沉,委之幻化,但使吾心身清白,行履端方,居乡足为一乡表,处家足为一家型,又何必掇科名蹑要枢而后为世轩轾哉!”大意是:人生在世,所有的升降与显耀沉寂,皆可付诸烟云幻化。唯有心高洁,行正直,在家做一家的典范,在乡做一乡的表率,德高至此,又何必拿科举大名去谋取官场要职而后成为世人论高下的话题呢!此乃邹公肺腑之言、金玉之声也。

的确,一部桐江萧族古史,文墨之香伴随着高风亮节,以至时人赞曰“诗书相传而不断,非德深品厚、源远流长者乎”。

四

桐江族谱人物之特意表彰者,皆“处士”,即邹元标所称颂的“隐士”——才德兼备而隐居不仕的知识分子。显然,桐江古贤人之“隐”,决非消极避世,无所事事,而是基于低调处世与高尚为人相融的一种别开生面,即“读书不求闻达”,以出世之心做入世之事,出世的智者亦入世的仁者。

循族谱史迹,纵横取例以观之。

横向,以叔大心第 76 世为例。

一者,晦乐堂支脉三公。萧世芝(1683—1729),“年甫四旬(年纪刚刚四十),名重乡党(名扬乡里),于族则创建祖庙,授徒(办学传授学问)则桃李踵门(学生纷纷登门),虽布衣终身可推为人杰也”。萧世萌(1716—1777),“生平居易俟命(处于平易而听天由命),素位而行(安于现实并努力做好应当做的事情),遇人争竞必竭力排解,卓然冠群,诚豪杰也”。萧世游(1718—1794),“文坛宿老(文坛老前辈),功名不就,吟花赋柳,性情悠游也”。

二者,嵩山堂支脉三公。萧世文(1799—1867),“以忠孝为宝,以经史为田”。萧世流(1779—1853),“安闲朴而黜华(革除浮华),尚悃愊(kǔn bì,至诚)而无矫饰,孝友其素性,忠厚其本真"。萧世俊(1719—1786),"孝父母,睦宗族,深学养,善文辞,处清贫而不污,终遗逸而不怨,其府试屡拔前茅,卒以山林终老也"。

两支脉之六公,谱记中仅寥寥数语,却是远祖萧誉九字嘱"读诗书,怀仁德,勿入仕"的极佳诠释与实证。

纵向,以嵩山堂支脉"代代美德耀辉"为例。

一者,明朝五代德辉。

约公元1369至1516年间,嵩山堂支脉绵延了五代:宗礼—原良—孔文—汝继—嵩山。

明代天顺八年即公元1464年,福建进士、福州府连江县知县欧阳翰所撰《萧文堂翁墓志》载:孔文的祖父宗礼和父亲原良"皆隐德弗仕(修心养性而隐藏德才,耕读田园而不入仕途),平素不随流俗,好诗礼"。父亲原良早逝,即孝事母亲始终,兄弟都效仿他;而且乐善好施,"年愈高而节弥香,时人比于秋兰也"。明代天顺四年即公元1460年,泰和进士欧阳雍所撰《汝继公六十寿序》载:孔文的儿子汝继,知书达理,"忠而信行,端而朴素,乐清淡"。"父子并膺福寿之隆(父子都承当了福寿的荣光),是何也?亦自笃好诗书敦尚仁义(酷爱诗书、崇尚仁义)。"明代正德丙子年即公元1516年,泰和进士罗钦忠所撰《明故萧公嵩山夫妇合葬墓铭》载:嵩山,跟他的祖父孔文、父亲汝继一样,"俱隐德弗仕"。嵩山"幼而英俊,壮而有为,老而闻望。睦乡邻,扶遗孤,在人所不能有者,备焉。人皆贤之,无异词者"。

二者,清朝六代德辉。

约公元1645至1824年间,嵩山堂支脉绵延了六代:贞作—佳升—声亮—国隆—性清、性汉—世文。

据清代嘉庆十四年即公元1809年,国子监学正郭士桢撰《清登仕郎萧君国隆讳兆贞翁夫妇墓志》:国隆,跟他的曾祖父贞作、祖父佳升、父亲声亮一样,"皆诗礼相承,才能兼优,隐德弗仕"。国隆作为兄弟四人中的老大,"孝以事亲,和以处弟。既长，即奋然屹立，大振家声，见祠宇祀事之式微，首输钱谷而乐为兴建之，观桥梁道路之倾颓，倡捐财资而喜为修砌之”，而且仗义勇为，解纷息争，“族庭崇为栋梁，圣朝宠以品服（被朝廷封为登仕郎并赠九品官服）”。国隆的两个儿子即性清与性汉，“皆有父风。少年俊秀，学富五车，蜚声辟雍（闻名于学府），且英奇卓异，大雅扶轮（维护大雅之作使其得以推行发展），学士文人多与之友”。又据族谱记载：性清的儿子世文，“恩授从九品”。“从九品”如同其祖父国隆之“登仕郎”，乃朝廷授予的荣誉职位。

纵横取例之外亦不妨随机取例。

比如，“明朝五代德辉”与“清朝六代德辉”之间，有一个贤达闻名遐迩。他就是萧日显，即晦乐公。明嘉靖乙丑年即公元1565年，进士正议大夫刘广衡撰《晦乐公墓志》，曰：“晦乐自幼颖悟，好习诗书。既长，学问益进，远近士子乐为砻错（远近士人乐于与之切磋研讨）。家甚富饶，好周济戚族及乡闾之贫者。年弥高而德弥高，含饴弄孙恬如也。”

上列诸公，皆“士”而不“仕”。至于，萧国隆荣获“登仕郎”以及萧世文荣获“从九品”，虚衔而褒义，乃美名德声所致也。

正是荀子所谓“处士者，德盛者也”，亦自然盛名而非刻意盛名者也。毕竟，处士之根本生存状态即“隐”，早在春秋时期就叫作“隐士”。当然，与史上那些踌躇满志于仕途却惨遭打压贬官的“被隐士”以及热衷当官而一旦受挫即隐退的“假隐士”不同，桐江隐士乃“纯隐士”“真隐士”也。一开始即“弗仕”，乃至终生以德性诗意栖居于山水，代代相传。实属赣中南乡村人文之奇葩也。

五

林林总总不一而足，从中却能窥斑见豹。

概之，桐口千载贤哲之风乃是：仁爱修身，诗礼相承，醉心田园，和谐处世。

（萧人翔）

尚书故里数艮方

这里是万安龙舟文化的发祥地，也是酿制百嘉美酒的发源地；这里曾是千里赣江繁华的码头，也曾是贤士达人流连忘返的风水宝地；这里是刑部尚书刘士祯的美丽故地，也是崇文厚德的一方沃土。这里就是百嘉艮方，一个山水奇秀、文化底蕴深厚的古朴村庄。

一

艮方村坐落于赣江之滨，紧靠百嘉渡口。这里环境优美，人杰地灵，可谓风水宝地。

据史料记载，百嘉镇过去先后为遂兴县、泰和县属地，宋熙宁四年(1071年)万安建县后，则归属万安。清代设为十一都、十二都，民国时期改名为嘉乐乡。然而，亦有百嘉之名来源于艮方村的传说。

艮方，位置独特，刚好位于罗盘八卦之中的“艮”位，故得名艮方。明代，乡人刘士祯中进士后，历任多职，最后官居刑部尚书。之后，他在艮方村建起黎光园，吸引了四方有识之士来此经商。作为赣江边上的重要渡口，此地开始变得繁华。1628年，刘士祯用刘氏众田租金在江边建起益丰堂，越发招得商人云集。与此同时，颇具眼光的刘士祯又调来百号船只，从远处运来石块，在胡家脑一带砌了七层河坎保护堤，建设益丰码头。因为河道深，船只不易搁浅，而且益丰码头位于河道湾口处，既便于装卸货物，又是一个天然的避风港，因此成为千里赣江上的最佳港口之一。水道上通两广，下至九江、南京，交通极其便捷，大大促进了经济的发展，使百嘉成为十分繁华的渡口和码头。清同治十二年(1873年)出版的《万安县志》记载：明代全县共有十七处墟场，百嘉名列榜首。墟场上匠人多，商品多，行业也多，故有“百家行”和“百家业”之称。滩头因此改名为“百嘉”。还有的说“益丰堂，金银窝，物资堆成山，银圆压断楼”“走出走进，不如益丰；走上走下，不如百嘉”。

今日的艮方村

处于墟镇上首的艮方，古樟成林，最大的要十人才能合抱，已有近千年的历史。香樟树护佑着这一方百姓安居乐业。五口塘如同天池一般，映照着大家和睦相处的笑脸。如今的艮方，继承着祖先的礼义传统，忠孝传家，科技致富。农业田园化，耕作机械化，村民还办起了各种厂房，新农村建设如火如荼。更重要的是，村里依然传承着尊师重教的好风气，有志人才层出不穷。

刘氏后人秉承先贤遗风，崇礼敬长，儒文浓厚。赛龙舟是艮方村最具有典型性、代表性的传统民俗项目。而酿美酒，则如艮方人一般，纯净厚重，滋味绵长。

二

独特的地理环境和村风民风，孕育了艮方深厚的历史文化。刘士祯，就是艮方的杰出代表。这位从艮方走出去的一代尚书，曾写下艮方崇文厚德的华丽篇章。

刘士祯，字吉侯，号须弥，生于明朝万历五年（1577 年），卒于清朝顺治六年（1649 年），享年七十二岁。明天启二年（1622 年）中进士，历任广东韶州推官、广西道御史、浙江巡按、广东廉宪、应天府尹、通政使、兵部左侍郎加刑部尚书等职，崇祯年告归故里。任广西道御史期间，刘士祯曾上疏言五事：一曰“审势”，二曰“虚衷”，三曰“核饷”，四曰“安民”，五曰“课绩”。崇祯皇帝对此谏言大加赞赏，一一采用。刘士祯任浙江巡按期间，治理海患有功，当地百姓用“海不横，怕代巡；一日来，万户宁”的歌谣传唱他。任刑部尚书期间，刘士祯先后八次受封赏，恩荫二子，在当时尚书级的官员中，唯有两人获此殊荣。告归故里后，刘士祯喜结交当地名士，对邻里慷慨相助，一时名噪乡里。

刘士祯生前著有《霄楼稿》《黎光园稿》《澄观楼稿》和《秉丹堂集》等书稿。可惜，这些著作都已散佚。

明天启二年（1622 年），做了刑部尚书的刘士祯为推崇文化，发展家乡，曾在赣江边建设黎光园。此园结构精巧，含义深刻，其中共有二楼，一莲花塘，一月台，一石梁。黎光园濒临赣江，周围古樟环绕，正所谓“曲径通幽，别有洞天”，既可供游人欣赏，又可借此宣传本地淳厚的民风（现存一座古石山，已被列为县级文物保护单位）。后来，刘士祯先后修建益丰堂和益丰码头，加固江岸，并在经商往来之中，传达和秉承讲诚信、好助人的良好风尚。百嘉美酒因此畅销大江南北，饮誉满朝。

黎光园遗址

当下，走进艮方，不仅能看到参天的古樟，而且还能看到新农村建设的新气象。古宅与新居交融，传承与时尚共荣，我们不仅见证着艮方的历史，而且感受到了艮方人的传统道德和深厚家学。黎光园遗址、秉丹堂……每一处，都有一个艮方人在诉说不曾远去的殊荣。

三

龙舟文化源远流长，承载着中国人几千年的梦想和历史。

而艮方，则是万安这方沃土上龙舟文化的发源地。

民间流传，明天启年间（1621—1627 年），刑部尚书刘士祯在黎光园落成时，就曾以举办舟船比赛来庆祝。然而，据史载：真正的龙舟赛当出现在清代康熙年间（1662—1722 年）。那一年天逢大旱，百姓纷纷到赣江边去求拜龙王，祈求它呼风唤雨，解救民间受灾百姓。或许龙王真被百姓的诚心感动，居然普降大雨，当年粮食丰产。艮方和下源的村民为答谢神恩，打造出两艘龙舟，并在端午节举行比赛。赛时，全村老少都在江边摇旗呐喊，助威督战。

关于龙舟赛，还有一则流传甚广的趣事。某年龙舟竞渡之时，适逢一少妇在江边洗甑观赛。在为划手鼓劲加油之际，她居然不小心把肋下的小甑夹烂，于是诞生了一句经典民谣："河里划龙船，岸上夹烂甑。"这句民谣在万安可谓家喻户晓。

艮方龙舟赛

龙舟比赛也有比较规范的程式，即筹备、起龙、下水、练舟、赛前准备、比赛、收龙等几个阶段。筹备就是组成筹委会、基金会、理事会、龙舟队，筹集资金，发出比赛通知。参加比赛的龙舟队一般由一个指挥、一个司鼓、一个击钹、一个掌舵、16 名划手组成。起龙和下水，就是将龙舟抬起，推入赣江。一般在五月初一起龙，由队长带领队员一起到龙舟庙，先贴对联，再点香、燃爆竹，敬天地、拜龙舟，接着吹打音乐，将龙舟抬出。下水一般选在万寿宫、山郎庙前，下水前也得进行一番祭祀礼仪。练舟就是训练，目的是让队员熟悉水性，统一步调。练舟的方式有横渡、直渡、顺水、逆水等多种。赛前准备一是商定比赛规则，选定比赛路线；二是请韩信菩萨；三是穿好服装；四是敬神参神；五是组织啦啦队，以壮士气。比赛是整场活动的关键，比赛前一般有个简单的仪式，尔后才开始比赛。比赛多进行 5 次，以 3 胜为胜。收龙，就是比赛结束后还得派出 5 至 7 名队员划着龙舟至韩信庙转三圈，以示谢恩，再到山郎庙、万寿宫、关帝庙烧香敬神，也要转三个圈，最后上岸抬回。

龙舟文化看似直白，其实蕴含着中国式的哲理，不光昭示着团结拼搏、力争上游的不甘人后的精神，而且体现了一个地方的人文、民俗和风情。它带给我们的不仅仅是快乐，还有许多为人处事的内涵。

良方是一个多元文化交融、文化积淀深厚的地方。这里的山水，呈现的不仅是自然的清雅古朴，还刻写着一个村庄优良的美德，更蕴藏着一个地方包容博大的文化性格。

（郭志锋）

村背的韵味

离开喧闹的市区，跟随春天的脚步去探访古村——村背村。

村背村地处赣江边，是罗塘乡的一个自然村。千里赣江在罗塘拐了一个大弯。经过江水千百年的冲积，沉沙淤浅，弯处便形成了一片肥沃的土地，当地人给它取了一个充满期待的名字——金滩。据族谱记载，曾氏先祖崇祯公辗转永丰、吉水、庐陵等地，于北宋至道年间（995—997 年），迁徙至罗塘湾金滩立基，清末民初又迁至距金滩 500 米的村前开基。因房屋逐渐建在村子的后面，故得名“村背”。

说起村背村的发祥，有一个小村庄不得不提，那就是“下街”。下街地处遂兴江（今遂川江）与赣江的汇合处，距离村背村约 500 米，是东汉时期遂兴县县治所在地。因地理位置优越，江面终日舟楫穿梭，商旅往来频繁，从宋朝开始，下街罗氏村民便在临江处开店经商。随后，金滩不少有钱的曾氏村民抓住商机，来到下街开铺经商。下街圩市经营品类繁多，南北日杂，苏洋广货，无所不有。每逢圩日，客商云集，还有庐陵、赣州等地商人来此交易。下街商贸繁盛，鼎盛时期商铺达 300 多家，成为当时万安县境内最有名的商埠之一。因下街地处赣江和遂兴江汇合处，故在民间有“两江市”之美称。据当地村民介绍，当时“两江市”有钱的生意人中，有相当一部分是金滩曾氏村民。1915 年的一场特大洪水，把下街几百家店铺冲得所剩无几。曾氏商人只好变卖家产，随其他曾氏村民一起迁至村背建房立业。如今，下街还保存着一段长约 40 米的古街和十几栋临街商铺，其中有几栋便是当时的曾氏商人离开时变卖给下街罗氏村民的。在下街走访时，一位上了年纪的村民领着我们来到赣江边。荆棘丛中，村背古码头和下街古驿道还依稀可辨。村民的菜园里，几段残垣断壁爬满青藤，几百年屹立不倒。这位村民说，这就是遂兴城遗址。从这几处古遗址的身上，我仿佛看见了当年下街商贾如云、商贸兴盛、江面帆影绰约的繁忙景象，领略到当年曾氏商人的胆略和智慧。如今，村背保存下来的近三十栋清末民初的古民居，有不少便是曾在下街经商的村民所建。

从金滩立基算起，一千多年来，曾氏村民守着这块风水宝地，耕读传家，瓜瓞绵延，迄今已繁衍三十六世，并孕育了曾天宇、曾振伍、曾广祚等革命先辈。

走进村庄，只见暖阳懒懒地趴在黛色瓦片上，村背犹如一位饱经风霜的老者，安详地享受着这蓝天的抚慰，沐浴着阳光。村背溪如一条系在老者胸前的透明丝巾，从村庄前面蜿蜒而过。村背溪是赣江一条特殊的小支流。每年涨水时，赣江水都会倒灌，流入村背溪，溪水再从地势低洼的西面流入土龙河，经土龙河再回流至赣江。依山傍水，无水不开基，水即成了家园最有诗意的载体。曾氏先民看中这个地方，自有他们的道理。“茅檐低小，溪上青青草。醉里吴音相媚好，白发谁家翁媪。大儿锄豆溪东，中儿正织鸡笼，最喜小儿亡赖，溪头卧剥莲蓬。”溪水之畔，茅屋之前，一村老小，各得其所，乐在其中。当年辛弃疾描绘的正是这种水、人、村和谐相处的美好画卷。村背村正是有了这弯溪水，才显露出她的灵气和秀美。

走进村背，犹如走进一个大的绿色摇篮。扑面而来的醇厚古韵、婆娑绿影，让你有一种穿越其中的感受。她恬静、古朴，平淡中又有一丝雅致。三十多棵古樟、古柏、古枫环抱着整个村庄，一棵棵葳蕤常青，葱茏遒劲，浓密如云，翘首百年，任凭岁月更替，静静守护着这方家园，见证着村子走过的每一段岁月。尤其是曾氏宗祠前面的三棵古柏，有两棵尽管经过百年岁月的侵蚀，离地两三米处的主干已经斑驳腐朽，但依然巍峨挺拔，昂首云天，枝繁叶茂。村后的几棵古樟周身藤蔓缠绕，从主干到树冠，全身被翠绿裹挟。驻足凝视，我依稀听见了古树悠久的回声，感受到了古树的灵魂所在。朝代更迭，春来秋往，三十多棵古树却依然虬曲苍劲，将生命的全部意义凝结于村背的土地上。此时，我真想化作一棵树，像它们一样，华盖荫蔽，万古长青，长满故事。

古村落尽管所处地理位置不同，但它们都带着一种特性，那就是见证着光阴。置身于这样的古村落中，我们有时难以缕清村庄的来龙去脉，难以考证每栋古宅主人的前世今生，我们享受的是那种置身古老光阴中的静处。循着村庄

村背樟树林

小路往村背村的深处走去，只见一栋栋清末民初的古民居错落有致地坐落在村子的东西南北。我们漫步其中，仍能感受到昔日村背的热闹和繁盛。在村子西边的一栋古宅旁，几棵上了年纪的枣树，落英缤纷。树旁斑驳的青砖墙体，述说着树与屋的百年爱慕之情。我俯下身子，拾起光阴里的暗香，让嗅觉穿越时空，尽情地回味着村背一砖一瓦、一树一花的浪漫恋情。

春阳中踏访村背古村，让我们有一种特别满足的获得感。绕着村子彳亍而行，冷不丁地听见几声鸡鸣犬吠，偶尔有上了年纪的村民出来搭话，向我们介绍村背村的昨天和今天。村背村占地不大，一共只有 60 多户，260 多人，但村庄格局清晰，保存完好，房屋排列整齐，村中道路整洁规则，几乎所有道路的交汇处都成 90 度角。尤其是近 30 栋古民居、交错的鹅卵石小径以及残存于村中空地上的用黄土、散沙、糯米冲筑成的土墙，给我们留下了深刻的印象。双目凝视被风雨侵蚀得凹凸不平的古宅墙体，双手轻抚着残垣断壁，我似乎感觉到了古村的温度。

村背村坐北朝南，建筑布局以曾氏宗祠为中心，朝东、西、北三个方向呈放射状分布。所有古民居均为硬山顶砖木结构，外观青砖黛瓦，飞檐翘角，庄重典雅，造型规整，属典型的赣派建筑风格。室内花板雕刻精美，题材丰富，寓意吉祥；室外檐下、垛口和马头墙彩绘诗文、人物花鸟、山水田园等，或为水墨，或为丹青，栩栩如生，意趣盎然，赏心悦目。仔细查看墙体，不少青砖上仍留有清晰可见的“光绪戊子怡怡”的铭文。整座村庄散发出浓厚的庐陵古韵。

来到村子的西北边，我站在两栋古民居前肃然起敬，一栋是江西早期革命活动家、万安暴动主要领导者曾天宇旧居，一栋是曾天宇牺牲地旧址。这是两栋特殊的古民居，它呈现给我们的不仅仅是古民居所承载的厚重的历史文化，更是一种凛然正气，一种精神，一段红色的记忆。2018 年，两栋古民居均被列为江西省重点文物保护单位。

村背村的每一栋古民居见证了村背走过的每一寸光阴，承载着村背厚重的历史文化，而曾天宇等老一辈革命家留给后人的却是宁死不屈、敢于牺牲、无私奉献的革命精神。据村背族谱记载，村背有曾振伍、曾广祚等 18 位曾氏后裔，在革命战争年代为国捐躯，永载革命史册。除曾天宇旧居和曾天宇牺牲地旧址，村背还有两处红色文化遗址，一处是曾氏宗祠。1927 年 10 月，万安县党的活动分子会议在曾氏宗祠召开，会议对万安暴动做了精心策划和部署。另一处是石灰桥革命烈士牺牲地遗址，该桥位于距村背约 100 米的村背溪上，建于民国，为三孔红米石拱桥。1927 年，国民党反动派在石灰桥残酷杀害了 100 多名革命同志，烈士的鲜血染红了村背溪。1990 年，村背石灰桥被列为县级重点文物保护单位。村背村这些红色旧址和红色遗存因其鲜活的原生态和独特的个性而在众多的古村落中显得格外耀眼。

村背村有自然天成的绿色生态，有古韵醇厚的古色文化，更有熠熠生辉的红色故事，绿色、古色、红色交相辉映。2013 年，罗塘乡党委、政府把村背列为美丽乡村建设的重点村庄，投资 110 万元对村庄环境进行了整治，修通了环村道路。县文物部门争取赣南原中央苏区革命遗址维修项目资金 500 多万元，对曾天宇旧居、曾天宇烈士牺牲处和村背村暴动会议旧址(村背曾氏宗祠)进行了修缮,使其焕发出新的活力。政府还在离村背村约一公里的跑马岭上进行新村规划。现在已有40多户村背村民搬迁到了跑马岭落户,只留下了20多户村民在村背生活。由此,村背红色、古色、绿色文化资源得到了有效的保护。

我们放缓脚步,来到村口,双手轻轻摩挲牌坊两侧古柏苍老的面容,凝视着墙体斑驳的古牌坊,静静感受村背古村的厚重典雅,细细品味它走过的每一段沧桑岁月。这时,我真想酌一壶村背老表的善酿,把自己醉倒在村背的春色里。

离开村背有点不舍,车子行出百米,回眸村背,绿水柔媚,树影婆娑。高耸的牌坊,修葺一新的祠堂,保存完好的古民居,尽收眼底。在春光云影的映衬下,村背显得格外静谧、温婉而隽永。

(罗国强)

银塘原来是“沙塘”

一

潞田镇银塘村是千年古村，清朝时属吉州府永和镇二十一都，民国时期属万安县第四区潞田乡。

银塘地处丘陵地带，村形像鱼网，地势前低后高。村内自上而下有桃源、世德堂、街上、上下南山、三栋屋下、墙背、郭家等小地名，巷道纵横交错，房屋鳞次栉比。村后青山连绵，冈峦起伏，属于罗霄山脉中段脉系。有上坑、下坑两个山坑，各伴一条水溪。溪水长年不断，绕村而过，汇合罗塘乡沿江埠，流程十五公里，而后入赣江。村西面是山，山林面积近三千亩，东、南、北三面是田园，有耕地两千余亩，水面一千余亩，故有“七山二水一分田”之称。

二

银塘其实最早的名字是“沙塘”。

何谓沙塘？因此地田土含沙多，且水塘较多，故而得名。

后来沙塘改为银塘，有两个原因。一是水塘星罗棋布，在阳光照耀下，塘水反光如银。二是沙塘受人讥讽，“沙塘（糖）讲来是甜的，姓温（瘟）听来是怕的”。清朝时，沙塘有暨字辈，有温暨千、温暨万的名字，被人笑话为“瘟”几千、“瘟”几万。不得了，于是村人将沙塘更名为银塘。

温氏始于西周，发源于山西太原。受姓祖叔虞，受封唐侯（唐公），唐属山西太原郡翼城温邑，以邑取姓。古址有唐公叔虞之祠，名曰“晋祠”。尔后，温氏从太原迁徙至河北、陕西，再播迁至江西（江右）及福建，故有“太原世泽，江右家声”的名句流传。银塘温氏先祖同保，唐代从太原徙至江西。其后裔郕公，原居石城，后徙泰和。字仲哲，生殁年代无考。据传为宋代进士，官至荣禄大夫。才学兼优，其兄弟三人被誉为“三杰齐芳”。宋朝熙宁年间（1068—1077 年），郕公携妻儿从泰和徙来银塘开基立业。

银塘村先民胸怀宽广，接纳各姓，于是繁衍成全县最大的一个自然村。银塘村主要有温、郭、黄、康、曾五姓氏，以温氏为大姓，郭氏次之。自古以来各姓联姻，和睦相处。历史上从未发生过山林、土地、水利的纷争，真的做到了"大姓不以大而自傲，小姓不以小而自卑"。

三

"东村府，沙塘县，潞田有座金銮殿。"这句广为流传的顺口溜至今脍炙人口。东边的邻村"东村富"，富与府谐音；沙塘村大，以县制称道；潞田则像宫殿。还有所谓"沙塘（糖）是甜的，青山绿水是美的，大塅土丘是金的（稻谷金黄色）"，乃周边村的赞美之词。

美境，美到极处即仙境。传说，村子附近下坑石壁下是神仙住过的地方。此处高山绝顶，峻峭陡险，自古无人敢攀此山。山顶下悬崖绝壁上有两扇巨大的立体石，形状像"门"，名曰"仙大门"；有巨大的石椅，名曰"仙椅"。石壁下有一巨洞，名曰"仙洞"，路人望而生畏。此处高山挡日，林木葱茏，溪水哗哗，山风习习，令人陶醉。

其实，钟灵毓秀的银塘村，除了这个仙境，还有胜地八景。

一者，三台拱秀。村背三山连接，秀丽高耸。诗云：

高山重霄胜境开，三峰齐拱映天台；
游人携伴闲凭览，只见山山点翠来。

二者，七星伴月。宗族祠堂前大鱼池环围七口小池，故名。诗云：

云影风光礴汉霄，月明星郎照台瑶；
门前池沼连而贯，题笔工于画笔描。

三者，渔翁撒网。村后渔翁撒网形山峰，后龙山也。诗云：

岗峦拟把作渔翁，常见渔翁细水中；
喜有金鳞知变化，神鱼俗尾不相同。

四者，鞭石仙迹。术仙高玉湖，乃银塘外甥，时于村后山中咏而名之。曰：

游山履齿印基台，石上鞭痕术士开；
好似金华金妙道，群羊叱起一麾来。

五者，溪横玉带。村后一溪水绕村而过也。诗云：

半篙溪水有余清，形势犹如玉带横；
莫道浣花无乐趣，春来桃李几钟情。

六者，方塘会鳞。塘周围数百丈，鱼于端阳聚浮水面，大小次序而列，头皆向北。诗云：

水览濠梁俗庐忘，于今不觉过村塘；
相传鱼尾争朝斗，况在宾王不覲光。

七者，重堤垂屏。村前两条堤埂也。诗云：

重重筑起苏公堤，行看逼真湖水西；
好似翠屏双叠架，深围寿老逸闲栖。

八者，陂流瀑布。下坑水陂浪花飞溅也。诗云：

揽胜由来发兴多，警湍一派水如梭；
波涛汹涌翻花落，景拟庐山却未讹。

四

斗转星移，岁月流逝。八景虽然渐趋模糊，但其美永驻于古村人心田。

尤其是银塘那层与山光水彩融为一体的人文底色，闪烁着风情与村韵，一直不曾磨灭。比如，流传至今的山歌：

（男）一个鸡蛋两个黄，沙塘是个大屋场。柴茅水烧都方便，妹妹找郎到沙塘。

（女）一个鸡蛋两个黄，沙塘是个大屋场。田里蚂蟥妹最怕，深山砍柴路又长。

（男）妹妹说话不恰当，小塅大塅是粮仓。蚂蟥虽多不用怕，哥哥为妹捉蚂蟥。

(男)木梓开花连打连,今年开花赶明年。哥哥修山妹送饭,妹妹明年要做娘。

(女)妹妹明年做了娘,哥哥明年早起床。田里功夫还不算,还要替妹洗衣裳。

(温发镀)

千载悠悠忆横塘

明代思想家、文学家李贽著有《张千载》,全文如下:

庐陵张千载,字毅甫,别号一鹗,文山之友也。文山贵时,屡辟不出。及文山自广败还,至吉州城下,千载潜出相见,曰:"丞相往燕,千载亦往。"往即寓文山囚所近侧,三年供送饮食无缺。又密造一椟,文山受命日,即藏其首,访知夫人欧阳氏在俘虏中,使火其尸,然后拾骨置囊,舁椟南归,付其家安葬。是日,文山之子梦其父怒曰:"绳讵未断!"其子惊觉,遽启视之,果有绳束其发。李卓吾既书其事,遂为之赞曰:不食其禄,肯受其缚!一绳未断,如锥刺腹。生当指冠,死当怒目。张氏何人,置囊舁椟。生死交情,千载一鹗!

文中说的是张千载与文天祥的生死故事,"生死之交,千古一鹗"由此成为千古佳话。这个成语典故之所以百代流传,是因为它寄托着交友的最高境界,寓含着高洁纯粹的精神品格。

然而,人们只晓得"庐陵张千载",却不知张千载的故乡在"庐陵"的万安县窑头镇横塘村,更不知这横塘村自古便是崇文尊德、扶正好侠之乡,出过许多英雄俊杰。

一

或许是一个偶然的机会,张氏始祖日农,发现横塘村风光秀丽、气温适宜、土地肥沃,是个绝佳的定居之地。横塘究竟好到何种程度?有诗为证:"前有笔架山,后有纱帽岭。三十二口水塘,宿存在门前。五龙出洞,四虎关拦。龙虎紧抱吉祥地。狮象把水口,缓水养金印。莲花罗像坐城前,固山神尼掌乾坤。"

张氏便携妻将子,于宋治平元年(1064 年),悄悄地从庐陵西街迁入,一住就是千年。由于人口繁衍,发达兴旺,村民在此龙脉之地,先后建起了四堂(崇文、崇礼、上寿、荣瑞)、一阁(敕书)、一厅(新厅上)、一斩(课读斩)、一寺(固山寺)、一书院(横溪书院)等。历数朝百代,张氏族人开枝散叶至四川、贵州、湖南等省份。有佼佼者如张鸣冈,官至两广总督兼广东巡抚、南京刑部尚书,死后被加封为太子少保;又有张雨曾任云南道御史、甘肃和陕西巡察御史等,并留有《匏洲集》一书。

张家何以如此发达?与其良好的家风有关。现存的张氏家训,如"易涨易退山溪水,易反易覆小人心。闲居闹市无人问,富居深山有远亲"等语句,虽有些守旧,但其中也有警语,或曰"观今宜鉴古,无古不成今",或曰"酒逢知己饮,诗向会人吟",等等,很值得玩味和反思。

二

查阅史料,关于张鸣冈的较多,关于张雨的却极少。

现有的资料最全的是清朝同治年间的《万安县志》,但也没写张雨具体的生卒年份。只是标注其字惟时,号鹅山,1538 年中进士,开始担任的是大名府清丰县知县,后政绩突出,被提拔为云南道御史。之后因为写文章阻止明世宗兴建四亲庙,获罪被贬,过了几年又得到重用,先后担任了甘肃和陕西的巡察御史。其间,他发现了大将军仇鸾横行不法之事,于是密奏明世宗,仇鸾被捕入狱。张雨刚正不阿之名传遍四方,1547 年写就《边政考》,官职亦慢慢上升,先后被提拔为大理寺左少卿、都察院佥都御史、湖广巡抚等。

《边政考》全名《全陕边政考》,共十二卷,今人对此书研究颇多。此书是研究明代西北边防及明蒙关系的基本史料,极为重要。张雨依据当时的档案资料和边防图集,进行了实地考察,因此都是第一手资料,极为珍贵。《边政考》由图志、表格和文字表述三部分构成。最重要的是保存了西北三边四镇十六卫和三千户的图志。该书不仅具有极高的文献价值,而且具有军事价值,体现了张雨强烈的忧国忧民之心和爱国之心。

三

张千载居住在固山(横塘别名),因为文天祥经常跟随长辈过来小住,所以两人便成了发小和挚友。长大后,不知何种原因,张千载屡次参考,屡次名落孙山,文天祥却一路凯歌,直至二十岁考中状元。

两人自此相隔千里,而且地位悬殊,但这没有妨碍两人的友谊和交往。文天祥照样抽空回乡,与张千载携手出游,秉烛夜谈,并多次向朝廷举荐。但张千载婉言谢绝,坚决不肯为官。

这种不显山、不露水的友谊,正是古人所说的"君子之交淡如水"。直到南宋祥兴元年(1278 年)文天祥被俘后,张千载的人生才发生了重大的转折。

那年,文天祥率领宋军抗击元军,失败后在五坡岭被俘。元军押着他,一路北上,前往大都。张千载听说后,等押解文天祥的元军船队顺赣江而下,路过吉州万安时,强烈要求伴随文天祥一起去大都。到了大都,文天祥入狱,张千载就近租房住下,坚持每天给文天祥送饭,日复一日,直至文天祥英勇就义,时间长达三年。他暗地里备好棺椟,文天祥被处决后,冒险收殓尸首。同时,他还悄悄地把在俘虏营中自杀殉夫的欧阳氏的骸骨找来,包裹好捆在身上,捎回庐陵老家,交给文天祥家属安葬。更重要的是,文天祥在狱中写的一些诗文,也是张千载秘密带出来的,其中就包括那首传颂千古的《正气歌》。

人生得一知己足矣。高山流水,俞伯牙摔琴谢知音,也远远不如张千载的情谊深!张千载的义举感动了无数的人,也感动了无数的文人。他的事迹散见于陶宗仪《辍耕录》、程敏政《宋遗民录》、杨慎《升庵诗话》等。

另有明人张仲和写的《张千载高谊》:"张千载,字毅甫,庐陵人,文山友也。文山贵显,屡以官辟,皆不就。文山自广还,至吉州城下。千载来见曰:'丞相赴京,某亦往。'遂寓于文山囚所侧近,日以美食奉之。凡留燕三年,潜造一椟,文山受刑后,即藏其首……俾出,火其尸,千载拾骨置囊。舁椟南归,付其家葬之……千载高谊,亦千载而下所不多见也!"

清代的毕沅撰写《续资治通鉴》时,也写了一文:"庐陵张千载者,天祥友也,天祥贵显时,屡以官辟,不就。临安既破,天祥自广还,过吉州城下,千载来见,曰:'丞相赴北,千载当偕行。'既至燕,寓天祥囚所侧近,日以美馔馈,凡三年,始终如一。且潜制一椟，天祥受刑日，即以藏其首。复访求欧阳氏骸骨，袭以重囊，与先所函椟南归吉州，付其家葬之。”

对于张千载的仁义，李贽的称赞最精准。他说：“不食其禄，肯受其缚……张氏何人，置囊异椟。生死交情，千载一鹗！”

如今，在固山古寺，既有张氏祖先的牌位，也同时供有文天祥的灵牌。古寺分前后两栋，中间是天井，一边有耳门，依古代祠堂规制而建。说是寺，其实是横塘张氏祖祠。寺内设张氏历代先祖的牌位，还有一尊千手观音像，侧室塑有一尊文天祥雕像。每逢大年初一，张氏族人均先至寺中祭拜先祖，同时祭奠民族英雄文天祥。

（郭志锋）

圩　镇

从产生发展的客观因素和脉络内涵来看,万安的圩镇有两大特点。其一,大多数位居江畔,属于古老质朴而又相对开放的集市贸易,凭借水运优势,圩日生意红火。所谓圩日,即约定俗成的集市交易日。逢圩,即圩日到集市上交易办事。圩日,一般三天一圩,盛者两天一圩,甚至天天圩。相邻圩镇,圩期互相错开而不重复,这样就让买卖双方都有较多的交易机会。圩市价格随买卖而定。其二,圩镇各具本土特质,文化韵味悠远。比如良口圩镇的店铺文化、窑头圩镇的陶业文化,又比如百嘉圩镇和韶口圩镇的龙舟文化。据清朝同治十二年(1873 年)《万安县志》载:韶口在县西北四十里(今韶口乡田西村境内),相传虞、舜南巡时奏韶乐于此,有鸟千群环集,乐音与鸟鸣谐畅,众山俱响。从此,瑞溪在赣江的入口处被称为韶口。亘古的水滨历史孕育了韶口的龙舟文化。每年农历五月初一至五月初五端午期间举办的“韶口—百嘉”民间龙舟赛一直延续而鲜有中断,“龙舟盛宴”亦令赣江两岸百姓津津乐道。

窑头圩镇兴“陶业”

一

窑头，是个古村镇。据一些姓氏的老族谱记载和老人所说，老地名有三种说法——“金滩”“瑶江”“窑岗”。

先说“金滩”。清代所定“万安八景”中有“金滩晴波”一景，有多位名士赋诗。《江西通志》云：“金滩在万安县北六十里，一名滩头，中列三洲，多沙碛。”这里指明了方位特征。金滩，是说横卧赣江之中的三个相连的长条形沙洲，四面赣水环抱，在阳光下金光灿烂，十分壮观，这就是所谓的“金滩晴波”。东岸有一块地，名叫金滩，“滩头”亦是“金滩”。沿赣江东岸延伸到今日的街上、通津等村，这一带都叫滩头（河滩地头的意思）。这有自宋代迁徙而来，在万安窑头金滩定居的鄢姓老谱作证。多篇明清时期的序文所言地名都是“金滩”，鲁下村曾氏、岭夏村黄氏清代续修之族谱，通津湖头严家、何家等族谱及宗祠匾额亦言此地系“金滩”。可见“金滩”就是赣江窑头段今圩镇至通津沿江这一带，也就是赣江中三大沙滩的东岸处。三个相连的长沙滩卧在赣江中，阳光下金光闪闪，正是古诗所述意境。如今，“金滩”早与窑头其他地名连在一起，成为窑头圩镇的主要组成部分。所以说，如果窑头圩镇过去有古地名，那么，“金滩”之名即为其一。

再说“瑶江”。有的族谱中一再提到“瑶江”这个地名。夏平等村不少老人说：“我们历来称窑头陈家村为瑶江。”窑头陈家村在圩镇中心近赣江处，这里的陈姓与夏平村的陈姓乃同一个老祖宗，都是德安“义门陈”的后代，来万安的开基祖都是曾落脚于韶口乡头狮村的后唐庐陵郡守陈霖公。过去这里小河多，通达赣江，这块地居赣江之滨（称瑶），所以叫瑶江。

三说“窑岗”。鄢姓群众北宋时从河南至此，带来烧窑的技术，在金滩村外（大约在窑头圩镇与万泰公路相汇段至窑头中学一带）的土岗上建窑。久而久之，人们便习称这一地段为“窑岗”。

“窑头”之地名大约出现在民国初年。原先三四个不大的自然村，由于经济的发展，不断扩展，慢慢地连成一片，人们也习惯将它当作几个姓氏相聚的一个较大的村子了。它位于若干窑包的头上，村子与众窑相接。从东与南看，村子在窑的西头与北头；从西与北看，窑在村子的东头与南头。因此，人们就将这个联村（即窑头圩镇）叫作“窑头”。

真正将“窑头”这个地名固定下来，应该是民国四年，即公元1915年。那一年，赣江流域发生特大洪水，原先窑头地域的文化教育中心乃至经济中心——海智寺一带（今街上村一带）一片泽国，水退后，泥深三至五尺，学校等全毁。下半年，各村族人会同乡里负责人会商，将联村办的学校迁建至地势相对较高的瑶岗，瑶岗才最终成为全窑头地域的经济文化教育中心。从此，“窑头”这个地名流传开来。

陶窑遗址

“窑头”，有时人们也顺口叫作“窑下”。这主要是万安老表习惯了以赣江的流向来定上下。如窑头、百嘉人去县城，一定是说“我们去上县（城）”，因为从赣江的流向看，县城居百嘉窑头的上游，顺这个流向称之，一定叫“上县”。而涧田、武术人去县城，开口必是“下县（城）聊也仔”，因为从赣江的流向看，县城处涧田、武术等乡的下游，即顺流而下，故称“下县”。同理，县城乃至百嘉等地的人去下游方向的窑头，都习惯说“下窑头”。久而久之，“窑头”衍变成“窑下”。

二

北宋末期，鄢姓自吉水迁来万安金滩开基建村。鄢姓出自古鄢国，春秋时国人以鄢陵国名为姓。古鄢国在今河南境内，历史上是文明发祥之域。先民有烧制陶器的历史与工艺。距鄢陵不太远的地方就是宋代五大名瓷汝瓷和钧瓷的产地。所以，鄢姓先人学会制陶工艺是很自然的事，他们往往把制陶当作安居谋生的手段之一。

鄢姓先迁居吉水，后来到这里，很快就发现田土间有大量的陶土可以用来烧制陶器。因此，他们就地取材建起了窑场，生产民用建筑陶瓦和日用生活陶器等。由于工艺好、质量高，加上自宋明以来，窑头地域及周边人口大增，村庄繁多，生产的民用和日用陶器不愁没有销路。不久，燕姓亦从外地迁徙到此，加入制陶行列，后来又陆续有陈、李、胡等姓加入。窑头陶业以至明清时期为最盛，有"九窑一井三角塘"之说。据老人说，三角塘的确有，就在现鄢家村，塘不大，常年水深一米多，再干旱的天都不会干涸。至于"井"，现在已不知在何处了。

"窑"的确多。陶场连片，隔一段（数个作坊）有一口窑，从赣江边的金滩村连到坪头新垫背村。而且窑口有分工，靠近金滩（今鄢家）那片以建筑陶器为主，产品有陶瓦、花饰瓦当、陶制水管等；靠近今燕家村这片以日用陶器为主，如甏、缸、钵、碗盘、坛罐。由于生意好，制陶师傅带了不少学徒工。老板主要在外跑生意。货沿赣江水路运往赣州、吉安及附近县、乡。窑头陶器质量好，名气也大，商家和农家乐意购买，有的酿酒制酱的作坊还会上门订货。

窑头陶业衰落是在民国时期。新中国成立后，窑户已大大减少，但仍有人在做这个行当。鄢家村一口窑，二十多年前还有人在烧制产品，现今已完全停业。

窑头制陶业的兴起，加快了窑头经济文化的发展。一业带动数业，对窑头圩市的兴起有较大的推动作用。借助制工作坊，慢慢聚拢了人气，外来客商日益增多，推动了餐饮业、客栈、包装业（陶器打捆）、船运业的发展。水运业数拉纤最辛苦了，就怕拉纤拉到中途，风向突然改变，因此传出了“上有北风，下有南风，转曲打弯湾湾子风”的民谚。其“上”与“下”，是说船走上水或走下水：走上水有北风鼓着，走下水则扯南风；不北不南的转弯处，或正走着风向转了，那就说不清会是什么风了，弄得很辛苦。

三

宋时，随着制陶业的兴旺和大米、瓷器交易的增多，几个自然小村渐渐相连形成大村——窑头村。村中出现了作坊、铁铺、竹器店、木匠铺、饭庄、客栈、货物储存转运、打捆包装、脚行（搬运）、陶瓷批发零售、米店、南北杂货等。饭庄和客栈做豆腐供应进店客人，少量出售。后来也有专业的豆腐店，一般经营半天，因为豆腐在当时虽然好吃，但属高档食品，一般老百姓只能过年时买一两块。所以宋元时期这里虽有店家，但还不是商业意义上的“市”。到明代，“市”成雏形，到清代已具规模，这时“市”已定型。也正因为有这个过程，所以滩头巡检司开设之始是在驿道交通的要道口——通津桥头。通津市一度比窑头村更繁华，但并不止通津这一小块地方。实地考察发现，从夏平开始就有不少老店铺旧迹，通达通津，直到滩头（今街的上）海智寺，都是当年的营业范围。到清代中期，随着窑头村人口增多，交通（水陆）发展，其圩市交易量和影响力超过通津市，以至于负责管理的巡检司也移驻过来，其他一些官方机构随之跟进，驻扎窑头村，地方管理组织（乡、图）随之健全。这一切，标志着窑头圩镇真正建成。1915 年洪灾过后，高等小学等从海智寺搬迁至窑头村，窑头村才最终成为窑头地区的政治经济文化乃至军事中心。

窑头圩市起初并不大。从现在的遗存来看，窑头圩的老街道为丁字型，街长（包括外延在内）600 米（真正的店铺集中处有一百多米）、宽 3.5 米，传统鹅卵石路面。小街的外面为一坪地，坪地边有一块略高的坡地即菜市场，农副产品、柴炭及家禽、猪等交易多在此进行。逢圩日，人多一些，到中午就散了圩。

窑头圩市真正活跃起来是在抗日战争时期。一是1939年底，江西省政府迁到泰和县，许多机关分散在泰和县城及上田附近，有些下属机构只能在稍远的乡村驻扎下来，家眷更是分散居住，使窑头周边外来人口增多。他们往往走上一二十里路到窑头购买食品等物资。二是横塘村驻扎了国民政府后方伤兵医院。百嘉乡（当时称嘉乐乡）驻扎的伤兵医院更多，有的靠近窑头乡。数千人吃饭消费促进了窑头圩市的繁荣。三是1944年秋，南昌乡村师范学校迁入城江和剡溪，又增加了几百师生，还有上海、广东、南昌及樟树等地躲日本鬼子的逃难民众，这些人的消费推动了圩市的繁荣。国民党政府为了安置这些难民，曾在窑头地域办过垦殖场，组织难民垦荒做工以自救谋生。不仅本地人抓住机遇，扩大粮油等产品的供销、转运等，而且上海、广东、樟树、南昌等地难民中的生意人和企业家，也就地租屋，开业做生意。窑头圩市便日益繁华，很长时间是日日圩。那段时期无疑是窑头圩市的黄金时期。可恨的日本鬼子烧杀抢掠，窑头圩市遭受极大的破坏，小本生意无法恢复，有本钱的外地人都回原籍去了，窑市因此一度冷清。

窑头圩市民国时期的经营名家，已很难寻访。回忆中最有印象的是陈九元糕饼店，制作的兰花根、状元红和茶饼香甜可口，是富贵人家自食和送礼的好食品，穷人家逢年过节也要买一点充装“门面”。陈九元的糕饼业在当时之所以有名气，关键是用料考究，制作精细，每道工序都不偷工减料，信誉极好。陈九元是夏平村人，出身糕饼世家，可能祖上传有拿手的工艺。他有个哥哥叫陈秀元，进县城创业，靠家传工艺，硬是在西门那么繁华的码头边站稳脚跟，打出“桂芳斋”招牌，生产销卖状元红、兰花根、茶饼、层糕等，名声传出县城，直至赣州、吉安。做客时，如果提上草纸包扎、上压红纸的桂芳斋食品，那主家就会认为这是很贵重的、很客气的礼物。

（耿艳鹏）

百嘉圩镇竞“龙舟”

百嘉古镇，距县城16.5公里，古时因地处赣江河滩之上而叫滩头，后取嘉祥欢乐之意而改名为嘉乐，明末清初于夏源村（今下源村）设镇开圩时有近百家店铺，遂称“百家”，谐音“百嘉”。

一

古镇南街那片茂密的古樟林中，有奇形怪状的艮方假石山、造型奇特的望江楼、碧波荡漾的荷花池，据清同治十二年（1873年）《万安县志》记载，系明代天启年间进士、兵部左侍郎、刑部尚书刘士祯“黎光园”中的建筑。其侧有昂溪书院，乃文天祥为学子讲学之地；涵山寺则留有欧阳修的足迹，后改名为贤居寺；九贤祠，是清同治九年（1870年）万安知县欧阳骏为纪念欧阳修、文天祥、刘辰翁、解缙、欧正德、罗洪先、刘玉、闵子林、郭简斋等九位贤人来此讲学所建，因“人杰”而“地灵”也。其侧还有城下古城，俗称“战城”，乃汉代所建，具有两千多年的历史：总长240米，宽700米，面积72000平方米。地表散见各种印花纹陶片和花纹砖，甚至出土过新石器时代的石奔、石斧等劳动工具。古城外还有两座古戏台：关帝庙戏台与万寿宫戏台。于是百嘉文艺颇为繁荣，古有三角班、八宝和彩灯，民国时期办有嘉乐福兴初祁剧团。

百嘉古镇周围有唐、宋、明、清古村落，族氏十分复杂。历史名人除刑部尚书刘士祯外，还有明孝宗弘治年间（1488—1505年）进士萧乾元、明朝进士和吏部尚书黄绍杰、清朝进士周恭以及拾金不昧的李尚俭等等。其中萧乾元家族名声最大。萧乾元曾任福建兵备佥事、云南副使；其长子萧扬，系明世宗嘉靖年间（1522—1566年）举人，曾任零陵县令；其孙萧禀，系明穆宗隆庆年间（1567—1572年）进士，曾任御史、兵部左侍郎、兵部尚书；其曾孙萧自开，曾任南京刑部郎中。一家四代，代代有朝廷命官，实在难得。

百嘉老街

大革命时期，百嘉是红色区域，为革命牺牲的烈士有205名。1928年，这里成立了区、乡苏维埃政府及其宣传部、武装部、共青部等机构，区部设在竹园村，旧址至今留有《努力歌》《暴动歌》等红色歌谣以及红色标语。缘于此，百嘉古镇被八集电视连续剧《井冈山》剧组选中，作为外景拍摄地。

二

赣江畔益丰古码头，自古就是重要的渡口、物资集散地和转运站。上通赣州、两广，下通庐陵、南昌，对岸通遂川。商人川流不息，运输十分繁忙，有“百嘉上通两广而下接京畿”之说。

百嘉圩镇因水路优越而日渐繁华，明初就建有二十余幢店铺，清一色的砖木结构，一层式硬坡顶建筑，形成了一条沿赣江南北走向的百米小街。明中期，这里有三条南、北、东对称布置的丫字形街道，一律为砖木结构的二层楼房，店与店之间连着墙，店正面为木扇店面，中间有砖砌四方柱隔开，十分整齐。明末清初正式开圩设市，店铺甚多，生意甚旺。

百嘉圩镇经济日渐繁荣，包括粮行、饭店、酒楼、陶瓷、中药、豆腐、茶馆等行当，其中以冬酒最为著名，所谓“窑头豆腐百嘉酒，名传三江盖五湖，豆腐滑嫩酒香醇，家家桌上餐餐有”。据说，当年欧阳修、文天祥等名家都曾吃过“窑头豆腐百嘉酒”呢。

三

百嘉圩镇繁盛的集市经济与深厚的人文底蕴，顺着历史进程，傍着滚滚赣江，最终融成了百嘉人不甘落后、争强好胜的性格。这种集体性格集中体现在与对岸的韶口合力铸就的龙舟文化中，至今活灵活现。每年端午，百嘉韶口龙舟竞渡即进入白热化状态。在宽阔的赣江，两岸列着两支龙舟队，每队有二十多名热血壮汉，喊着雄壮整齐的号子，敲着震天动地的锣鼓，奋勇竞渡。或顶着急流，搏风击浪，或顺着风势，铆足干劲，比试着体力与智力，击双桨而成一心。龙舟有如离弦的箭，从百嘉到韶口又从韶口到百嘉，横渡千米，两岸助威呐喊声震动天宇。龙舟竞渡，展示出本土汉子们大碗喝酒、大块吃肉，斩钉截铁、一言九鼎，不畏艰险、战天斗地的豪爽气魄。

百嘉龙舟赛

据清朝同治十二年(1873 年)修订的《万安县志·方舆志》记载:“端午……龙舟竞渡惟百嘉韶口为然。”整个赛龙舟活动为期五天,从农历五月初一到初五,包括“龙舟下水”“龙舟竞渡”“送神收龙”三个部分。“龙舟下水”又称“出龙”,初一早上,由当地长者主持仪式,划手和当地乡民参与。仪式包括念祭文、祭龙头、请兵、请神和祭祖,伴有奏乐、焚香、鸣炮、杀鸡等细节,以祭奠先祖以及各路河神、庙神等,祈求神龙保佑来年风调雨顺、五谷丰登、六畜兴旺。“龙舟竞渡”是端午划龙舟活动最激动人心的时刻。按习俗,韶口一方的龙舟是“公龙”,百嘉一方的龙舟是“母龙”。准备完毕,韶口一方的公龙便在锣鼓喧天、鞭炮齐鸣的氛围中,摆出一副绅士的姿态,从河对岸划到百嘉一方来邀请美丽贤淑的母龙同行竞渡。这边,百嘉一方的母龙大大方方,立即敲响锣鼓,应允公龙的盛邀,其豪气一点儿不输公龙。尽管比赛异常激烈,但划手们和围观者皆感受着安康吉祥的氛围。比赛结束,“送神收龙”。在长者的主持下,划手们划着龙舟沿河行祭,最后将龙舟搬上水面,重新安放,拆下龙头放在祠堂或庙宇的神台上,供乡民祭祀。

正是:江畔江风岁月稠,百嘉百家划龙舟。

(海 帆)

良口，赣江边的“小南京”

一

良口，地处县城南50公里，属赣县、万安两县交界处万安辖区。北、东、南靠山，西临赣江。北、东有一脚踏三县（泰和、兴国、万安）、海拔1200米的天湖山。

赣江乃历朝历代任职或活动于赣地的大小官员和名士学者南来北往必经之水路。江畔良口镇，即成为南方闽、粤、桂、湘等省一些地区与赣通邮、通商的必经之地乃至住宿之地。

二

良口腹地有一条小河叫良江，所以良口在唐代以前名为“良江”。

良江河是万安县辖三条主要支流之一。由于水资源丰沛，分叉的支流“黄塘河”“陂头河”在宋朝时还有过竹筏运输，明末清初之后则采用小木船运输，竹筏从此消失。这条小河对圩镇的物资运输起了重要的作用。

三

良江地域，原是一片杂草丛生的旷野，到唐朝中后期才开始有陈姓在涧田开基，随后康姓亦来此开基。唐末（后唐）涿州（今河北省涿县）卢姓世杰考取秘书郎，到虔州（今赣州）供职，供职届满携妻与儿（三男）女（二女）乘船归里，途经良口，停船上岸，遥看风景，见此处山美水秀、土地肥沃，大有发达兴旺之前景，即回舟与妻儿及随从商定，在此开基建业。宋初，有熊姓在后山脚落地垦荒。从此，熊姓、洪姓、刘姓、张姓、曾姓相继落籍，互联姻亲。

宋朝熙宁四年（1071年）建县前，良江属吉安庐陵郡龙泉乡五十四都。万安建县后，良江划为三十八都。

四

良江圩场，设于良江河出口与赣江汇合处。河流无暗礁，码头泊位水深二至三米，大型货船来往停泊无碍，因此良口码头是一个天然形成的水运集散良港。良江周边即兴国的均村、高兴圩周围和赣县田村等，区域商贸交流，皆经良江进行。

今日良口码头

唐朝末期及宋初，良江居民所需生活用品、消费食品，是从虔州管辖的良富郭姓村开办的店铺中进行买卖交换的。到宋朝末期，卢姓和周边迁入的人口增多，卢姓开始在良江田螺石建店经营小买卖。由于赣江大水和良江大水年复一年的冲刷，田螺石的大片肥沃土地被摧毁，良江水出口处也不断扩大。当时，卢、张、刘、曾等姓的文人以及地理先生就说，现在是三水合一（黄塘河、陂头河、赣江），应将这个“江”字改为“口”字。良江从此正式叫作良口。

宋末元初，卢姓因屡屡受到洪水威胁，便将祠堂、店铺和房舍迁至黄泥岗右侧的木偶形即万塅基。那时卢姓人口剧增，达到两千多，财富亦积累了，众祠出钱于良江河边建店铺数十个。卢姓于明朝中期开始衰败，明末，卢姓人口死亡率非常高，至清初仅剩下三百余人。良口圩镇由“卢姓说了算”转向卢、张、刘、曾“四姓合议”。清朝开始，良口圩镇的大小事务，形成了“刘、张、卢、曾、陈五姓族长参与合议”的规矩。

五

良口的圩镇经济一度繁盛。

宋朝中叶，良富上方（属虔州管辖）小买小卖，逐步转向良口商贸；到明朝末期，良口各种店铺达230余家，从田螺石到黄泥岗全长四华里，形成了九大行业即粮油行、草纸杂品行、糕点作坊行、饮食住宿行、屠宰鱼行、竹木器行、中草药材行、布匹染坊行、百货杂品行。起初，逢三、六、九日圩。到明末清初，闽、粤、浙等省内乱，大批人口逃难至此，良口圩镇和涧田、黄塘、顺峰等地人口猛增。逢圩日，人头攒动。之后就改为天天当圩，赶集者经常达到千人以上。每逢端午、中秋等传统节日更是人山人海。因而，良口有“小南京”之誉。圩上有广受称赞的“良口四特”：三慧寺的菜（新鲜多样，捆扎美观）、良富的鞋（绣花精致，鲜艳夺目）、锚村的妹（善于打扮，风姿独特）、罗坑的柴（片柴，规格为一尺三，每块三斤半；草柴，捆得扎实）。明末清初的外来人口，带来了各种能工巧匠，促进了良口圩的繁荣。做篾织笼的，劈木做家具的，种粮糯酿酒的，做花样糕点的，下河放网捕鱼的，上山捉雀打猎的，种靛染布的，采中草药治各种疑难杂症的，搞经纪人转买转卖的，泥工建造雕梁画栋、雕花绣朵的，造各种船形的（拖古子、标滩子、采更子、石角子、三块板等船形），下河驾船搞运输的，精通文墨教书的，裁布做衣的，吹笛弹琴唱戏的，做砖做瓦烧窑的，打石修磨、雕刻石具的，铸置金银做古器具的，拜佛念经做道士的，炸石修筑各种拱桥的，舞刀弄枪、飞檐走壁卖艺的，制作龙灯和花爆的，等等，不一而足。

良口圩镇，至明朝末期达到鼎盛，人口大幅增加。良口人为解决粮食生产而大量垦荒，由平原到山坑，开辟茶油山场，又砍伐苗竹以加工草纸。到清朝初期，榨油坊、造纸棚星罗棋布。陂头河一带榨油坊多，黄塘河一带造纸棚多。黄塘河的造纸棚一直延伸到黄竹、高坑、东坪、石龙坑等地。做草纸需要石灰水将苗竹沤成竹麻细浆，这就带动了黄塘甑盖岭的石灰采掘业。加之，万安的弹前、沙坪、棉津和赣县的攸镇、沙地、古田、东坑等地的田大部分是冷浆水田，迫切需用大量石灰改良土壤。于是，良口圩镇出现了所谓“四万又四千”即万担粮食、万担草纸、万担石灰、万尾鸭子和千担茶油、千担萝卜丝、千担青靛、千头生猪的市场交易。连赣州市商民都经常来良口采购鸡、鸭、鹅、猪、禽蛋等农产品以及柴炭等生活物资，进而形成了“进出口贸易”。从良口船运至南昌的农产品以土纸、稻谷、茶油、蓝靛、柚子等为主，船从南昌运回良口者多为白布、食盐和日用百货。

良口圩镇，最终发展到270余家店铺。1915年暴发罕见的特大山洪，良口损失惨重。到抗日战争胜利后，恢复了26个行130余家店铺，主要包括百货、京果店14家，豆腐、酒店11家，烟店11家，茶饭小吃店9家，药店9家，纸行7家，粮行7家，槽坊旅店8家，油行3家，猪行、渔行8家，香烛店6家，糕饼店5家，布匹（包括染坊）7家，金银店3家，等等。

六

良口圩镇繁华之中亦伴着双重隐患，即水涝与火灾。

因为全是木板店铺且人口稠密，所以每当汛期人们就夜不能寐，每当干旱就担心店铺不慎着火。人们为此想了一些办法，比如建潮洋庙镇水，栽姐妹榕镇火，但洪涝或火灾仍然频发。清朝初年某日，一位远道而来的风水先生借宿于此，指点道：在圩镇对岸的龙山上建一楼阁以与背靠着的莲花山对应，如此遥相均衡，既镇火又镇水。市民纷纷赞同，即集资兴建万良阁。

万良阁居高临下，气势宏伟，堪称邑中“极构”。落成后，尽管良口并未因此消灾减祸，但心理上的确给良口人以极大的安慰。

良口集贸在万安上乡片乃至周边地区一直保持着很大的影响力。直至20世纪80年代修建万安水电站，良口老圩镇才淹没于水库。

（谢芳桂）

祠　堂

万安祠堂是庐陵祠堂的组成部分之一，二者的来由与特征是基本一致的。其产生，得益于同族同姓的村落构成。其功能为祭祀祖先，彰显恩赐，举办宗族会议以商议事务，办理婚丧寿喜事或民俗活动，兼作私塾教育场所。

万安祠堂之形制，既讲究“风水”，又注重实用，还兼具美学意义。周边房屋高度不能盖过祠堂的“风头”，大门正前方不能建房以保证场地开阔，方便聚众。属性上分为总祠与支祠，规模上则包括一进、二进和三进。框架构成为青砖、灰瓦、马头墙，砖木混合结构，整体呈长方形，中间顶部直接开天井以采光和收集雨水。祠堂正面大门两边蹲着一对石狮，寓意吉祥与避邪。万安祠堂集民间彩绘与雕刻艺术之大成，其雕梁画栋可谓内涵丰富、精美细腻，其隔扇门木雕图案既各自成趣又内在关联，其柱础浮雕的山水花鸟细腻流畅、形象逼真。

本族名人、光彩事迹、历史教训以及公益捐款详情等，皆在祠堂外立碑纪念或表彰。祠堂内一般存放有族谱。

至于族规家训，虽不一定挂在祠堂墙上，却高度浓缩于祠堂楹联，体现在祠堂内的一切活动，潜移默化，润物无声。可见，跟南方其他地方的祠堂一样，万安祠堂之本质意义不只是身份认同的象征，更是追根溯源及凝聚族人的信仰所在，亦即村人的心灵归属。于是乎，祠堂烙下的印记，必定一代一代地深深融入村人的血液。

昭穆堂的耕读之风

窑头镇刻溪,学堂村。

纵目那块数百亩的平坦田塅,可见一座长条形建筑,犹如横卧着的惊叹号。

近观之,乃昭穆堂也。

这座祠堂选址如此特别,超脱村庄民居而落定于田中央。其寓意何在?凸显耕读为本,抑或昭示总祠属众家而非小家?

学堂村萧氏开基祖萧令贵,公元1078年进士,累官至工部尚书兼左仆射,谥号昭穆。北宋靖康年间(1126—1127年),萧令贵休仕弃官归田隐居,乃携子维贤、维宾于公元1126年由吉水县虎溪(今青原区古富村,萧氏之先五代时为避马殷内乱而由长沙至此肇基),徙万安开基定居。学堂老居包括东居、西居、竹园三个村落。其繁衍分支达二十多个,遍及江西、福建、四川等省,后裔人丁已数万。

明正统年间(1436—1449年),学堂萧氏仁人孝子和矩、和敬、从道诸公捐资兴建萧氏总祠,取开基祖文超公谥号昭穆为名。清朝至民国时期,几度迁建、复建或扩建。昭穆堂如今成为万安规模最大且保存完好的古祠堂。1985年,县人民政府将昭穆堂列为县级文物保护单位。

显然,能够被列为"保护单位",说明昭穆堂已有成功的保护史。其中一个现代人物需要特别提及,那就是萧渊森。萧渊森(1917—2010),参加过抗日战争、解放战争,而且骁勇无畏、屡立战功。1957年,因"干部下放"回乡,次年担任村党支部书记,在位克己奉公且正直刚毅。1958年,当地政府个别毫无文化保护意识的人居然动议"拆取昭穆堂砖瓦木料以建大礼堂"。萧渊森挺身而出,冒着政治风险据理力争,使昭穆堂幸免于难。到20世纪60年代,又有人要破坏这座古祠。萧渊森再次奋力阻止,并在形势极为严峻时组织村民轮流守夜,保住了古祠。

昭穆堂之一

昭穆堂坐北朝南，建筑宏大而精致。面宽 13. 9 米，进深 40. 4 米，占地面积 561. 56 平方米。砖木结构，马头墙，硬山顶。祠堂由前、中、后三栋纵向排列，后栋略高于中栋，中栋略高于前栋，栋与栋之间由两米多高的骑墙连接。前栋正面中间是拱形大门，左右各一个拱形小门；后栋两边亦各有一小门。大拱门两边有二十四字长联，颂赞祖功垂福与宗德衍家；门额镌刻“萧氏总祠”四字，其上方竖刻“尚书第”。左侧小拱门对联曰：“人至上圣贤书可读，德为绳祖宗恩当酬。”三栋之间共有两个天井、三个厅，共有十根大柱做主体支撑，有二十二根小柱子做辅助支撑，柱础为八角形，皆有雕图。各厅的顶部以藻井装饰，绘有各种精美的图案。前厅两侧设有厢房，中厅正上方是“昭穆堂”匾，上厅设有祭台，祭台后竖有学堂基祖文超公镏金塑像。

昭穆堂从正门到前厅、中厅、后厅有十余幅维修竣工的楹联，表达的中心意思即“耕读为本，忠厚传家”。尤其醒目的是这一幅“敬先贤昭穆子孙修诗书礼乐，扬祖德学堂后裔奉慈孝友恭”，乃学堂萧氏家风也，具体反映于流传的一些习俗，比如春节“团拜问学”。每年正月初一，学堂村族人各自带着果盒、烟、酒、茶聚于昭穆堂“团拜”。分批跪拜敬祖后坐聊，首要话题即“读书郎学业如何”。长者问，后生答，一汇报，一嘱咐，其切切倾听之情与谆谆教导之意，尽在笑语中。

那么，浓烈的耕读之风源于何处？追溯村名即可知也。谱序载：元代，十一世萧俊可“资产丰裕，益修诗礼，尝建家塾”“延（请）名师以教宗人子弟”“远迩来学者纳之，孤贫无依者资之”，于是“衣冠衿佩（指青年学子）翼然满座，弦歌之声（古时学校重视音乐教育，泛指教育或教学活动）霄旦不绝”，故此地名曰学堂。清代废学堂兴科举，故于光绪己卯年（1879 年）续修族谱时以村南两口鹤形水塘而更名为鹤堂。至民国时期，“废科举兴学堂，而时烈、广惠诸公为适应潮流，倡办学堂，延师以教族人，仍以学堂之名为学堂村”。

学堂人办学堂，学堂哺育学堂人。其间，居然还有过别开生面的“书屋式学堂”。据明成化庚寅年（1470 年）山东兖州府鱼台县教谕、泰和人罗昭所撰《西居三房东山书屋记》，“五云惟学堂山水清秀，故萧氏世居焉。代有传人，隐而处者有德义，出而仕者有声称”。这个“有德义”的隐士，“人皆以东山公称之而不敢名”，可见他名震乡里。东山公，不仅才识渊博而且性情豁达，竟以宅第作书屋即“东山书屋”，又以书屋作学堂，令老少齐聚，雅俗共赏，令学童读书，以晓大义。于是，“长者峨冠博带（高帽子和阔衣带，古代士大夫的装束），彬彬文雅；子弟森然玉立，敦尚礼让”。当年，罗昭看见东山公“屋中所藏书帙盈万卷”，甚是感慨，所以在文中称赞他超凡脱俗，成就无量，并下结论：“予固以为天地之书藏之圣贤之心，圣贤之心藏之东南西北俊杰奇士。”

在老一代俊杰奇士的引领下，尚学崇文蔚然成风，以至新一辈俊杰奇士层出不穷。明正统丁卯年(1447 年)南京国子《环秀楼记》称,“五云多大家,学堂萧氏其一也”。明正统甲子年(1444 年)泰和进士王銮所撰《学堂八景》,第一景与第二景均非自然景观,而是才学之盛况:诗书礼乐之教,东楼西阁声相闻而音相结,此“学堂之弦诵”,其景一也;里有山曰香岗,为南北道路之冲,萧氏自尚书下,达官显宦代有闻人,登科荐举,接连不断,或应命而往,或画锦而归,骊驹载道,仆马塞途,此“香岗之车马”,其景二也。1937 年,族谱第十一修,其序曰:“敦诗书耀门庭者代不乏人。元有举人从可公掌教南安,明则举乡榜者九,登进士者四。”清同治十二年(1873 年)《万安县志》的“人物志”,单明朝就有学堂村萧孟常、萧孟忠、萧和鼎、萧伦、萧镡、萧雍、萧庸、萧贤禄、萧文佐等九人被立传其中。

昭穆堂之二

于昭穆堂翻阅学堂族谱附录,可见明清时期诸多文人学士为学堂村写的楼记、堂记,有十余篇皆为唯美的散文。其中,最精彩的莫过于《丹桂楼记》,乃当时最著名的学者、宰相杨士奇因学堂村最著名的人物萧孟常而写也。大意是,萧氏一株桂花树香闻十数里，但元季兵乱，村庄破败而族人逃散，桂花树被毁，几乎枯死。萧孟常为此忧心忡忡，返村后于旧址重建屋舍，亦读亦耕，敬奉先人之德。不久，桂花枯根萌芽，数年后重新飘香。有人就说，这是“萧氏复兴之征（兆）”，“科第之祥（兆）也”，因此命名为“丹桂”。果然，“孟常举进士，擢监察御史”，且因连续九年政绩卓著而“升浙江布政司参议”。

关于萧孟常的人品德政，族谱辑录的当时名士为萧孟常赴任而赠的诗文达数十篇，皆由衷地赞美：“质直好义”“尤恳恳以爱民之心”“吏畏其威，民怀其惠，风采肃然”。何以至此？因萧孟常满怀一颗感恩天地之心也。正如他在《桥门听雨诗》中所抒发的：“空阶有时鸣，嘉树亦时应。感兹雨露恩，万物竞芳润”“誓将作甘霖，泽与天工并。坐视斯民康，庶几天宇净”。

所谓“有其父必有其子”。据《萧处士知己墓表》载：萧孟常之子萧和哲，自号知己，“资禀高迈倜傥”，“性仁厚，居家友于其弟睦于其宗，与乡人处薰然其和，未尝以门第自矜”。晚年，他在居所附近种竹成林，即搭建一个小棚子，匾曰“竹林精舍”。亲朋好友乃至陌生文人，相邀游此，“憩其间饮酒赋诗论古今”，直到天黑才罢。

其仁爱永续，其美妙绝伦，确乎昭穆堂耕读之风所致也。

（萧人翔）

话说衷姓五桂堂

潞田镇有这么一个姓，就全国而言，它是“小姓”，从未进入姓氏百强。但在潞田，这一姓有两千多人，它就是衷姓，主要居住在潞田村。潞田村处105国道（民国时期称赣粤公路）侧，境内有11个自然村：木杓丘（潞田行政村委会所在地）、下村、小坑、潞田、圩口背、塅内、塅得上、溪南、坊牌下、罗富院、下口。其中，木杓丘、下村、小坑、潞田、塅内、塅得上、溪南、坊牌下等村以衷姓为主，有的自然村衷姓占80%～90%。衷姓占潞田行政村总人口的50%以上，可见衷姓在当地是一个大姓。

据衷姓族谱载：衷姓原居中原，系鲁哀公之后，以谥为氏，世居丹阳，后迁居福建邵武水北桥。其间，族中出了个衷玭，亦名景亨，号重眉，于唐昭宗（李晔）大顺二年（891年）考中进士，任邢州知府。当时黄巢农民起义军已席卷大半个中国，一支劲旅从浙江挺进福建，福建上下动乱起来。衷玭得知消息，于唐昭宗光化二年（899年）赶快令二子衷文遇（衷姤）、衷文通（衷复）等家人迁徙到大山众多的江西。长子衷文遇（衷姤）到江西后，始居万安潞田大山三溪汇流成河的源江村（处于潞田河的源头），历经十多代。十八世的衷志道，从源江村析居附近的潞田村。后来还有其他裔孙陆续繁衍到附近，分别建村立业。

衷氏从福建迁徙至江西万安，有段传奇故事。景亨公的父亲廷范公从福建邵武出发，一路沿河赶放鸭子，来到了万安县罗塘乡。赣江边有个民间码头，人们在此渡船过江，时有客船和货船靠岸。岸上有几间店铺，于是人们习惯称此处为沿江埠。那里土地肥沃，农商皆兴，人气亦旺，衷廷范就将鸭群围在江岸上，在旁边搭盖起一间草棚，居住下来。由于衷廷范勤劳，善养鸭子，不久，鸭子越养越多，卖了鸭子，鸭蛋又孵出了新鸭子，收入不断增多。衷廷范见沿江埠一带土地肥沃，有了钱就买地，没几年就有了十多亩田。他在附近的小陂头村买下了一间房，有了接家人来的念头。

沿江埠到潞田村还有十多里路，衷氏先人是怎么迁来的呢？衷廷范在沿江埠一带牧鸭,有时也会赶着鸭群沿山坑或沿河流到处走走。一日,他来到潞田源江村(现名老居,即今日潞田圩)这个地方。当时此地虽为荒丘地,但也有树木,有溪水。衷廷范经常来此地放鸭,渐渐喜欢上了这块地方。有一次,他一时高兴起来,把长长的牧鸭竹插在了一块田塍地上。过了不久,这竹子竟然生了鞭(根),活了,逐渐发成了一篷竹子,来往行人见到竹子都很高兴。一个懂风水的道士路过此地,对衷廷范说,这是块风水宝地啊。当时衷廷范也正为黄巢农民起义军搅得唐朝天下大乱,义军进兵福建邵武而担忧。恰在此时,衷廷范的长子衷景元到江西任职(忝政),他接家眷到南昌,在附近的向塘镇高田村落户。衷廷范看中了潞田这块地方比沿江埠好,就将二子衷景亨及家眷接了过来,在源江定居。衷姓开始在潞田落户,繁衍子孙。衷姓后来分为几房,但公认衷景亨为一世祖。为什么未认衷景亨的父亲衷廷范为一世祖呢?据说是因为衷廷范在福建邵武族谱上已上了名,而且他有四个儿子,很难确定自己跟哪个儿子落籍;也可能因为衷廷范无功名,在新地方立足发展,尤其修谱建宗祠时,人们习惯举出有功名的人来支撑家庭,于是就公认衷景亨为一世祖,而认衷廷范为潞田衷氏始祖。

潞田衷氏于唐代落户此地,很长时期,人口增长不多,南宋末期人口增长多一些,但又因战乱,人口减少较多。直到明洪武年间(1368—1398 年)战乱结束时,第二十一世的衷愈庆(名贵彰)连生五子,五个儿子又人丁兴旺,并有出仕为官的,这在潞田衷氏历史上是最值得庆幸的大事,从此衷氏得到稳定发展。以此为基础,潞田衷氏分为五大房。

在宗族之中,分房与建祠是相联系的。一个宗族要在一个地方立起来,树起威望,依赖的是凝聚力。靠什么来达到这个目的呢?最主要的是靠祖宗崇拜,借助宗法观念、族规约束等。因此,建立宗祠是一定要的,而且随着家族的壮大和分支的增多,还必须有宗族总祠和分支房祠。

据衷姓老人回忆,潞田衷姓从第一世到第二十世无宗祠。清道光年间(1821—1850 年)礼部进士丙戌会试钦赐太常寺博士、潞田衷姓姻亲欧阳彦所撰《衷氏五桂祠堂记》云:“明初洪武间,天将兴之笃,生贵彰公,连举五丈夫,子曰:敬宗、传宗、德宗、兴宗、绍宗,是五桂之根柢也,族建总祠,遂颜其堂曰五桂。”从此,潞田衷姓才有了大宗祠——五桂堂。

倡建五桂堂,是由衷贵彰(按族谱辈分又称衷愈庆)的第四个儿子衷兴宗发起的。衷兴宗,官名衷敏,因举孝廉在四川剑州做判官,是潞田衷姓为官较好的人。举孝廉时,他在地方上、在家族中已有影响力,当了官后就更有影响力了。他出面倡议,得到家族的一致赞成。各房族首商议时,认为父亲名愈庆,号五桂,又有五兄弟之势,取堂名为五桂堂好。

五桂堂长 21 丈,宽 7.9 丈,三进。据说砌墙一层就要一窑砖。祠堂有三个大门,六扇门,画师画一幅门神像就要一个多月(工序多)。建宗祠是一件大事,全族人员都动员起来了,场面壮观,引人围观。某日,一位旁观者看画师拉起架子在勾画,就问道:“你画这一幅画要多久?”画师不屑一顾地说:“画这么大的画难呵,不要一个月,也得二十多天。”旁观者听后,冷笑一声。画师停下手中的活,望着那人说:“是否觉得时间长了?”旁观者不答话。画师看出此人是个内行,不能轻视,就很有礼貌地停下手中的画笔,向旁观者作了一个揖,说:“先生,请指教。”旁观者见画师有礼,也回了个礼,就画大门神像说了个大概。到了吃饭时间,画师去吃饭了,待他吃完饭回来一看,门神的草图已画在大门上面了。画师醒悟这是高人指点。这一指点,节省了不少钱和时间。祠堂大门顶上有 S 型拱板,众人都说要画上图案才好看,但因位置高,拱板是 S 型,难画,画师拿不准。管事的衷姓族人商议后特意去请那个旁观的高人来画。此人果然不凡,与画师合作,画上了二十四孝图,衷姓族人十分高兴。相传五桂堂有木柱 72 根(36 对)半。36 对木柱,人们找到了,但半根木柱在何处,至今无人知晓,而且祠堂中为什么置半根木柱,后人也不清楚缘由,只是猜测这半根木柱藏在宗祠后厅神龛柜内。

五桂堂建成后,衷姓族人纷纷前来祝贺,名声传到各地。五桂堂设计宏大,木雕装饰和画工当时堪称一流。衷姓族人兴高采烈,扬眉吐气,也有得意忘形者。五桂堂建成后，附近罗塘乡小南坑一位胡姓老者，想来潞田村木杓丘看看衷姓的五桂堂。他装成一个穷人，提着竹筐沿途拾粪，来到木杓丘，顺着五桂堂四周转了几圈，仔细观看，脱口赞叹道："这祠堂大哉。"祠堂边有几个衷姓青年，见老者一副贫穷相，竟看祠堂，就瞧不起地说："看什么，你等穷人难道建得起这样的祠堂吗？"胡姓老者回敬道："后生，不要太看轻人，有钱也不要太狂。再过三年，我家建祠堂一定比你们的祠堂长三尺，宽三尺！"衷姓后生笑说，这是疯话。真是山外青山楼外楼，人不可貌相。不出三年，罗塘小南坑胡氏宗祠建了起来，式样和规模与潞田衷氏五桂堂一样，长、宽真的比五桂堂多出了三尺。衷姓族长和老辈人知道这段故事后，常常以此教育后辈，做人要谦虚有礼，要学会尊重别人，和睦相处，不可出言不逊。

明代洪武年间(1368—1398 年)修建的五桂堂后因遭丧乱废为丘圩。清雍正甲寅年(1734 年)，衷姓族人凝聚在一起，在原址重建五桂堂，到乾隆二年(1737 年)才建完，依然是长 21 丈，广(宽)7 丈二尺，依然花板装饰，画上门神，不失当年风采。此后历经 200 多年风雨，五桂堂完好地耸立在潞田镇木杓丘。它曾当过会场，做过仓库，也遭遇过破坏。匾额或丢失，或改作他用。20 世纪 70 年代后，潞田衷姓对五桂堂做了必要的维修，在五桂堂大门正对的场地上，重栽了五棵桂花树。祠堂大门上的"衷氏宗祠"巨匾已遗失，此时也重新制作挂了上去。

有趣的是，巨匾上的"衷"字，细看，"衷"不像衷，"哀"不像哀，因为"衷"字的"中"处是口字中间一竖，而巨匾上的口字中间是一点。衷姓老人说这才是匾的原貌，正印着一段"皇帝钦点"的传说故事：衷姓是鲁哀公的后裔，以谥为氏，唐代以前一直姓哀。南唐礼部尚书哀愉在朝为仕。某日，皇家大办喜事，百官赶去朝贺。李姓皇帝一看自己喜爱的礼部尚书没有来很不高兴，便找来管事太监发问。好在哀愉事先曾向管事太监做了说明，所以管事太监禀告皇上说："皇上，此事不能怪礼部尚书。礼部尚书已提前送来了贺礼，但说不方便参加今天的庆仪。"皇帝不解："都是大臣，有什么不方便的？"太监说："皇上今日是办大喜事,可礼部尚书不是姓哀嘛,哀者悲也,怎么好来参加皇上的喜庆呀!”皇帝一听有道理,又念礼部尚书是个忠臣,心想不能因为姓不好,喜庆之仪都不便参加了。太监看出了皇上的心思,试探着说:“要不请皇上给他另赐个姓?”皇帝高兴地说道:“对,对!”说完从案上提起笔来,在“哀愉”中哀字的“口”上重重地加了一点。太监忙宣道:“宣礼部尚书衷愉衷大人参加庆仪。”从此,哀姓变成了衷姓。

哀姓改为衷姓一事当时有知之者,亦有不知者。知之者,改为了衷姓;不知者,仍沿用祖上传下来的哀姓,弄得一些地方称呼混乱,很不方便。明代嘉靖四十一年(1562年),江西举子哀世用为此上书朝廷,要求明确衷姓一事。经吏部及江西有关衙府的努力,至少当时在江西(包括万安),衷姓的姓氏问题最终得到了解决。

(耿艳鹏)

胡忠简公祠

胡铨(1102—1180),字邦衡,号澹庵。吉州芗城(今青原区值夏镇)人。庐陵"五忠一节"之一,与李纲、赵鼎、李光并称"南宋四名臣"。

建炎二年(1128年),胡铨登进士第。初授抚州军事判官,他招募乡丁,助官军捍御金军,后任枢密院编修官。绍兴八年(1138年),秦桧主和,胡铨写《戊午上高宗封事》,力主斩秦桧、孙近和王伦,声振朝野。胡铨因此遭除名,编管昭州,移谪吉阳军。秦桧死后,内移衡州。宋孝宗即位,复任奉议郎,知饶州。历国史院编修官、兵部侍郎,晚年以资政殿学士致仕。

淳熙七年(1180年),胡铨去世,追赠通议大夫,谥号"忠简",著有《澹庵集》等传世之作。

胡忠简公祠位于沙坪镇观山村小草龙村小组。据记载,从康熙元年(1662年)到同治九年(1870年),万安接纳了大量的客家移民,县域人口激增。这一时期除当地原住民自然繁衍外,从中原地区或赣江下游吴赣文化区南迁万安的很少,新增人口主要来自福建、广东和赣南。时局的动荡,把这些自称"河洛郎"的客家人定格在客籍的方位。但是,历史的摆布动摇不了客家人的执着坚韧。无论条件多差,他们都能够生存下来,并迅速繁衍。对于新居的选址和坐向,客家人不敢马虎,他们重视风水,讲究山形水势,重视天人合一,采光、通风、排水都要考虑妥当。他们在山脚或者山腰挖出一个屋盘子,然后用糯米浆拌和黄泥筑墙,就地伐木以做梁柱,建造房屋,规划家园。紧接着垦荒造田,沿着水溪与沟壑,削峰填谷,开辟出一垄垄田地。

查族谱可知,该村居民为胡铨的后人,开基祖为胡公谕。追根溯源,泰和邹溪村的开基祖当是胡铨第四子,因躲秦桧党派的陷害,1400年从芗城迁入,并更为邹姓。后代胡惟洁建忠孝堂,其玄孙即胡公谕(胡铨第二十四代后裔)于明朝嘉靖年间(1522—1566年)从泰和县万合镇邹溪村杨梅山迁入万安县三十都(现今的沙坪镇),繁衍至清朝康熙二年(1663年)建设该祠,名端本堂。也就是

胡忠简公祠

说，迁入万安沙坪的胡家，比客家从南方北迁要稍早一些，但建设该祠正是客家人大量北迁之时。

该祠堂坐西向东，面宽9.9米，进深30.8米，占地面积305平方米。大门前约两米处立有分别为嘉庆、道光和同治年间的三个功德碑，仿佛在诉说曾经有过的家族荣耀。有6个门杵，大门两侧各装饰一面石鼓。还有一对石狮，左公右母，栩栩如生。

抬头望，大门上方为品字形龙头纹斗拱，纵横交错，逐层而上，并向外挑出，气势雄伟。斗拱中心镶嵌一竖式清朝牌匾，远看，由于岁月侵蚀，字体已经不清。下方嵌有一横式牌匾，以行书大字题写“胡忠简公祠”。

走进去，整体来看，有二井三进的空间，可看作二柱三间砖木结构，第一个天井左右护廊各有一个对称的半圆形拱门。奇怪的是，三进中间并无木屏风或砖墙隔开。祠堂前厅有 2 根金柱,石础为花草纹。中厅有 6 根金柱,石础雕刻着文房四宝。上厅为一神台,高出中厅 1.2 米。中厅至上厅之间上神台的左右各有 6 级台阶。上厅高耸 4 根木柱,两边各有梢间。整个建筑的雀替为云龙纹和花草纹。在中厅,胡氏后人保存着一个胡铨神位牌,为木制镶金结构,高一米多,宽二尺余。主牌底座为全面鎏金。胡忠简公祠香火旺盛,绵延不绝。墙上挂着多面锦旗,都是还愿者的答谢之礼。

(郭志锋)

“郭氏南迁第一村”的难老堂

难老堂坐落在高陂镇符竹村。

据郭氏族谱记载:大唐汾阳王郭子仪第六子郭暧曾孙郭瞿迁于江苏金陵乌衣巷,又于唐僖宗中和元年(881 年)为避黄巢战乱从金陵乌衣巷迁吉州府泰和县龙泉乡十善镇隐仪岗;郭瞿仲子郭延嵩又从隐仪岗迁符竹村定居。

符竹开基祖延嵩公,字致远,唐进士,仕杨吴枢密使,夫人康氏。延嵩生五子:佑、洪霸、鹏、祚、召兴。洪霸生十子:文暹、文皎、文肇、文政、文向、文尉、文弼、文格、文魁、文明。郭氏衍至五世、八世、十世,约 1050 至 1200 年始向外迁徙,由符竹分迁至冠朝、浣溪、荐溪、下驿(太和、遂川两县),是谓五派,符竹是五派之源地。其后又分支楼下、良富、读堂、松关、上坪垅、瑶夏、悠富、谐田、张塘、芦塘、白沙以及各县州;后又分徙云南、山东、福建等十多个省市及海内外。就这样,符竹郭氏发根起苗,开枝散叶,东迁西移,星罗棋布,泱泱然成为望族。因此,符竹被誉为郭氏南迁第一村。

其实,符竹是一个总称。它包括庄背、东岸、井头、东山、岑南、横塘、湖溪、栋头八个自然村,人丁最旺期大约在十五世至二十七世(1400—1700 年)。符竹从一世至二十三世无拟辈行派名,从二十四至三十五世才有老辈行派名。郭氏祖训是“尊祖、敬宗、事亲、睦族”,家风是“崇礼尚德”。正因家风清正,郭氏家族才繁衍茂盛,贤人辈出,书写许多齐家治国平天下的鸿篇。

符竹郭氏经历了一千一百余年的繁衍发展,留下了一系列珍贵的历史文化遗产,比如千年古樟树,比如六百余年的观音塔、江南寺和五派总祠“爱敬堂”遗迹。

宗祠“难老堂”,是原四房老祖排名潼字恒美奉例于明武宗皇帝朱厚照正德元年即 1506 年捐基地并独资兴建的。数百年来,“难老堂”丕振家声,人文蔚起,丁财兴旺。因年代久远,堂宇破旧,难老堂于 1977 年倒塌。1980 年,族人精心组织和筹划,在原地以“人民礼堂”的新名目重建。此后三十多年,礼堂因缺少维修资金,逐渐百孔千疮。2016 年,族人集资修缮一新,开创了祭祖祈福而弘扬传统文化之新局面。

难老堂

2015 年,云南、山东、湖北、河南等省宗亲,相约寻根问祖。祭拜南迁始祖瞿公墓后,大家商议拟修郭氏南迁第一村牌楼,当即得到符竹宗亲的积极响应,并且迅速行动,众筹解囊。同年 11 月 2 日吉时,“郭氏南迁第一村”牌楼动工,次年 3 月完工,巍然矗立。

“郭氏南迁第一村”牌楼

牌楼采用四柱五楼式。正门轩敞，楼高 14 米，高峻超拔，斗拱载福，檐牙纳彩。旁辅以宽 12 米的阙门，阙楼左右相扶，龙翔凤翥。正中书“郭氏南迁第一村”，苍劲显赫。

牌楼两边为楹联：

虢国宗支发脉颁符荣万代，汾阳世胄开基植竹旺千秋。

尚父功勋俎豆盛，瞿公恩泽子孙荣。

2016 年是郭瞿公南迁符竹 1135 周年。5 月 13 日，中华郭氏南迁 1135 周年庆典暨“郭氏南迁第一村”牌楼揭牌仪式，在符竹村隆重举行。来自全国 20 多个省、市及港、澳、台郭氏宗亲代表 1000 多人出席仪式，并在“难老堂”举行了祭祖活动，盛况空前。

（郭建华　郭金锋）

万安其他主要祠堂简介

近几年来,各地兴起修建祠堂的热潮。许多古祠堂得到维修或改建,同时兴建了一些新祠堂。这里介绍其中十座。

1. 同明余庆堂

该祠堂位于窑头镇八斗行政村九组同明村,建于清代。坐东北向西南,面宽8.5米,进深19.5米,占地面积165.75平方米。四柱三间,砖木结构,马头墙,硬山顶,麻石质墙担石。三开大门入堂,大门上饰雕刻着龙凤花草纹的门枠,有两根廊柱。廊上卷棚与横梁之间有四个巨大的雕有麒麟、凤凰、猴、象、龙花草的花撑。挑梁上深雕万、寿、鲤鱼、楼阁、麒麟、龙、人物、花草、吉字、水波纹等。堂内有六根金柱(有一根维修时改为水泥柱),八角形雕花柱础。二进置卷棚,梁与卷棚之间的大花撑和廊上的花撑花纹规格相同,工艺精美。2012年12月,同明村余庆堂被列为县级文物保护单位。

2. 邓林思成堂

该祠堂位于五丰镇邓林村中央,系邓林刘氏总祠。思成堂始建于明代,重修于1928年,坐北向南,面宽30米,进深19.5米,占地面积585平方米。砖木结构,马头墙,硬山顶。一井二进,祠堂有门斗式前廊,三扇大门入堂,大门两侧开券顶门,通梢间。正殿顶部置藻井,寝堂位于正殿后。祠堂样式规整,地域特色鲜明,保存现状较好。1985年,思成堂被列为县级文物保护单位。

3. 恒升堂

恒升堂坐落在涧田乡里仁行政村罗坑村小组,建于清代。坐南向北,整座房子占地面积2073.3平方米。八井五厅,土木结构,硬山顶式客家民居,呈“凹”字形,以上堂为中轴线,向前的檐下置有天井。天井两侧,东、西各建走廊(厅)。天井前端檐内,置一列与上堂相对称的屋宇。中间大厅正对上堂中轴线,形成完整的方形屋。上堂为祖堂,堂中雕龙画凤,栩栩如生,具有客家民居特色。2004年,恒升堂列为县级文物保护单位。

4. 夏坪余庆堂

该祠堂位于窑头镇夏坪行政村，建于清代。坐北向南，面宽 11.5 米，进深 37 米，占地面积 425.5 平方米。四柱三间，砖木结构，马头墙，硬山顶。二井三进，三开大门入堂，青粉石门墩，头进、二进有六根金柱和一个兽腿龙纹石香炉，二进顶棚置八角藻井，上两个台阶进入三进，四根金柱，两侧有梢间，祠堂门楼刻“进士”二字，檐下置两根廊柱。门前空地上有一对功名石。祠堂样式规整，地域特色鲜明，保存现状较好，2012 年被列为县级文物保护单位。

5. 明文堂

明文堂位于涧田乡良富行政村蚕富村，建于清代。坐北向南，宽 26 米，深 55 米，占地面积 1430 平方米。砖石三合土结构，马头墙，硬山顶。集住宅、院子和宗祠为一体，大门上方置长方形青石匾，上刻“‘登科’同治元年壬戌，光绪十五年秋月穀旦，林文光立”字样。进门前厅有屏风，大院子中央铺鹅卵石路，中门青石质门槛、门框，门楣上书“都尉第”，院子铺鹅卵石地。后堂中置天井，堂上中央悬挂“明文堂”横匾。房子的走廊铺三合土，用条石圈边，廊上横坊中央置花撑，短梁上刻人物、凤凰、福禄、寿等，寓意吉祥如意。工艺精美，雄伟大气。墙上还有当年红军驻扎时留下的许多红军标语，为研究万安中共革命史提供了

实物依据,也是当地群众支持红军的历史见证。

6. 济舟堂

该祠堂位于窑头镇八斗行政村横乾村小组,建于清代。房屋坐北向南,面宽10.6米,进深30米,占地面积318平方米。二井三进,砖木结构,马头墙。廊上有两根廊柱,额枋上刻"经魁第",卷棚上绘花草、文房四宝。三开大门入堂,红米石门墩,方形花草门杵。头进装饰长方形人物、凤凰彩绘藻井,二进卷棚绘人物、文房四宝、云纹、山水图案,顶上的八角藻井绘八仙、龙纹。厅中有六根金柱。三进置有厢房、神台。二进墙上还绘有1958年"大跃进"时期的人物画。2003年,刘氏族人捐款维修过济舟堂。

7. 李氏宗祠

位于百嘉镇黄南村,建于宋代。坐西北向东南,占地面积382.37平方米。为四柱三开间,二井三进砖木结构,祠堂门楼有飞檐翘角斗拱,斗拱为龙头、葵花纹饰,层层飘出,整个祠堂保存完整。雀替、垂柱、花窗、藻井等雕刻及绘画精美生动,工艺较高。祠堂还保留了一口乾隆年间(1736—1795年)制造的生铁钟。祠堂大门写着:"宋末元初建距今700多年,宋末忠臣第源远流长。"

8. 峻德堂

坐落在枧头镇珠山村湖坪自然村,初建于元明之间,重修于清乾隆三十二年(1767年)。祠堂坐北朝南,进深28.83米,面阔3间,宽10.34米,高约8米,占地面积298.2平方米。祠堂二井三进,砖木结构,有封火墙。正大门廊上有斗拱,雕龙画凤,纵横交错地层叠而成,逐层向外挑出,飞檐翘角十分精美。堂内二井三厅,共竖有十六根金柱,各厅顶上置有八角藻井。上厅略高出0.3米。古朴、典雅、精美,尤其是雕刻的麒麟雀替栩栩如生,不可多得。

峻德堂为郭氏宗祠,郭氏从泰和白竹溪迁来,故峻德堂大门两侧红米石方形柱上阴刻:由白溪而分派,东壁挹西园源远流长世泽绵延光故里;卜湖斯坪以肇基西南山托北斗灵钟秀毓人文蔚起焕新猷。正中横匾"子孙科第"。落款:清乾隆三十二丁亥年修。

9. 忠孝堂

该祠堂位于潞田镇读堂村陂头村小组，系郭氏宗祠，建于清朝康熙年间。祠堂坐西向东，面宽132米，进深24米，占地面积3168平方米。为四柱三开，一井二进，砖木结构，硬山顶。檐柱为红米石质八角形石础，每面雕刻大门石鼓，为云纹附狮状。鼓座为麒麟花草纹雕刻，门枠为圆形八卦、龙纹粉彩雕刻。左侧门枠为八卦卷草雕刻，右侧门枠为双凤凰雕刻，门廊上有方形双龙戏珠彩绘。一井上方有八角形藻井，堂内六根金柱，有圆形、方形雕花红米石础，轩廊上有方形藻井，二进藻井缺失，祠堂内雀替为卷草纹饰。

10. 银塘思成堂

思成堂位于潞田银塘行政村，始建于宋代，经元、明、清、民国时期维修，现思成堂保持了民国时期的建筑风格，坐西南向东北，面宽18.8米，进深32米，占地面积601.6平方米。砖木结构，马头墙，硬山顶。二井三进，四柱三间，三开大门入堂。中间大门两侧置红米石质麒麟石鼓一对，门楣上书“吾阳世家”四个大字，头进有八根柱子和方形天井，上三个台阶为二进。顶上有八角藻井和长方形卷棚，厅中央屏风上挂“思成堂”牌匾，祠堂两侧有厢房。

（县博物馆供稿）

书 院

中国古代书院是指中国封建社会特有的一种教育组织和学术研究机构，一般为著名学者私人创建或主持的高等学府。书院最早出现在唐朝，盛行于宋初。比较规范的教育制度，由宋代鼎盛时期的朱熹创立完善。大多数的书院，形成初期一般由富室、学者自行筹款或置办学田收租，以充经费；发展到后来，往往由朝廷赐敕匾额、购置书籍，并委派教官，调拨田亩和经费等，逐步演变为半民半官性质的地方教育组织。

万安县的历代书院，据《万安县志》有关文献记载，自宋至清，各代均有创建。目前有史可查、有据可考的境内书院情况如下：在数量上，各级各类书院有20多所；在时间上，最早的数北宋元祐年间(1086—1094年)在县城东建成的学宫，这是县署设立的公办学校，拉开了万安县古代书院建设的序幕，到光绪三十一年(1905年)，废除科举制度，县学改制，考棚改为公立高等小学，时间跨度达800多年；在地理分布上，以城区为中心，向乡村辐射，形成了一个较为完整的书院体系。

到万安书院讲学的名家大儒络绎不绝。比如朱熹在云兴书院讲学，周敦颐在龙溪书院讲学，文天祥在昂溪书院讲学，都曾留下教育佳话。只可惜很多书院在历代战乱或大火中损毁，所余无几。大蓼书院、瑞丰书院、银塘书院、文明书院、至善书院、西华书院，等等，现在仅存一个名字。

儒　学

儒学，又称学宫。元、明、清三朝称县学为儒学。因学宫内建有孔庙，崇祀孔子，故又有孔庙或学庙之称。

万安自宋熙宁四年(1071 年)割龙泉(今遂川)、泰和、赣县之边壤而建县治。熙宁五年(1072 年)，知县许浃建县学于龙溪门外(今县图书馆附近)，庆元五年(1199 年)，知县赵师遒改建于县治东北云冈，即前夫子庙故址(今锅炉厂幼儿园附近)。至清同治十二年(1873 年)，经过大小三十次增修重建，殿堂斋庑，门庭廨舍，泮池射圃，乡贤之祠，题名之阁，库帑庖湢，门閎垣墙，邃深爽垲，几亚都学。占地二十余亩，费金以万计，"皆士人所乐输，而官以余财助之"(《万安县志》)。

儒学设掌教，后称山长。明清时县设教谕、训导各一人，掌教诲。选明经博学洽闻之士以教之。

入儒学者，须先在蒙馆、经馆或类似的私学学到一定的程度，经过"童子试"录取者才得入学读书，称为"进学""入泮"或"采芹"。进学者称为"生员"，亦称"廪生"，俗称"秀才"。

明初，学额有定数，后屡有增广。据《万安县志》载：向取廪膳生员二十名，挨次三年两贡，增广生员二十名；附学生员原额岁试文武学各十二名，科试文学十二名。清雍正时，恩诏广额名数无定额。至同治十年(1871 年)因邑中富绅捐饷助剿，加永远文武学定额四名，广一次文武学额二十三名，分年取进。

儒学选用的教材，元、明、清大致相同。清代主要是经、史、理性及时文四个方面。经方面为五经：《钦定孝经衍义》《御制诗、书、春秋三经传说类纂》等；史书为《资治通鉴纲目》等；理性书为《理性大全》《御制性理精义》《朱子全书》等。此外，还有四子书、《大学衍义》《古文渊鉴》《历代名臣奏议》等，均为生员必修的教科书。

儒学的培养目标：准备参加科举，"养成贤才，以供朝廷之用"(《万安县

志》)。儒学有严格的规则,《万安县志》载:明洪武十五年(1382 年),颁禁例十二条于天下,镌立卧碑,置明伦堂之左。其不遵者以违制论。清顺治九年(1652 年),颁卧碑文七条,违者黜革治罪。每月初一、十五两日,"令儒学教官集该学生员宣读,务令遵守,违者责令教官并地方官详革治罪"。

儒学考校之法有月考、季考。除考四书文外,兼试策论。因而"八股文""试帖式"就是县学学官对生员进行教学和考核的主要课题。诸生除丁忧、患病、游学、有事故外,不应月考三次者,戒饬;无故终年不应者,黜革。试卷申送学政查复。嘉庆间,月考渐不举行。嗣后,教官多地位卑微不称职,有师生之名,无训诲之实。儒学名存实亡。咸丰六年(1856 年),儒学被太平天国兵摧毁。同治九年(1870 年),合邑重修,同治十二年(1873 年)竣工。光绪三十一年(1905 年),废科举,兴学堂。儒学成了历史纪念馆,民国四年(1915 年),被洪水冲毁。今原址无存。

(刘文渊)

濂溪书院

查1996年出版的《万安县志》，书中对濂溪书院的介绍仅寥寥数语。

虽然第一句说的就是方位“在县署西（今街道管理所地址）”。但县城早已分为四个社区，分属不同的管理机构。当年的街道管理所，办公地址也曾屡次变动。故这一说法模糊不清。据专家考证：该地址处于城东，即老图书馆的位置。

嘉祐年间（1056—1063年），南安军司理参军周敦颐，带着他的两个得意门生程颢、程颐进了虔州，接着又坐船顺赣江而下。等船过了知津阁、精修观、香林寺，行至一个叫万安镇的地方时，忽觉两岸林木茂密，人声鼎沸，于是喝令停船，弃舟登岸。上得岸来，信步街坊，才知这万安镇尚未建县，却是南北漕运之枢纽，经济贸易异常活跃。漫步间，耳边还不时传来一阵阵朗朗的读书声。周敦颐大吃一惊，心想：这弹丸之地，何来如此激动人心的读书声？循声一访，原来这朗朗书声出自城里的开元馆。

周敦颐大喜，顾自走上讲台，向众多学子开口讲起了钻研多年的理学心得。学子们先是惊讶，待到得知眼前的先生就是大学问家周敦颐时，个个欣喜若狂，奔走相告。

无疑，这一天成了万安镇的盛大节日。濂溪先生，也迅速成为万安学子心目中的偶像。

自那以后，周敦颐带着他的两个得意门生多次从虔州坐船，顺江而下，到万安的云岗书堂和香林寺开讲理学。一时间，万安学子云集，门庭若市。

濂溪先生周敦颐（1017—1073），原名敦实，为避宋英宗之讳，改名敦颐，字茂叔，号濂溪，湖南营道（今湖南道县久佳乡楼田村）人，是著名的哲学家、思想家和教育家。他继承《易传》部分道家思想，结合儒学及佛教理论，提出一个简单而有系统的宇宙构成论，认为“太极”一动一静，产生阴阳万物，“万物生生，而变化无穷焉,惟人也得其秀而最灵”。他的学生程颢、程颐和后来的朱熹等,在此基础上加以丰富和发展,形成了系统的客观唯心主义哲学思想——统治中国封建社会上千年的理学思想体系。所以,濂溪先生周敦颐是理学的开山祖、奠基人。

濂溪先生出身于书香世家。父亲周辅成是宋大中祥符八年(1015 年)进士,曾任贺州桂岭令,宦游于外。周敦颐从小跟着母亲在农村启蒙读书,天资聪颖,在家乡颇有名气。人们都说他“志趣高远,博学力行,有古人之风”。周敦颐十六岁时,父亲因病去世。他便随母亲投奔在京城做官的舅父、龙图阁学士郑向。郑向见他是个人才,便向上举荐。康定元年(1040 年),周敦颐出任洪州分宁县主簿;庆历四年(1044 年),调任南安军(今江西大余县)司理参军。庆历六年(1046 年),原兴国知县(时任南安军通判)程珦仰慕周敦颐的道德学问,将他两个年少的儿子程颢、程颐送到周子门下。受他影响,二人都成为一代硕儒、理学名臣。

宋熙宁四年(1071 年),万安镇改为县治,首任知县许浃很重视教育,特意在城东龙溪门外新建一所县学,取名龙溪书院。淳熙年间(1174—1189 年),理学大师朱熹为追寻濂溪先生足迹,专程到万安游学,行踪遍布境内的白云寺、龙溪书院等处,并将云岗书堂改名为“云兴书社”。

淳祐元年(1241 年),县人为纪念濂溪先生及二程到此讲学,特意在开元馆一侧新修濂溪祠,祠中设有周敦颐、程伯淳、程正叔三先圣的神位,以供后人祭祀。后来,不知何故,濂溪祠也改名为龙溪书院。

如此,县内就有两所龙溪书院,一在城东,一在城内。随着时间的流逝,城东的龙溪书院慢慢淡化,逐渐退出了人们的视线。直到清康熙二十五年(1686 年),龙溪书院终于再次成为关注的焦点。当时的万安知县名叫黄图昌,他是个很有作为的地方长官,在万安任职五年,一直注重修城垣、建学堂、祭圣祠。为纪念濂溪先生在此讲学,表明万安是理学的发源地之一,他特意上书,将“龙溪书院”易名为“濂溪书院”。

乾隆六十年(1795 年),安丘举人刘俊德到万安担任知县,于嘉庆十年(1805 年)大兴土木,重修濂溪书院,竣工毕,为之作碑记:

余自乙卯位任兹土,访求古迹,有所谓濂溪书院者……尝往来讲学于万安香林寺龙溪书院。邑人士沐其教者,久而弗谖,厥后,先生卜居庐山莲山峰下,前有濂溪,筑室临流,因以为号。万安邑遂改书院为濂溪。大厅正中,设立至圣先师神牌,旁列周、程三先生神位,古迹维昭,考诸邑乘,书院建于宋,元、明以来,屡有废兴。至我朝康熙初年,邑前任石门胡公枢,力为修复,二十五年,长垣黄公图昌,重复振兴。嗣因县丞无署,间或借寓其中,讵积久而牢不可破,相沿以迄于今矣……

由此可见,万安濂溪书院是因为纪念濂溪先生来万安讲学而得名。数百年来,周敦颐在万安讲学的故事一直在民间流传。濂溪书院几经修缮、几经兴衰,在万安作为书院的一个品牌一直保留至清末。

咸丰六年(1856 年),太平军过万安,在太平军与清军作战中,濂溪书院毁于兵火,从此万安濂溪书院原貌逐渐被人们淡忘。

清朝同治十二年(1873 年)编纂的《万安县志》,曾根据书院旧貌,绘制了在战火中消失的《濂溪书院图》,把它作为一个地方文化遗产来保存。

图中所绘万安濂溪书院为砖木结构,上下两层楼阁,有大小书舍十余间。分头门、正殿和后栋,仿宋四合院式格局。前门左右两侧是店铺,中殿为讲堂,后栋设有香案圣位,中间是孔老夫子的牌位,两边是周和二程三先生的牌位。香火四季不断,供邑人祭祀。

(郭志锋)

附图

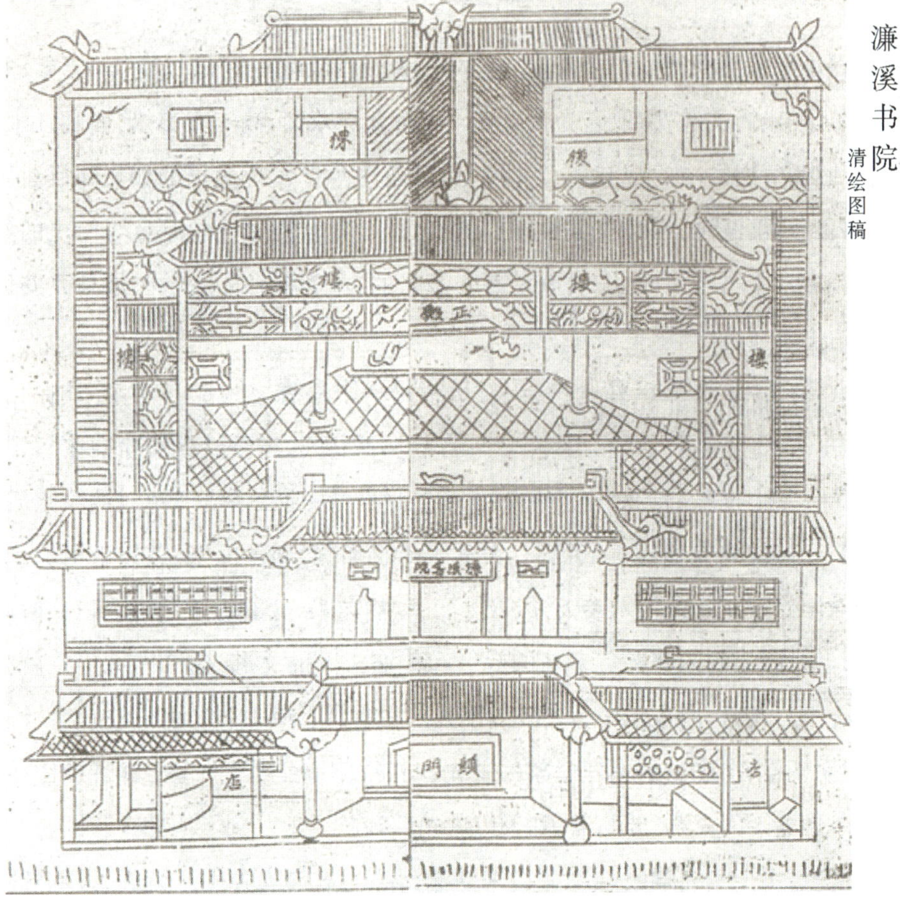

濂溪书院 清绘图稿

九贤书院

在惶恐滩下的赣江右岸，有一座古塔，为明朝成化年间(1465—1487 年)所建，因人们崇尚文风，特取名为崇文塔。该塔九级八面，高三十多米，面临江水，雄伟壮观，每层的塔门都有如意斗拱，是目前江西省发现最早的如意斗拱。历经五百年风雨沧桑，崇文塔依然巍然屹立，显示着万安文化的厚重与历史的悠久。距离崇文塔不到四公里，就是万安著名的古书院——九贤祠，这是万安仅有的古书院遗迹。

九贤祠位于百嘉镇九贤村，该村历来是一个书香之地。一千多年前的唐朝，这里有一座寺庙，名“涵山寺”。每当节日，周围的老百姓就纷纷前来敬神、祭祖，平时则办学。后来，名僧杯渡禅师经过此地，他饮了寺旁龟泉的泉水后，大加赞叹道：“泉有翰墨香，后当有大贤居此。”果然，到了北宋，著名政治家、文学家欧阳修听闻此地古木参天，风景秀丽，欣然前来，并在寺里传道。虽然时间短暂，但是因为欧阳修久负盛名的政绩和传遍天下的文名，这个地方很快就闻名遐迩了。此后，南宋末年著名爱国词人刘辰翁，明朝第一位内阁首辅、大才子解缙，明朝学者、杰出的地理学家罗洪先，明朝“阳明学派”的重要学者欧阳德，以及本地名士闵子林、郭简斋、刘玉等均先后到此讲学。到了明朝末年，因为魏忠贤乱政，不少文人学士隐身藏名来到涵山寺。该寺为先生所流寓，人们遂将寺名改为“贤居寺”。清朝道光二年(1822 年)，当地人对贤居寺进行了改建维修，并把欧阳修等八位在此讲学的著名先贤牌位祭祀于其中，故又名“乡贤讲学寺”。

九贤村附近有一个叫昂溪里的地方，村里有一条溪流名昂溪，南宋义士段奎斋依溪建了一所民房作为学舍，招收村童入学。村童们每天坐在学舍里，高声朗读四书五经，那朗朗书声，远播江面。据史实记载，南宋中期的一天，民族英雄文天祥乘舟经过这里，正当他站在船头欣赏两岸风光时，听到学子们整齐的读书声阵阵传来，又看到周围景色颇佳，于是立马停舟登岸，循着书声来到了

学舍。当他看到学子聚首一堂,读书习字,十分认真,心中油然而生喜爱之情。于是,文天祥特意在这里停留了好几天,每天对师生谆谆教导,语重心长地勉励他们"义之所在,必躬蹈之",并且亲自将这个学舍题名为"昂溪书社"。然后,他告别师生,继续扬帆前往赣州。从此,远近的学子,负笈来此求学者,络绎不绝,从书社里走出了不少进士和举人。

可惜的是,到了清朝咸丰年间(1851—1861 年),书院尽数毁于太平天国战火,此后便无聚童讲学之所,学童只能在家自学,人各请师。为了将尊贤、育才、尚义之风发扬光大,在学师张君行和王董的倡议下,乡民们慷慨解囊,积极捐资建校。此举也得到时任知县欧阳建的重视和支持。在他的主持下,人们特意选择贤居寺遗址的左侧新建书院。在能工巧匠的努力下,历时两年多,新的书院于 1870 年落成,并将曾在贤居寺讲学的欧阳修等八位先贤和曾在昂溪书社讲学的文天祥共九位贤人的牌位合在一起祭祀,新的书院于是取名为"九贤祠"。同时,村庄也被改名为九贤村。九贤祠继承了贤居寺和昂溪书社的学风和精神。自此,万安文风更胜,名流辈出。

九贤书院正大门,现已毁

站在九贤祠前,可以看到该祠面对赣江,背靠大山,绿林环绕,门前绿草茵茵。遗憾的是,历经二百多年的风雨侵蚀,它的建筑大多已经倾塌了,但是民国十二年(1923 年)夏天重修的门面和四周墙垣仍较完整,门面上的字迹及"鲤鱼跃龙门"等石雕清晰可见。大门正中刻写着"九贤祠"三个饱满厚重的大字。正门之巅,高悬着"天地正气"四个大字,寓意文天祥曾在此讲学,他的浩然正气永存于此。大门两边是"古君子曾临乡讲学,一都人乃仗义建祠"的石刻对联。对联点明了这座祠是全乡人为纪念九位贤人在此讲学而集资兴建的。大门正面还有两副对联,分别是"九德五常服膺弗失,贤关圣域捷足登先"和"国运喜维新,惟愿都人士正心修身,扶持政纲,感召上天畴锡九;儒风宜守旧,须记乡先生著书立说,昌明圣教,鼓吹后进志希贤"。两联之间穿插着"理学""名臣"四字和雕塑图案,颇为静雅。

据史料记载,九贤祠是典型的古书院建筑风格,设计古香古色,有回廊、吊楼、藏书阁、天池等。占地面积 741 平方米,除教室、牌位房为一层建筑外,吊楼、学生和老师宿舍、藏书阁均为两层建筑,结构外墙为砖,室内均为木质,且雕梁画栋,做工十分精细。知县魏湘曾作《贤居寺记》:"贤居寺非寻常寺观可比,盖凡名人流寓之所,系古迹也。"欧阳骏也作《十二都九贤祠社学记》一文。民国十三年(1924 年),重修门面。其后,九贤祠一直作为九贤小学办学之所,1979 年作为危房被拆除,仅留一个大门。

(邱裕华)

横溪书院

横溪书院坐落于窑头镇横塘村，在县城东南约 30 公里。

书院坐北向南，砖木结构，四扇八间，宽 10. 9 米，深 13. 3 米，垒有四个台阶通往书院，大门楣书“横溪书院”四个字，用云纹和云雷纹圈边，弓形额方，檐额绘文房四宝山水画，一顶二顺法砌墙。

横塘以张姓为主，尊汉张良、唐张九龄为始祖。族谱记载，书院系族人张昭垲倡建。昭垲，字晏居，名善敬，号益齐，嘉庆丙子年(1816 年)生，“经持泉事俱系公正”，光绪甲申年(1884 年)，昭垲年近七旬，倡建书院，距今 136 年。

横塘村自然风光秀美，平川沃野，交通便利，气候宜人。书院东南雄踞东华山和天湖山两座名山，门前有芦源河和蕉源河交汇的溪流，书院故而得名。横塘依山傍水，沃野无边，绿意盎然，宁静旷远，确为修身治学的好场所。

书院西北约三公里，有座“固山古寺”，建于南宋，寺庙分前、后两栋，中间是天井，一边有耳门，依古代祠堂规制而建。固山古寺虽为寺，实为横塘张氏祖祠。寺内供奉一尊千手观音像，侧室塑有一尊文天祥雕像。每逢祭祀，族人先拜先祖，再拜文天祥。

横塘张氏族人缘何将文天祥与先祖同祭？其中有着怎样鲜为人知的故事？

清同治十二年(1873 年)《万安县志》载：“固山寺在横塘，宋时创建。文天祥以其庄地施为殿堂并土田与之。刘子钦有记,失载。”

南宋著名文学家文天祥与横溪书院又有怎样的渊源?在张氏族谱中,笔者看到,文、张两家原为庐陵睦邻,世代交好,两家在固山均有别业。后张氏自庐陵西街徙居万安横塘,两家仍交往甚密。文天祥中状元时,为固山寺亲题“大雄宝殿”匾额一块,款题“赠张府”,刻“文山印”,现仍存寺内。明代李贽著有《张千载》一文,张千载即是横塘人。张千载,由此千古流芳。

让地建祠,状元题匾,加上崇高的民族气节,文天祥作为先贤与族人祖先接受朝拜,自是在理。同时,这也能昭示后人谨记崇仁义、重气节、睦邻里的高尚品质。

横塘张氏后裔不负先祖厚望。村人张雨,明嘉靖戊戌进士。初授大名府清丰令,后擢云南道御史,直至大理寺左少卿、两广合都御史。明嘉靖同期为官的还有张敏,官至刑部郎中。之后的贤人鲜有记载,概因为此,清嘉庆年间(1796—1820年),张氏先人决定创建书院,意在重振读书风气,再出贤能。

时过境迁。如今,学校建设相对完善,横塘作为行政村只能有一所村级小学,但横溪书院依然屹立。书院前的护林经百年书声浸润,越发显得精神,风声过处,猎猎作响,如遥远的句读之声,横亘在村庄上空。

(刘耀金)

云兴书院

云兴书院，坐落在北门外二都（今瓦屋公路对面），即白云寺故址为书院。宋朱晦翁（朱熹）游白云寺，改题为“云兴书社”。明隆庆二年（1568 年），知县王圻废寺创建书院。其基长三十二丈有余，宽二十一丈五尺五寸。门为仪门，中为讲堂，堂之尽有寝楼五楹，楼之两翼为廊，为膳房。后有亭，周围用土墙围之。“书院兴百余年而复废，废百余年面又兴。”（《万安县志》）清乾隆二十三年（1758 年），知县凌应蓝重修书院，并置膳田。嘉庆已卯年（1819 年），书院倒塌，迁文昌宫为讲学所。道光二十三年癸卯年（1843 年），义士廖琇于宫之右侧独立建书堂一所，仍榜为“云兴书院”。复捐膏火，增取生童肄业。咸丰六年（1856 年），书院被太平天国兵毁。廖姓乃修复之。今原址已毁无存。

起初，书院设院长，选老成之士教之。明朝时，本县举人肖纲、刘愆、刘常等都任过主讲。进士周贤宣（今潞田乡仓前人）在院讲习理学，至老不倦而卒。

书院拟有章程十条，规定院长关仪束脩、职责、生员膏火金额、生产奖惩办法、招生名额、学田学产管理、经费开支范围等内容。

书院章程对招生规定如下：书院向取生员（即已取得“秀才”资格的学生）八名，童生（尚未获“秀才”资格的学生）正课五名，副课十名。自同治六年（1867 年）起，增取副课生员十四名。同治七年（1868 年），知县丁蔼士增取副课生员十二名，童生十二名。

书院共置有学田 47.55 亩，每年收租谷 131.12 石，用作办学基金。

（刘文渊）

其他重要的书院附录

书院名称	地址	时期	创建人	备注
赖廷简书院	南乾,今韶口村	宋绍兴年间(1131—1162年)	赖廷简	
鳌溪书院	百嘉镇庄头村	宋淳祐年间(1241—1252年)		文天祥游学于此
南岳书院		宋代		
昂溪书院	百嘉镇段家村	宋宝祐年间(1253—1258年)	段奎斋	文天祥游学于此,后书“昂溪书社”匾
敬德书院		明正统年间(1436—1449年)	严述	
梅陂书院	梅院岩,曾属万安白土乡	明嘉靖年间(1522—1566年)	刘周	讲会式书院
王兴书院		明嘉靖年间(1522—1566年)	王门弟子合建	阳明弟子讲会式书院
李公书院	县城内台总坊前	清顺治十八年(1661年)	知县李汝芳	李知县讲学其中,故名李公书院
云冈书院	县城	宋庆历年间(1041—1048年)	萧和卿	
龙溪书院	龙溪香林寺旁	宋庆元年间(1195—1200年)		
横溪书院	窑头镇横塘村	清代		

(县博物馆供稿)

商 号

万安旧商号诸业概列

万安自北宋熙宁四年(1071 年)改镇为县后,即着手修筑城池,开设街道,历经数代,才初具县城规模。到清末民初,即有上下河街、正大街、东大街、北大街、铜锣街、横街、观澜门街诸街道。街道两旁,均有矮小狭窄而简陋古朴的店肆商号。布匹百货、南北海味、银楼药铺、茶肆酒楼、罩箩筅帚、日用杂品,应有尽有。

据县志记载,清同治五年(1866 年)八月,县城发生一场大火灾,烧掉店房 170 余家。据有关资料记载,当时城内工商店号,大小有 1000 余家。至民国初年,号称万户的商店,只有益丰祥、翠花楼等十一二家,而大商号益丰祥于民国七年(1918 年)遭受火灾,财产付之一炬。其余的商号大多数是“一年过了又一年,生意好做少本钱”的小本经营,但行业却“五官俱全”,样样都有。今略举一二,以见全豹。

银楼首饰业。抗战前即有翠花楼、廖大兴、谌宝华、刘永德诸家。除翠花楼是大商号外,其余均系个体银饰手工业者,本钱少,货业薄,自产自销,聊以营生。抗战时,有从南昌迁来的宝庆、宝成两家金银店,在县城开业,资本雄厚,营业旺盛,算是富商巨贾,而且金首饰这时在县里才开始有买卖。

铁器业。比较大的有刘长盛、刘天盛兄弟俩开设的两家打铁店坊,资本雄厚,生意兴隆。他们店里雇有铁匠多人,用古老的手工艺生产各种农用工具和生活用具,以满足城乡居民的需要。

布匹百货业。有德舆庄、盛记、信记、新记、茂隆庄、王公茂、王振记、孙华记等,都是大老板,资本丰厚,底子坚实,货源较充足,几乎操纵全城商业经济的命脉。特别是德舆庄,抗战时期从高安迁来,专门经营布匹,花色品种多,营业兴盛，堪称巨贾；抗战胜利后，迁走了。

副食品杂货业。店号比较多，主要有立昌祥、凯元盛、凯元隆、朱同升、元复兴、邱合记、袁万兴、吕祥泰、天一助、罗裕隆、刘利和、福春祥、裕和隆等。他们经营的都是日常食用品、瓷器瓮甏、罩箩筅帚、筷子调羹、南北海味，以及酱油、豆豉、姜、醋、茶，一应俱全。

糕饼业。有义盛斋、亿兴斋、同昇斋、桂芳斋数家。他们生产的多为年节吃和馈赠用的麻饼、糕点之类，也生产薄荷酥、炸糖糕、灯芯糕、兰花根，这些县里的特产，都较为畅销。

缝纫业。有曾广顺、杨光汉、华银朝、杨洪顺、徐祥瑞诸家。其中杨、华两家剪裁较好，式样能随时代而变，且能做高档衣饰，在县里较有名气。

刨烟业。有王怡茂（后改为书业）、张怡发、李福成、李福有诸家。刨烟业以生产旱烟为主，原材料多从广东南雄购进。香烟（纸烟）不生产，多是小摊贩从外地购进零销。

茶楼饭馆业。有第一楼、民生园、国民茶社，专门经营饮食，如包子、花饺、水饺、汤圆、油条、油饼，并供应便餐和茶水。来安客栈、文明客栈、连隆旅舍，则以旅客住宿为主。

中药铺。有曾福寿、曾瑞记、正春发、张怡昌、益寿堂等，其中曾福寿的营业额较大。除了卖药，店里老板还会看病。

豆腐酿酒业。有春记、高意和、裕泰祥、萧德和、胡芬泰等多家，以生产白豆腐、煎豆腐和水酒为主。其中春记资本雄厚，专酿冬酒，兼营杂货，生意兴隆。

书业。有会文书局、王怡茂书店、毛氏书店等，销售日常文化用品，也代为销售中小学教科书。

染纺业。只有萧益茂一家，只能染些宝蓝布、墨青布和线缫，色泽单调。

米店。有多家，如李亿兴（后改为糕饼店）、福昌祥、熊福兴、曾和记等。他们籴进糙米，用土碓打成白米出售。当时东门米厂和西门米厂，都是乡里人挑米进城，进行粜出籴进的交易所，有时一天交易额达一百多担。

印刷业。只有鼎新印刷店一家。日常簿记单据和当时县党部办的《万安民报》，大多在这里用石版印刷。当时还没有铅印版。

木工业。有杨洪盛、曾顺记、谌忠栋、王家盛诸家。其中谌氏小木工做得较精细耐用。

其他鱼肆肉铺、瓜果蔬菜、理发修脚诸业，在此不赘述。

窑头圩镇老店

万安旧日商贾，鲜列肆通都大邑，鲜拥重资贩卖外省，故逐末者多，而真正的富商巨贾较少。幸亏一些商人安分守己，买卖公平，童叟无欺，得到顾客信赖。他们中有的人常怀兴邦之志而对乡梓公益事业热心支持，修桥补路、济贫扶困、拾金不昧、乐善好施。如清时县城横街的刘士楠，例贡出身，从事商业，慷慨好义，咸丰四年(1854 年)捐钱 600 缗修城池，咸丰六年(1856 年)捐钱 8000 缗修考棚，且先后修南门桥两次，费 400 金，又捐 600 余金重修文庙；同治庚午年(1870 年)岁荒，出数百金救济贫者。如此不惜钱财者，邑中少有。清代泗源人陈懋觉，少家贫，往粤经商谋生，拾到遗金 300 两，内有姓名，亲访失主家，如数奉还。民国年间，良口商人杨步源(杨万丰)捐巨款，用钢筋水泥重修万良桥。

据有关资料记载，1937 年抗日战争爆发后，全县商人认购救国公债，占总额的 10%，总计 4000 元。1942 年发行的战时公债和同盟胜利公债，全县商人都乐于认购。他们认为，这是商人“有钱出钱，有力出力”支援抗日战争的爱国行动。

(刘盛瑞)

百年老店桂芳斋

桂芳斋是万安县城晚清至民国时期有名的糕饼老店。老板陈秋隆是窑头夏坪村陈霖公第二十九世后裔。据清同治十二年(1873年)《万安县志》载:“陈霖,任庐陵太守,官吏部侍郎。”现该村“余庆堂”内还挂有“刺史霖公老先生像赞。”

陈秋隆生于1867年,在兄弟五个中排行老二,随父在乡下种地。因人多田少,家境贫困,父亲春连见老二从小聪明伶俐,又读了几年私塾,故托在县城开钱庄的窑头湖头村人彭老板介绍老二去做学徒。学徒期满后,陈秋隆曾与姓胡的人合伙开糕饼店,挂牌取名“桂芳斋”。“桂芳”二字出自陈秋隆家乡祠堂门前的一副对联,上联“景仰尧天赓复旦”,下联“观瞻舜日颂重华”,横眉“桂兰含芳”。

1910年,陈秋隆见自己四个儿子(老大新元、老二秀元、老三九元、老四万元)相继长大,且都学会了做糕饼,于是就另立门户,自家开店,这是桂芳斋由小到大开始走向兴旺发达的时期。从现遗址来看,那时场地规模很大,占地面积近700平方米。店面厅堂的神桌上供奉着佛像,左右对联曰“松柏老而健,芝兰清且香”。陈秋隆一生信仰佛教,每日进香祈祷菩萨保佑国泰民安、生意兴隆。店面按前店销售产品,后店作坊加工产品,即前店后坊自产自销的模式经营。作坊包括做饼房、烤饼房、油炸间、机面间、磨粉间、打臼间、柴茅间、猪栏牛马间、晒场、库房等功能间。那时人员配备比较齐,分工也比较细,陈秋隆负责店面营销;老大主管对外联系,从樟树调运枣子;老二制作糕饼;老三烤饼、磨粉。店里磨粉的磨直径有一米左右,厚度近40厘米,下层磨的周围还有一个大的盛粉的磨盘。磨的上面在屋梁上吊了一布袋麦子,袋底捆了一个竹筒插在石磨眼洞里,麦子从竹筒里一点点地流进石磨中,磨出来的粉再拿去“打箩筛”。箩筛由三部分构成,一是筛房,二是箩筛(用木板、绢筛制成呈锹状的大筛子),三是翘板。打箩筛时只要人站在翘板上,双脚左右踏动,这样便能带动筛子来回摆动，使面粉掉下筛子，退去的麦麸杂质则留在筛子上。烤饼房的灶也与众不同，长3米，宽1.5米，一边是放饼的大平锅，另一边是烧烤盖的大灶膛。做好的饼摆在平锅里（下面不烧火），再把烧红的烤盖放在平锅面上使饼被烤熟。烤饼要有一定的技术，烤得不好不是生就是烧焦了，烤得好的生熟适中，香甜可口。

罗遂安号商铺

桂芳斋加工生产的糕饼，类别齐全，品种多样。有烤饼类——茶饼、月饼、麻饼、同饼、寿饼、层饼、饼干等；有油炸类——雪枣、状元红、兰花根、薄荷酥、眼镜酥、豆角酥、马口酥；有熟食类——猪肠糕、灯芯糕、花生糕、层糕、麻片、元宵；有面条类——鸡蛋面、咸水面、粗细面、刀切面、机制面（手摇面机）；有酱醋类——面酱、酱芽、酱爪、酱豆、甜酸姜、甜酸藠。一位老人对我们说起了桂花饼的来历：有一年陈秋隆回家探亲，发现祠堂门前的数棵桂花树正在开花，清香扑鼻，遍地皆是。他站在树下一边观察，一边考虑，这些树年年花开花落，实在是太可惜了，如果将其洗净晾干，做成桂花糖放在月饼中，月饼不是既有芝麻香又有桂花香吗？何况我们的招牌就是“桂芳斋”，这何乐而不为呢？另一名牌产品是雪枣，外面上了一层雪花糖故称雪枣，它的加工生产也很讲究。一、选料精细,纯糯米无杂质,粒粒饱满,新鲜洁白;二、清水浸泡七七四十九天,浸泡时要勤换水,浸泡后捞起晾干;三、加工成糯米粉,这种粉不是磨的,而是用臼打,边打边筛粉;四、把粉做成米果,煮熟后,放在专用的石臼里,四个人用棍撬起上下翻打,打到一定程度即为茨面。

陈秋隆不仅讲究产品质量,人也忠厚老实。有一年,他进了一批麦子加工面粉,还剩底层几包未加工完,正遇上梅雨季节,这些麦子有些腐烂变质了。节日将临,生意旺季,各个乡村的糕点批发商纷纷上县进货,这时面粉又不够用,老二在樟树调运麦子的船还在途中。当时管家、掌柜、师傅们都心急如焚,最后他们避开陈秋隆私下商议,把变质的面粉掺一点到好的面粉中去做糕饼。谁知售后数日,有一天闲谈中有个人说:"陈老板,这次过节吃的月饼好像不如以前的鲜美可口啊!"陈秋隆听后心里纳闷,回店后自己亲自品尝了一下,发现味道确实有些不对。他立即召集所有员工开会,查问原因,掌柜迫不得已只好如实地说明了情况。陈秋隆一听又气又急,语重心长地说:"各位师傅,我们店里的生意好,靠的就是讲信誉,信就是诚实不欺,恪守信用;誉就是以信接人,天下信之。你们这样做不是自己砸自己的招牌吗?这生意我们以后还怎么做?"还有个姓郭的顾客从良口搭便船下吉安,他赶忙上岸到桂芳斋店里买饼,谁知他付钱后,提着饼就急忙去赶船,连钱包也忘了拿。陈秋隆忙了几笔生意后,才发现柜台上有个钱包,不知谁丢的。数日后,那顾客来询问此事,陈秋隆如数奉还。那顾客感激不尽,当场就去买了一封鞭炮和一块横匾送到店里。

桂芳斋生意兴隆,与其所处位置也有关系。它地处沿江路三大码头(观澜门盐码头、五云门客码头、芙蓉门货码头)之中最大的西门码头。西门进城的正大街是全县最繁华的商业街道,靠近河流,用水方便,主要店铺都云集在此。而且楼堂馆所、城镇居民也多分布在这一块。另外离桂芳斋不远就是城隍庙、关帝庙、观音殿。城隍庙的前面还有一个戏台,一条较宽的马路就从戏台一直通向正大街。每逢庙会,演戏的、敬菩萨的、做买卖的、看戏的,应有尽有,人山人海,热闹非凡。

西门为全县六门之首，既是最大的门，也是管事的门。城门更宽更高，双道门关闭。前一道是装闸板，两边由人在城墙上用滚筒手摇升降。后一道是用厚木条贯起来的两扇大门，开关时要几个人才能推动，城门上还建有一座八角楼亭，无论是本地还是外地的游客，都喜欢登西门城楼观赏风景。

据族谱记载，他为家乡创祠兴祭、合邑公建、办学助教、修桥补路、开渠挖塘慷慨解囊，毫不吝啬。同时，对家乡来的人，不论男女老少、亲疏厚薄，他都热情相待，安排膳宿。他们回家时，他还给每人送上两封饼作为礼品。

1939 年，陈秋隆不幸因病逝世，享年七十二。据传，当时丧事办得特别隆重，送葬的队伍从北门桥一直拖到西门口，这在县城还是较少见的。

百年老店桂芳斋，世代相传兴与衰。赣水淘沙浪作花，留下真情在人间。1945 年，日本侵略军两次窜扰万安，大肆抢掠财物，放火烧毁万安县城。桂芳斋店房全被烧毁，财产被一扫而光，万安桂芳斋从此泯没。

（陈凯华）

古 城 墙

古代郡县建置必先修筑城墙。城市的历史越悠久，城墙的价值越珍贵。

城墙的作用，一为防卫，主要为军事防御，二为防洪。中国古代的城墙建筑结构主要由墙体、女墙、垛口、城楼、角楼、城门、瓮城等部分构成，多数城墙的外围还有护城河。城墙建筑材质主要有版筑夯土墙、土坯垒砌墙、青砖砌墙、石砌墙、土砖混合砌墙等类型。一般来说，城墙的选址要考虑地形和水陆交通等因素，城墙的高度和厚度取决于城市规模大小和经济实力，所开城门的方位和数量极其讲究，特别注重风水和实用性：城门一开，城墙成了连接城内城外的通道；城门一关，城墙成为阻断外界的防护屏障。

一

万安历史悠久，迄今已有千年，素有“五云呈祥，万民以安”之美誉。漕运时代，交通地理优越，纵贯县境的赣江成就了万安，使它成为关隘重镇。清同治《万安县志》文翰卷载曾巩书《谯楼记》：“万安据吉郡上流，山水明秀，土地肥沃，居民繁伙，俗尚气节，而当冲要，南通交广，北达两京，朝贡往来，络绎不绝，素称繁剧。”随着铿锵的历史脚步，万安古城墙应运而生。

清同治年间的《万安县志》在建置志城池篇对万安古城墙的历史沿革做了详细记载，据此可以大概梳理万安古城墙建设之脉络。北宋元丰元年（1078年），知县朱俊明开始修筑城墙，当时为土城墙；元丰六年（1083年），知县胡天民复筑城池；南宋绍兴年间（1131—1162年），知县赵成之增筑城垣置门，东北以溪流为池，西临大江皆浚池。元代至正十九年（1359年），知县彭九皋筑土城，周围三里，高一丈，广八尺，乃置四门；至正二十三年春（1363年），都尉钱唐奴筑城，较前高三分之一，广逾半，东为朝阳门，西为高明门，南为自南门，北为拱辰门，至此城墙已初具规模。明朝出现新一轮的修筑城墙的高潮。《万安县志》载:“明正统十四年(1449 年)己巳,诏各郡州县,古有城池见存者量加修葺,旧无城池足据者渐行开筑。”由此政治背景,加上万安古城墙濒临赣江,历年遭受洪水侵袭,导致城楼墙体坍塌,明正德七年(1512 年),知县桑翘将土城改用砖石修筑(夯土筑城,外加砖石包砌技术),并将原来的四门改为六座城门,东曰威远门,西曰五云门、芙蓉门,南曰表忠门、观澜门,北曰通都门,周围七百一十四丈,垛口九百五十个,高二丈二尺连垛墙,较之前上广一丈,下广一丈五尺。康熙二十六年(1687 年)和康熙二十七年(1688 年),知县黄图昌对城墙进行了两次修筑。乾隆十五年(1750 年),知县方居瀛将南门、北门移动,据说因此影响了科举;乾隆四十九年(1784 年),知县靖本谊将南、北两门复归原处,并将南门表忠门更名为文明门,北门通都门更名为迎恩门;嘉庆、道光年间(1796—1850 年),进行过多次维修。清代最后记载修墙史为咸丰四年(1854 年),知县仇治文修城并筑长堤,城墙高一丈五尺多,周围五里,垛口二百六十个,城楼城门六座,城墙规模延续至今。

二

万安古城墙上有近十种明清时期的砖铭。

砖铭反映了鲜活的人文史迹。

最原始的标准青砖是明正德七年(1512 年)烧制的,规格为长 35 ~ 39 厘米,宽 18 ~ 20 厘米。由于建立了责任制,每个地方烧制的砖分别阴印有工头、窑户等姓名铭文,中间为“正德七年万安提调知县桑翘”,但也有的只印“吉安府万安县”几个字,说明各窑使用的印模是有区别的。清代砖规格普遍小于明代砖。“咸丰四年”(1854 年)的砖应是一两个窑烧制的,这从砖铭上可以辨认。

有趣的是,在一些正德年间(1505—1521 年)的砖铭上发现了“刘”“肖”等类似今日简化汉字的简笔异体字,如多处砖坯上有“窑匠刘通海”的名字。小小的砖坯上本来要印近二十个字,刘的繁体字笔画多,难刻更难印,于是刻字模者就用了简笔的“刘”字。可见 500 多年前,古人就能够使用简笔字了。

比砖铭更具雅趣的乃是芙蓉门堵而复开。

正西门北边临赣江的那个城门，叫芙蓉门。站在芙蓉门可以看到，隔河对岸的芙蓉山诸峰像一副秀丽的笔架。据本土文史专家介绍，当初修建芙蓉门时就有渲染文风之意。不承想吉兆频频，明代万安出了不少进士举人，有名有姓的尚书就有六个。然而，清康熙三年（1664 年），不知出于什么原因，知县胡枢在维修城墙时将好端端的芙蓉门给堵塞了。这不但影响人们进城出城，本地人也觉得挡住了万安的文风。人们于是愤然诘问他为何要与万安老表作对。胡知县便于康熙九年（1670 年）扒开砖土，重修芙蓉门，并执笔抒怀礼赞以补过，一口气写了九首诗词。

古城墙

三

万安古城墙不仅是悠久的“活化石”，而且是震惊中外的万安暴动的主战场，于血雨腥风的战斗洗礼中见证了万安在中国革命史上的巨大贡献。1927

年，中共万安县委根据八七会议精神和省委指示决定举行武装暴动，成立了以曾天宇为书记的万安暴动行动委员会。暴动经过四次攻城战斗，革命红旗终于插上了城楼，成立了江西省第一个县级苏维埃政府，开创了江西革命新纪元。

四

随着社会的发展，城墙成为阻碍城市发展的累赘而被大部分拆除，沿江的一段因起着防洪作用而得以保留。现存的万安古城墙全长928米，高5米，占地面积5500平方米，包括观澜门、五云门两座城门和260个垛口，是江西省保存得最好、最长的古城墙之一，与赣州宋代城墙一并成为江西省“两座国保古城墙”。

万安县非常重视古城墙的保护利用，不断创造条件修复古城墙，提高文物保护级别。1985年12月，万安古城墙被万安县人民政府列为第一批县级文物保护单位；1997年，被列为县级爱国主义教育基地；2006年12月，万安古城墙被江西省人民政府列为江西省文物保护单位；2013年3月，经国务院公布为第七批全国重点文物保护单位。2006年至2009年，地方财政投资500多万元，对城墙本体进行修复，并整治周边环境；2015年和2018年争取上级资金约400万元，用于编制城墙保护规划和本体维修；2019年，万安县人民政府发文公布《万安县万安古城墙保护管理办法》。

五

万安古城墙是万安人心中永远抹不去的乡愁，是万安地域的代名词、万安文化的闪亮名片。历经岁月沧桑，见证朝代更替，如今的万安古城墙再现当年的雄姿，临赣江而傍榕树，红、古、绿交相辉映，成为一道独特的文化景观，它不仅是万安珍贵的历史遗存，而且是千里赣江画卷的一抹重彩。

（肖岱芸）

牌坊及楼阁

张鸣冈牌坊

牌坊，是封建社会为表彰功勋、科第、德政以及忠孝节义所立的建筑物。

张鸣冈牌坊位于窑头镇横塘村轸塘，为明朝南京太常寺卿张鸣冈所立。在万安为数不多的古牌坊遗存中，张鸣冈牌坊建筑最为精美，保存最为完整。1985 年，万安县人民政府将张鸣冈牌坊列为县级文物保护单位。2013 年，文物部门争取资金对文物本体进行了全面维修。2018 年 3 月 9 日，张鸣冈牌坊被江西省人民政府公布为第六批省级文物保护单位。

张鸣冈画像

张鸣冈牌坊

张鸣冈牌坊为红米石结构，四柱三间，呈“品”字形，坐西南朝东北，宽 7 米，高 6.8 米，厚 1.9 米，占地面积 13.3 平方米。石坊上图案均为浮雕，牌坊正面题刻“两京少卿”，背面刻有“奕世恩纶”，门柱题刻“万历庚辰进士太子少保刑部尚书前任总督两广军务兼理粮饷兵部侍郎兼都察院右副都御史张鸣冈”“南京太常寺卿张鸣冈立，万历葵卯秋九月吉日”等字样。坊上浮雕麒麟龙凤，雕刻精美，人物故事栩栩如生。张鸣冈牌坊建筑俊美典雅，浮雕精美生动，题刻清晰完整，是一座融汇建筑、雕刻、书法等多种艺术技巧，历史文化内容丰富的明代古建筑，具有较高的历史价值、艺术价值和文物保护价值。

张鸣冈，字治贞，号见庵，窑头镇轸塘人。他自幼好学，于明万历庚辰年(1580 年)考取进士，万历三十八年(1610 年)出任两广总督兼广东巡抚。在粤因平黎有功，张鸣冈升任南京刑部尚书，死后加封为太子少保。

张鸣冈是一位有远见、有魄力的官员，1610 年至 1615 年总督两广军务，他一面提防倭寇进犯，一面积极加强广东沿海军事防御。在对待澳门问题上，张鸣冈理智冷静，表现出成熟卓越的政治见解。

明朝官员对澳门葡萄牙人的态度有很大的分歧，形成两种截然不同的意见。一个是主驱派，坚决要求驱除澳门葡萄牙人。一个是主留派，建议对澳门葡萄牙人加强管理。万历三十五年(1607 年)，番禺举人卢廷龙上疏请逐澳门葡萄牙人，但朝廷对此建议并未接纳。万历四十年(1612 年)，张鸣冈向朝廷上奏《防海五议》，其中提出了对澳门的军事防御。万历四十一年(1613 年)，他再次上疏防倭之事，澳门问题是其上疏的主要内容。万历四十二年(1614 年)，他第三次上疏，直接提出了他对澳门问题的处理办法。万历四十三年(1615 年)，他第四次上疏提及遣送澳门倭奴之事。上述四篇奏章均记录在《明神宗实录》内。张鸣冈到广东后一直患病，奏章均是他病重期间上报明廷的。可以看出，张鸣冈到广东赴任后，对澳门问题极其关注与重视。

张鸣冈对待澳门葡萄牙人的态度，既不同于当时一般人的意见——必将葡萄牙人赶出澳门，又不同于前任两广总督戴耀对澳门完全不加管治，对他们放任自流的做法。他首先意识到，葡萄牙人占据澳门是广东地方的一大隐患，但不能简单地将葡萄牙人赶出澳门了事。可以说，将葡萄牙人赶出澳门是一种最简单亦最容易处理的办法，将两广总督辖下的军事力量与占领澳门弹丸之地的葡萄牙人进行较量，无论葡萄牙人如何英勇善战，他们都无法与两广的军事力量抗衡。将葡萄牙人赶出澳门，可以在外国人及中国老百姓面前炫耀武力，更可以以收复国土之名来迎合当时明廷士大夫的民族主义情绪，是一件很容易获取政治资本的事情。

然而，张鸣冈没有这样做，他理智地对待葡萄牙人入居澳门这一事实。

葡萄牙人入居澳门在当时已半个多世纪。由于葡萄牙商人入居澳门，澳门成为当时东西方各国商贸的一个重要基地。当时各种外国货品通过澳门进入广东，广东货物通过民间渠道也大量进入澳门，促进了广东对外贸易的发展。广东能从外贸中获利，每年还可以从澳门抽取商税二万两，以补充广东的财税。如将葡萄牙人从澳门赶走，不仅上述实际利益丧失，而且会给广东边防带来更大的困难。深谋远虑的张鸣冈尽管对澳门葡萄牙人十分憎恶，但出于对广东实际利益的考虑，他采取了一系列防范措施来加强对澳门的管治。具体事例很多，列举两则：

其一，张鸣冈派广东海道喻安性和香山知县但启元巡视澳门，管束葡萄牙人的不法行为，惩治拐卖人口的奸民。1614 年，喻安性就葡萄牙人违反中国法令的五个问题，详请张鸣冈和巡按御史周应期，勒石立碑于议事亭，这就是有名的《海道禁约》。内容包括禁蓄养倭奴，禁收买人口，禁兵船骗饷，禁接买私货和禁擅自兴作五款。《海道禁约》的颁布，是中国政府对澳门行使主权的象征，也是管治制度化的标志。

其二，明万历四十二年（1614 年），张鸣冈的建议获兵部批准，会广州海防同知，在莲花茎之西，香山县的谷字都雍陌村建营，设参将府，名雍陌营。驻军千人，由参将一员统领。明朝政府天启元年（1621 年）建前山寨，雍陌营将设在雍陌的参将府移至莲花茎以西数里，对澳门拊背扼亢，雍陌营遂废。

张鸣冈通过或加强海陆军事力量对澳门进行防范，遣送“倭奴回国”，或惩办拐卖人口之奸商，或对澳门葡萄牙人订立五大禁约等，加强了对澳门的防范与管制，打击了部分居澳葡萄牙人蔑视中国官员的狂态，制止了部分葡萄牙人的犯罪行径，将居澳葡萄牙人更规范地纳入中国法律的管治之中。

张鸣冈六年的努力，终于换来了澳门这个中西经济文化交流的橱窗与通道。

饱含岁月沧桑的张鸣冈牌坊在一片浓郁的树丛前显得越发雄伟、独特。岁月悠悠，时光无语，牌坊有情。400 多年的风雨沧桑，诉说着张鸣冈一生的政绩荣光。斯人远去，却留给后人雄浑的历史回响。

（魏艳平）

高坪德门衍庆坊门楼

该门楼位于顺峰高坪行政村拱桥头村小组，由刘宗灿于清嘉庆年间创建。该门楼坐北向南，宽5.6米，高6米，占地面积33.6平方米。麻石、青砖、三合土结构，四柱三间，呈品字形。门楣有龙头吻，中央有人物浮雕，上方有一对麒麟戏球。左右两侧雕变形龙纹，上方门楣刻“德门衍庆”，上方中央为镂空麒麟。麒麟左边雕变形龙，右雕变形凤。顶部枋楼脊梁中央雕一狮，左右为鳌鱼纹，坊背面门楣上刻“桂馥菊馨”，上方为镂空花结。这座门楼有保护价值，对研究当地古建筑提供了实物标本。

（选自县政协文史资料）

万良阁

万良阁建造于清朝，坐落在县城南部五十公里的良口镇良口大桥南端、涧田河与赣江汇合口上，背山濒水，居高临下，是一座气势雄伟的古代建筑。

良口，古称良江，为县属最大的农村集市贸易圩镇，自古以来，商业繁盛，土产丰富。街上店铺林立(鼎盛期有二百多家)，人口稠密。一向日中为市，颇为热闹。正因为市廛密，地势低，所以常有火灾和水涝，给市民带来严重的威胁。据说，一位地理先生路过此地，建议建一楼阁，以作灭火镇水之用。此建议得到市民的赞同，市民们纷纷解囊集资。阁成，便取名“万良阁”。

万良阁坐南朝北，呈矩形，宽17.65米，进深11.2米。为砖、木、石结构，一共分三层。各层阁楼均有飞檐，檐角翘起，角下安有响铃，风起铃响，铿锵悦耳。每只角枧处有一个木雕狮子，形体大小一致，目光炯炯，栩栩如生。每层檐下都有泥灰结构的浮雕长龙，盘旋飞舞，生动活泼。

阁体两边均为青砖封火墙，墙垛为重叠式，每层正面均有浮雕图案，雕的多是人物故事，如唐僧取经、武松打虎、观音坐莲等，雕技精湛，形象逼真。阁顶脊中间有一泥塑葫芦顶，已毁，只剩一根铁筋矗立着。顶脊两端，有两条曲屈飞舞的泥塑长龙，昂头晃尾，活灵活现。

阁正门门额上书“万良阁”三个一尺见方的木刻楷体字，古朴端庄。阁门前两侧各有两根石柱，柱高约4米，呈青白色，方形，每面宽约0.34米。阁门两侧木榻中间各有一棂窗，嵌有雕刻花纹，显得古朴大雅。阁门石柱上有副阴刻楷体字对联：

万里越长桥，车盖风云，鸿印遍留天下士；

良材称极构，楼台烟雨，龙山飞出地灵观。

联押“万良”两字，可惜字迹在“文革”时全被凿毁，弄得形体不全，模糊不清。

二层阁楼正中，枋额上原书有唐代文学家杜牧《阿房宫赋》中的一句话“未云何龙”，今毁。两根对称的木柱上有副对联，字体为行书：只向星辰忙丰年，漫对山水便低头。这副对联正有“镇水”之意。

另外，横梁上均有花卉鸟兽的描摹图案，十分精美，可惜被尘埃蛛网附着，已变得漫漶不清。

三层阁楼全为雕刻的木质斗拱结构，由下而上，逐层挑出，形成下小上大蜂房式的托座，飞檐翘角，如鲲鹏展翅，振翮欲飞。

万良阁不仅是万安县的名胜古迹，而且还是革命旧址之一。1919年以前，良口盛产烟草、鞭炮、草席、豆腐、糕饼，有布匹、印染、烟业、饮食和杂货商店两百多家，仅产业工人就有五百多人。1925年，朱曦东同志受曾天宇同志的指示，从南昌回到良口开展革命活动，发展了一批党员，成立了良口党支部，建立了农民协会，朱曦东同志任良口乡党支部书记和农民协会主席。1926年，举行了良口产业工人大罢工和示威游行，与资本家、封建势力和帝国主义进行斗争，取缔了反动会道门组织“良口乩坛”，捉杀了反动分子胡崇尚，有力地推动并促进了全县工农革命运动的向前发展。万良阁是罢工总指挥部，也是良口镇总工会会址。1933年，朱德同志也来到此地，指挥游击战争，并在万良阁附近强渡赣江，前往赣州、瑞金，进行二万五千里长征。

（华　瑞）

敕书阁

敕书阁位于涧田圩镇，系清代宫殿式建筑。阁分前、后两栋，前栋中设大门，两边为厨房，进入前栋后是一个大沙坪，中间有一走廊通道直通正殿。正殿为三层楼阁式，由八根大柱支撑全殿重力，柱下均垫有浮雕纹饰的八角红米石基。二层为四周回旋眺楼，可观四方风景。屋面为四倒水，四角燕尾飞檐，上塑有各种珍禽奇兽，檐下安有风铎响铃，檐板均釉彩粉画，雕梁画栋，形态逼真，颇具匠心。正殿屋脊中心竖立一红葫芦瓷顶。殿内附属物有浮雕木质"福善堂""西河堂"神主牌各一块，制作精巧的巨烛一双，绘有龙纹的瓷杯十只，还有一残匾，上书清同治年号。据推测，此阁当为清朝时奉旨建造。

敕书阁面对涧田河，可闻流水潺潺作响，又临满山松竹，可见参差影映，景色分外迷人。

（选自县政协文史资料）

寺　庙

古寺庙乃悠久历史文化的象征。其建筑演变是一个地区宗教思想发展、宗教文化传承、社会文明积累的直接见证。史载，位于河南省洛阳市的千年古刹白马寺，是佛教传入中国后修建的第一座寺院。之后，随着各种宗教的传入，与之相对应的寺庙应运而生。万安自宋熙宁四年（1071 年）改镇为县后，由于统治阶级提倡宗教，庵堂寺庙遍布县城内外。后来，有些被拆除或倒塌。20 世纪 80 年代以来，随着社会的发展，寺庙发展出现了许多新现象和新问题。

尤其是佛教文化旅游经济的兴起，给寺庙发展带来了全方位和深层次的影响。在万安，有些寺庙已重建或正在兴建。那些散落在乡村中、深山里和城镇中的寺庙等古建筑，曾经演绎着一段段感人的传说故事。重新打捞这些历史记忆，有助于我们发现古人的智慧，感知寺庙不可替代的文化传递和心灵慰藉。

万安城隍庙

“城”原指土筑的堤，再在堤的两边加砌砖石而成的高墙，称之为城墙。为了防卫和取土之便，人们在城池的四周都挖了很深很宽的壕沟，这样的壕沟有两种，有水的叫“池”，又叫护城河，没有水的就叫“隍”。城和隍都可保卫城市，所以人们把城隍两个字合在一起，神化为城市的保护神。早在公元 239 年，我国就出现了城隍庙。后来，城隍庙成了每个城市必不可少的重要建筑。

传说城隍爷是阴间的县官。城隍庙一般建在城镇，乡村多为土地神，都是管一地水土、保一方平安的官。城隍爷也叫“三神爷”，一为“保佑平安之神”。凡为人忠厚老实，肯做善事者，就保其平安，延年益寿，万事如意。二为“管辖亡魂之神”。凡道士为其超度亡魂时，必须先发《城隍牒》文书“知照”，方可拘解亡魂到坛。三为“护国安民之神”。可应人之求，解除涝旱、病虫灾难，以保五谷丰登、六畜兴旺。所以每年的庙会，四面八方的人成群结队地纷纷到庙里进香、朝拜、许愿，人来人往，川流不息。

万安的“城”与“隍”又如何？

万安在唐保大元年(943 年)只设了一个镇，那时还只有一座土地庙。宋熙宁四年(1071 年)改镇为县，建了县就理应有城。建城大约可分三个阶段。宋元时期，从北宋元丰元年(1078 年)始筑城墙，到南宋绍兴时增筑城垣，置东、北两城门。直到元朝至正二十二年(1362 年)续筑后，土城墙才基本筑成。置了东、南、西、北四城门，并给各城门取了名。该城墙周长三里，高一丈三尺，宽一丈二尺。明朝时期正统十四年(1449 年)，英宗皇帝发布命令：“凡各郡州县古有城池还存者，酌量加以修补，旧无城池或不完整应渐行开筑。”明正德六年(1511 年)，在原基础上加修一次后，第二年又在城墙两边加砌砖石，再筑了城墙。其周围长七百一十四丈，垛口九百五十个，高二丈二尺，连垛墙上宽一丈，下宽一丈五尺。共置了六座城门：东曰威远门，西曰五云门，西曰芙蓉门，南曰表忠门，西南曰观澜门，北曰通都门。清朝时期，城墙还基本保留明朝的模型，没有大的改变，主要做了四件事：一是修复了被大水冲塌的部分城墙，二是构建了六座城门楼，三是重新开放芙蓉门，四是对南、北二门的位置修了又改。可见，万安古城墙的基本模型明朝时就固定了。

再说“隍”。实际上挖土壕、筑城墙是相辅相成、一举两得的事。修筑土城墙需要大量的土方。土从何来？就地取土，用城墙外围取的土去筑城墙。这样被挖的地方就自然形成了围城的壕沟。

据《万安县志》记载，在宋朝时就“以溪流为池，西临大江皆凌池”。在元朝至正时“西临长江为壕，东、南、北之壕绕城二里，深一丈五尺，宽三丈”。城西沿河的三座城门（西门、观澜、芙蓉）都面临赣江，是一条天然形成的护城河。从志载“东、南、北之壕绕城二里”可知，当年挖壕沟时就已把南门桥、东湖洲、北门桥、廖家祠塘这四地相互联通了。这就是当年绕城二里挖的土壕沟，后来变成了水壕沟（护城河）。在城周围所挖的壕沟，由于土质不同，在雨水、洪水年复一年的冲刷下，又形成了壕中带塘（俗称十八眼塘）。壕沟里的水是怎么来的？一是从东门龙王潭群山汇流的溪水，进入东湖洲后分二支流入赣江。一支经东湖洲过南门桥流入赣江。另一支经东湖洲过石板塘流入北门桥后入赣江。二是北门桥前群山汇流的溪水，流入北门桥后也分二支流入赣江。一支由北门桥流入廖家祠塘，再流入赣江。另一支由北门桥流入十八眼塘，经现滨江小区流入赣江。这样万安西临赣江，东、南、北的壕沟又联通了，县城周围就形成了一条完整的护城河。

有了城与隍，其庙也就应运而生了。自万安改镇为县后，适逢宋朝统治阶级提倡佛教，致使佛教广为传播，寺院随处可见；扶持道教，又使道教大为兴盛，庙宫比比皆是。据传，县城在那时城内城外就有 40 多座庵堂寺庙。据清同治十二年（1873 年）修《万安县志》卷七《祠祀志》中记载：“城隍庙在县城西门内临大街，明洪武间（1368—1398 年）知县冯胜、主簿郭文举建。清朝顺治年间（1644—1661 年），知县曹鸣銮重建前殿。康熙初年（1662 年），知县胡枢增修牌坊大门神像，钟鼓皆备。咸丰六年（1856 年），毁于寇，知县丁日昌捐廉倡率并集邑人劝捐修复。”20 世纪 50 年代保留下来的城隍庙，应是咸丰时修复的。其理由是：根据史料记载，万安一百多年来曾发生了两次大的火灾。一次是同治五年（1866 年）八月，县城内发生了一场大火灾，烧毁了一百多家店铺。另一次是民国三十四年（1945 年），日本侵略军两次窜扰万安，放火烧毁万安县城，当时主要街道几乎都被烧毁了，但离街道百米远的城隍庙和几栋民居老宅安然无恙。

当时城隍庙为什么要建在“西门内临大街”的这个地方？

其一，西门是县城六座城门之首，它不但是最大的门，也是管事最多的城门。所以当年建城西门时就将位置有意识地斜对城隍庙，目的是让城隍爷管住这座城门，不让牛鬼蛇神、乌面野主闯入城内危害百姓。其二，大街是集市贸易人口最多的繁华闹区。城隍爷住在这里，可以为民消灾化难保平安。在西门进城靠左边有一条与正大街相连的通道，这是去城隍庙的路线，长约 100 米，宽约 12 米。这条通道由三部分组成。一是在通道的进口处，建有一座外八品字形、砖柱结构的牌坊，上刻有楹联。二是在通道的中间有一戏台，面对城隍庙，台两旁有厢房，台下立有四根大木柱，人可在台下通行。三是在通道的尾部建了一座砖木结构的城隍庙，长约 16 米，宽约 12 米，分前、后两殿。前殿大门两旁立了两根木柱，分别挂着大鼓大钟，中间放一个石香炉。后殿立了四根大柱，两边建有厢房。后墙正中摆一案桌，坐着城隍老爷，黑面长须，身穿黑袍，腰挂宝剑。两旁各立两个差役，手拿长板和铁链，个个张牙舞爪，气势汹汹。另一边还坐着一个八字胡须的师爷，桌上放置文房四宝，摆出一副衙门审判的架势。

提线木偶

每当城隍庙祭拜时或节日期间戏台演出时，更是观者如堵，欢欣雀跃。平时也经常有各种剧团来此演出，如京剧、木偶剧、采茶剧以及三脚班。据县城京剧爱好者徐岚辉介绍，万安刚解放时，遂川来的京戏班有两位科班出身的老艺人，名叫王子龙和穆百虎。他们在这个戏台上演出并传艺，深受观众的好评。

关于城隍庙的祭祀，自唐朝开始就颁诏各郡县，每年农历十二月初八为祭祀日。宋朝以后奉祀城隍的习俗更为普遍，自明代起农历每月初一、十五，知县都要率僚属前往行参谒礼。新官到任前一天须宿于庙，翌日清晨着常服首祭城隍。清代规定，城隍庙"五月十一日神诞"为官家统一祭祀日。解放前，在万安县，农历正月十五日为祭祀日。据说有位姓彭的县长素食斋戒，年年农历的每月初一、十五都要去城隍庙里祭拜。正月十五元宵节这一天，来自远乡近邻的善男信女，都络绎不绝地前来城隍庙祈神保佑。县城有名的"儿郎灯"，也在这天举行通宵达旦的游神活动。当"儿郎神"迎进城隍庙里敬神时，鞭炮齐鸣，锣鼓喧天，人山人海。千百年来，城隍庙在民间百姓中有崇高的地位。所谓"神之亲民者莫如城隍"，城隍远比官府可敬可亲。所以无论碰到什么不吉利的事，人们都要到城隍庙里去烧香、许愿，祈求逢凶化吉、富贵安康。当时流传一首这样的儿歌："请城隍，敬城隍，城隍爷来了保安康。"随着时间的推移，人们逐渐把城隍人性化，纷纷把历史上的清官忠烈封为本城城隍。于是各地虽然都有城隍庙，形式格局也基本相同，但供奉的城隍却不相同，有的还先后供奉几任城隍。如南昌第一任城隍是汉朝初期的大将军灌婴，第二任城隍是明朝布政使黄公卿。上海的城隍是文天祥，万安的城隍是个武官。

诚然，因果报应是一种迷信思想，但它劝人一心向善，不要为非作歹，这种抑恶扬善、慈悲为怀的观点，对社会的安定与和谐有着一定的积极意义。有一副楹联这样说：

晨钟暮鼓警醒世间名利客，

经声佛号唤回苦海迷路人。

（陈凯华）

九贤古庙

九贤小学旁边曾有一座古庙，其规模之大、建筑之美，一般庙宇无法与之相比。这座庙坐东朝西，东为庙堂，西为精美的大戏台，南、北各为一排几十米分上、下两层的吊楼，中间为一块宽敞的场地。庙堂、戏台、吊楼、场地连在一起，组成了一个长方形的四合院，占地面积约2000平方米。庙堂里供着许多菩萨，还陈列着一些蟒袍、关刀和戟等。戏台上雕刻着各种人物像，姿态各异，栩栩如生。

当地人都说这座庙是清朝以前的建筑，是为纪念府台张睢阳而建的。张睢阳即唐代抗击安史之乱而壮烈牺牲的英雄张巡。张巡(709—757)是河南南阳人，开元进士、爱国诗人、名将，旧时和许远被称为双忠。他在胡人安禄山叛乱中，孤军守卫睢阳城(今河南商丘)，因内无粮草、外无援兵，士兵食树皮、草根、茶叶、纸张。最后城市被攻破，张巡被俘，敌人对他刀割锤敲，逼他投降，但他坚贞不屈，最终壮烈牺牲。皇帝下诏在睢阳建祠庙祭祀，以记其功。

千百年来，张巡作为我国历史上的英雄人物受到人们的景仰，并载入史册《旧唐书·张巡传》。他英勇卫国的精神对后人起了垂范作用。南宋爱国英雄文天祥有次路过睢阳庙时，有感于张巡的爱国主义民族气节，曾作《题潮阳张许二公庙》："为子死孝，为臣死忠，死又何妨。自光岳气分，士无全节，君臣义缺，谁负刚肠。骂贼睢阳，爱君许远，留取声名万古香。后来者，无二公之操，百炼之钢。人生翕欻云亡。好烈烈轰轰做一场。使当时卖国，甘心降虏，受人唾骂，安得留芳。古庙幽沉，仪容俨雅，枯木寒鸦几夕阳。邮亭下，有奸雄过此，仔细思量。"这首词寄寓了文天祥凭吊先烈的思想感情，而在《万安县》一诗中"举世更无巡远死"一句，既赞扬了张巡伟大的爱国主义精神，也表现了文天祥对这位伟大的爱国者至高无上的崇敬之情。文天祥被元蒙大军所执后，押至大都(北京)被囚四年。他在狱中所作不朽诗篇《正气歌》中有"为张睢阳齿"诗句，充分体现了他要以张巡为榜样，坚贞不屈，为国尽忠。

九贤庙距山下沉、长湖塘、大庙三村不过数百米。这三村的张氏族人是明

朝中期由窑头中塘、邓塘等地迁到此地定居的。这些张氏族人有感于本族出了这样一位英烈而感到无上光荣，遂捐资建庙，祭祀这位英烈，此举也得到了其他姓氏族人的大力支持。庙建成后，每天有村民到庙里焚香，每月的初一、十五日，焚香的就更多了。特别是每年农历七月初六龛老爷（张巡）生日这天，来自四面八方的朝拜者，冒着酷暑，络绎不绝地来庙里祭祀。

抗日战争时期，由于国难当头，为囤军粮，庙堂改作粮仓。庙里的菩萨被安放在附近封家村的祠堂里继续供人祭祀。抗日战争胜利后，国民党发动内战，无人关心这座古庙，古庙即在风雨侵蚀中遭毁坏，1974 年被拆掉。

（张理星）

观 音 寺

武术观音寺地处武术乡老塘前村。

传说晋代末期浙江有一位学士，考取了卿大夫，朝廷任命他为海南府仕官。他前往赴任时，路过老塘前村，在村前河边石砌上休息，待渡过河。忽然上游河水冲来一尊神像，神像冲到他坐的河面时不走，并在面前打圈游荡。他感觉新奇，就叫随从拾起，一看，是一尊观音菩萨神像，于是叫撑渡船的老人抱起放在路边的石壁岩墙上，并安神位敬献，作揖祭拜。同时，他还捐了一些银两，叫撑渡船的老人购买一些木料砖瓦，在菩萨坐的地方原地建一个小寺庙，并亲笔写下“观音阁”三个大字，从此该庙名为“观音阁寺”。之后，这位仕官就过河去海南了。当时，居住在老塘前周围的乡民听撑渡船的老人述说后，都去敬香拜祭，寺庙中的香火也日渐旺盛。

观音寺

拾到菩萨身像的官员任职期满后，在海南定居落户，数年后，人财兴旺，子孙满堂，身体健康。有一年，他的后代回老家浙江寻根祭祖，老人交代一定要沿着他来海南任职的路线回老家，并特别嘱咐，要到他拾起这尊菩萨的地方去祭拜菩萨，看望同他一起拾起菩萨的撑渡老人和负责建庙的人们，向他们问好。这些后辈遵照老人的意愿，回了老塘前村，到那时晴空万里，微风清爽。他们进庙祭拜菩萨，庙内正厅瞬间红光辉煌，烛灯格外明亮，菩萨身像穿戴的袍帽顿时特别新艳，清幽纯净的香气飘满寺庙内外。他们拜完后，回老家拜祖，之后仍沿老路返回海南。路过老塘前村时到了黄昏，渡船夜不过江，停在皂口河岸，他们寄住在寺旁的人家。睡到半夜时，有一位老人走进睡房对那官员的大儿子说："我要同你们去海南。"大儿子醒后，觉得是菩萨要去海南。第二天，在老乡家吃过早餐，去庙里拜辞菩萨时，他说："既然菩萨要去海南，敬请光临，随我们一路同行。"说也奇怪，大儿子刚回到海南家门口时，这位退任的官员早就等在门外点燃神香，同家人一起，放鞭炮跪拜迎接菩萨进屋，在正厅安位。此后，在海南安位的观音菩萨就定名为"南海观世音菩萨"，列代传遍四海大地。特别值得一提的是，皂口渡口自建庙以来，一直到万安水电站建成蓄水发电，撤销渡口，渡工换了数百人，渡运时间长达一千七百余年，从未发生过人员落水死伤的安全事故，创造了安全渡运的奇迹。

（谢芳桂）

香 林 寺

南唐末期是个内忧外患、国难深重的多事之秋，辟地建镇不久的万安又遭遇蝗虫和病疫之灾，时任大臣率众人除害灭病，但未能奏效。一天凌晨，不知从哪里飞来无数麻雀，叽叽喳喳，浩浩荡荡，如神兵从天而降，把阡陌良田的蝗虫消灭殆尽。芙蓉山有个老尼也下山拯救百姓，只见她手持净瓶，施舍甘霖，每人三滴，药到病除。天降神兵，地生佛烟。四方百姓，感恩戴德，点香燃烛，跪地谢天。时有镇内九姓贤人合力捐资，在南门兴建寺庙一座，俸祀白衣天使，以志义举，供后人崇拜，这就是万安香林寺的由来。

香林寺

寺庙落成，香火甚旺，驿途车马舟楫闻知皆停靠膜拜，周边官吏也纷纷进香许愿。时任北宋虔州刺史赵抃来到寺院，有感而发，赋《和虔守任满前入香林寺饯别》："顾我入趋尧阙去，烦公出饯赣江头。为逢萧寺千山好，不惜兰船一日留。清极往来无俗论，道通何处有离忧。分携岂用惊南北，水阔风高万里秋。"北宋哲学家、虔州通判、南康知军周敦颐看了后，也题《万安香城寺别虔守赵公》一首："公暇频陪尘外游，朝天仍得送行舟。轩车更共入山脚，旌旆且从留渡头。

精舍泉声清瀌瀌,高林云色淡悠悠。谈终道奥愁言去,明日瞻思上郡楼。”程珦心知理学开山祖师周敦颐得孔孟不传之秘,便叫儿子程颢、程颐授业于周敦颐门下,也到香林寺龙溪书院讲学。后来为纪念濂溪先生(周敦颐号),遂将龙溪书院改为濂溪书院,扩大规模,迁建于关帝庙东侧。濂溪书院美轮美奂,面貌一新,成为邑中最大的讲学育才之所。高官题诗,名人讲学,影响深远。一些贫苦百姓、求学弟子、科举考生也慕名远道而来。明代百嘉有个黄绍杰,父亲英年早逝,他和母亲相依为命,生活十分清贫,读书也没有油点灯。有一天,他来到香林寺烧香,诉诸白衣天使。说也奇怪,回去后竟有仙人送给他一盏“神灯”。从此,他发奋读书,于明毅宗崇祯年间(1628—1644 年)中进士,先后任南京吏部郎中和吏部尚书。他遂送“仁德至善”匾额一块,挂于寺正厅。从此香火更旺,每年二月十九日、三月十九日,各路高僧来寺聚会,六月十九日、九月十九日,举行盛大庙会,开坛祭祀,唱戏数日,相邻各县乡民纷纷聚集在此,弘扬佛法经典。

清末,社会动荡,民不聊生,寺庙日衰。民国二十五年(1936 年),宁都人氏彭复苏任县长,夜托一梦,问他是否拜香林寺。第二天,他便率科室官员进寺,捐资 300 元,以保风调雨顺,官运亨通。奇怪的是,在赣州任职的蒋经国也夜梦一黄衣女子自言来自香林寺,告之二子在竹山村的近况。他思子心切,便来到万安探望二子,游览香林寺。时值宜黄人氏丁国屏任县长,闻之亦匆匆进香献资。正是:万盏灯火一江水,千树芙蓉半山花;一帆冷月冥冥过,半根独花时时开。

(郭敬华 温卫华)

西华山韩信古庙考

史载,楚汉相争时代,刘邦因重用韩信,成就了帝业。韩信在楚王任内,励精图治,引起刘邦妒贤嫉能,被降为淮阴侯。后被吕后诛杀,并株连三族。南楚各地百姓为缅怀韩信功德,纷纷塑造其神像,立庙祭祀。

19 世纪初,万安漂神村河边,因涨洪水冲来一尊木菩萨。一个王姓渔民在河边用网捞鱼,几度被木菩萨妨碍,连起几次空网,遂默许心愿,对菩萨默祈祷告:如能保我捞到大鱼,我就将你捞起安位。果真,默祷后,他连捞几条大鱼,遂把菩萨捞起,一时轰动当地。善男信女都来敬香祷求,都觉得有求必应。因此,远乡近邻络绎不绝地前来敬香祈祷。当地信徒遂在漂神河边建立一座土庙,将菩萨安放于庙内时,发现是韩信塑像,背后还刻有“高丘”字样,大概就是从高丘冲来的,遂仍以高丘庙命名,供来往船只和乡里人祈保平安。至今已有一百八十多年了。

自从万安水电站截流建站后,漂神高丘韩信庙随迁到西华山。西华山原有一座土洋庙,位于赣江十八滩西岸,距电站仅一公里,后倚万安八景之一的芙蓉叠巘,山前是果林,近似桃源胜桃源。山貌虽无西岳华山之险峻和东华山那般陡峭,但可俯览赣江上的来往游帆,仰观旭日划破水天一色的奇观。

(刘颖之)

妈祖天后宫

赣江十八险滩在万安境内有九滩,因此万安人自古崇拜水神。宋代以来,在万安就有多处万寿宫和萧公庙。万寿宫供奉的是东晋许逊许真人,相传他在水中斗蛟龙,治水有功。萧公庙供奉的是元代人肖伯轩。他精通水运航行之术,能观天测象,曾为朱元璋于鄱阳湖水战中战胜劲敌陈友谅立下大功,被明朝廷封为水神,建庙祀之。

自明代以来,不少福建商人(其中客家人居多)顺驿道向内地扩展商务。万安为从中原达闽粤古驿道(水陆相接)的一处驿站,又处于富饶的吉泰平原,物产丰富,粮食充足。于是,从福建迁来万安定居、繁衍子孙的人不断增多,其中就有福建莆田客家人林氏。当时,莆田一带已兴盛妈祖崇拜。妈祖是宋代福建省兴化府湄洲岛上一位叫林默的客家女子,她心肠好,常在海上劈波斩浪,救助遇难船只,不幸以身殉难。人们为了怀念她,奉她为"妈祖",后又被朝廷封为"天后"。至今,妈祖庙天后宫已有两千多个,遍布全世界。妈祖是另一个水神(海神),人们出海前及过往船只都要到庙(宫)中烧香,祈求妈祖保佑顺利平安。由于万安地处赣江边,出行遇水,迁居万安的福建客家人见万安县城建有万寿宫、萧公庙,于是他们也集资建起了天后宫,奉祀妈祖。妈祖的故事在万安甚至沿赣江传开,妈祖被大家尊奉为天后圣母,船民、过往客人,尤其女性居民和旅客,纷纷来天后宫烧香祈拜,万安自然就多了几座水神庙。清同治十二年(1873 年)修的《万安县志》卷七《祠祀志·庙》云:"天后宫在文明门内。邑中自闽来省者集费公建,以祀天后圣母。咸丰六年火毁。同治六年复修之,并经沈中丞刊'湄云普荫'匾额。"这块匾点化了万安与莆田湄洲岛的关系。可惜这座天后宫解放初因建设需要被拆除。

万安县并不止这一座天后宫。在客家文化聚集区域万安县涧田乡等地,不但依然流传妈祖的传说故事,而且在涧田乡的狐狸坝发现 1988 年修复的一座天后圣母宫,宫中塑有妈祖像。有趣的是,在妈祖身边还塑有一尊被称为"杨公元帅”的武士像。据查地名资料和就地访谈得知，该村有林、刘二姓，林姓为多，其先辈正是从福建莆田迁来定居的客家人。村前有一条涧田河，该河经良口圩流入滔滔赣江。良口有繁华的圩镇，最盛时有店铺五百多间。这座天后圣母宫香火不断。春节，宫门口还贴上了大红春联，左为“圣德等乾坤风调雨顺神护合坊清吉”，右为“母心同日月国泰民安恩佑共享太平”，横眉为“神通广大”。

（耿艳鹏）

东华山寺

东华山寺坐落在枧头镇蕉源村,始建于宋。坐西向东,占地面积546平方米。原名玉华观,为三国时期丹阳人张葛许携弟子炼丹处。元末佛教禅宗的临济宗弟子传入佛教,创建东华庵。清乾隆二十年(1755年),寺内香火最为旺盛,香客云集,常住僧侣多达98人。清末社会动荡,庵被火焚毁。民国初年,本地信士谢柏观领众募捐,重修寺院。"文革"期间,寺院又一次遭火劫。1992年,由枫林谢圣恩、五丰高海平、枧头肖宏等为主的八方信众重建东华山寺,1993年10月邀请兴国上坚下禅法师主持寺庙。寺院有大雄宝殿、观音殿、地藏殿、真君殿、斋房、签房,塑有释迦佛、药师佛、阿弥陀佛、观音、文殊、普贤菩萨及十八罗汉、四大天王等,寺内院有一生铁铸的方形香炉,外院有一生铁铸的圆形香炉和一座大理石质风景塔。

(选自政协文史资料)

碑和牌匾

《说文解字》云:“碑,竖石也。从石,卑声。”西汉以前的石刻文字都称“刻石”,没有固定的形制。清代以后,碑的概念就比较广义了。含有文字的石刻都可以称作碑刻,它记载着不同时期各类人群的生活状况、风俗习惯,是一种历史文化载体,具有重要的文化价值、史料价值,对研究地方历史能起到补史、正史的作用。碑刻种类繁多,所刻内容、位置不同,形制也不同,大致可分为述德、纪事、纂言等。功德类如墓碑、德政碑、墓志铭,纪事类如兴修水利碑、重修庙碑及建筑桥梁的创建,纂言类如乡规民俗、诉讼、官方文书、私家文书及告示之类。由于这些碑记石刻都是实时记录,并且都是由有身份、有名望的官绅名士撰写,因此,不但有一定的权威性,而且有着广泛的代表性,蕴含着丰富精彩的人文史迹,是见证万安历史事件的重要依据。博物馆就收藏着三块具有代表性的碑刻。

牌匾,是古时候用木板(或其他材料)题上作为标记或表示褒赞的文字,挂于门楣上或厅堂内的牌匾,它是中华民族独特的民俗文化精品。在古代,修身齐家、维护伦理道德之榜样,功成名就之突出贡献者,科举中试之显著者,常被赏以匾额,称“扁表”。

牌匾集字、印、雕、色之大成,以其凝练的诗文、精湛的书法、深远的寓意,指点江山,评述人物,悬于正门则端庄文雅,挂于厅堂则蓬荜生辉,装点名胜则古色古香,描绘江山则江山增色。《后汉书·百官志》里说:“三老掌教化。凡有孝子顺孙、贞女义妇,让财救患及学士为民法式者,皆扁表其门,以兴善行。”

匾额以民居屋舍和祠堂府第为主,如民居屋舍匾额的内容大都为“芝兰入室”“忠厚传家”“安乐桂馥”,反映自然景观的有“山清水秀”“碧水萦绕”等,表示吉祥、安宁、祥和。还有如“世德流馨”“世德流芳”“名闻天下”等标榜本家族先人品性的,具有一定的教育和启迪作用。

功 德 类

宋礼部尚书资政殿大学士许公墓石碑

宋代礼部尚书资政殿大学士许公墓石碑，长 116 厘米，宽 66 厘米，厚 3 厘米，重 60 公斤，碑体较完整，字迹清晰。“文革”期间，全墓被毁，仅存一块石碑。石碑 1983 年被移交县博物馆，作为馆藏一般文物。碑文内容为：宋诰礼部尚书资政殿大学士许公讳贵墓。

许贵出身于官宦之家，绍圣丁丑年（1097 年）中了进士，授秘书省校书郎，后迁兵部侍郎。靖康年间（1126—1127 年）金兵入侵，蹂躏边陲，许贵随名将宗泽起兵勤王，“摄弓而驰，荷戈而走”，许贵以勤王功，超迁礼部尚书，资政殿大学士，赐紫金鱼袋，加封敕书曰：“礼部尚书许贵，恪恭乃职盖三十年，朕在储位，多资匡益……”封赠三代。

许贵的哥哥许富当时也有功于宋，被封祭酒大夫，许富之子许玖和许贵之子琏、瑚、瑶、环、琳、琅、珮、珂，兄弟九房播迁至赣、粤、闽、湘、鄂、桂、川、鲁、港、澳、台及海外欧、美、东南亚各国，裔孙已达数十万之众，人文繁衍。唯长子琏依父而居，以尽孝道。

（周　燕）

明刘悫夫妇墓志铭文石碑

明代刘悫夫妇墓志铭文石碑，长 63 厘米，宽 62 厘米，厚 9 厘米，重 150 公斤。石碑边缘破损，字迹模糊不清，全文 2000 多字，是从窑头湖坊原墓中出土的，1983 年博物馆征集购买入馆藏，为一般文物。碑文内容为："明故南京工部右侍郎唐岩刘公墓志铭，赐进士出身，前资善大夫南京礼部尚书，历两京国子祭……孝男宗聚宗，宗辰泣血立……"

刘悫，字唐岩。万安县城西横街人，明嘉靖二十三年（1544 年）进士，累官至工部侍郎。祖先是河南开封人。后刘功甫加入万安籍，并在县城西门横街定居下来，成为刘氏的开基祖。县城西门刘广衡、刘乔、刘玉、刘悫祖孙四代科甲登第，两代官至尚书，两代为侍郎。

刘悫任官期间清理地方冤狱，免苛捐杂税，兴修水利，修筑江汉堤防，以消除水旱灾害。刘悫最大的功绩就是在任嘉兴知府时，抗击倭寇。清同治版《万安县志》中是这样赞扬他的："公爱民直如爱子，治官无异治家，殚力转输给万灶于羽书。旁午之日，身先版筑建四城于干戈丛集之秋，用能洗荡妖氛，保绥黎庶。"

刘悫勤于政务，两袖清风，廉洁奉公，所到之处，颇有政声。终因劳瘁卒于任，享年六十三岁。生前著有《唐岩文集》，已遗失。

（县博物馆供稿）

明辽王赐书“攀龙附凤”匾

窑头镇湖陂村有一块明代皇家宗室辽王为贤儒萧时赐书的匾额，为木质，长2.18米，宽0.7米。匾上镌刻着“攀龙附凤”四个浓墨大字，正中刻有“皇明宗室”套红方印，方印下有“辽王赐书”四个刻字。匾的左眉刻有“皇清乾隆元年冬月谷旦重修”，右下方标明“为萧时立”。所有刻字保存完好。匾额原悬挂在该村萧氏祠堂，1958年祠堂拆毁时被丢弃在一边，无人过问。村民萧诚坤、刘全香夫妇觉得可惜，将匾捡起，藏于家中，保存至今。

据清同治版《万安县志》载：萧时，字际雍，万安湖陂村人。明成化七年(1471年)乡试中举，曾任彝陵、高邮学正。他学问渊博，注重修身，解官归里后，仍研读《范氏心箴》《朱子语类》等，并常常资助百姓，因此“望同古人”。

萧时与明皇家宗室有何关系？辽王因何为赠？正史与方志均无文字记载。当地传说萧时学问渊博，品德高尚，素有贤名，在南京周边、湖北彝陵诸州县主管教育多年，担任过皇室子弟的老师，深受器重。从“攀龙附凤”的含义来看，萧时与皇家宗室有密切的关系。萧时年老辞官归里时，皇家宗室(辽王家族)曾隆重送行，赠礼颇厚，还有僮仆随从，场面十分热烈。每逢吉庆佳节，皇家不忘师恩，还派人专程送来礼品。皇家如此尊师重教，在当地成为美谈，当地特为萧时立了牌坊(县志有载)，以彰其善。

据《明史》卷一百十七《诸王传二·太祖诸子二》云：“辽简王植，太祖第十五子，洪武十一年封卫王，二十五年改封辽。”后又“改封荆州”。荆州，即今湖北江陵；彝陵，今湖北宜都北，在江陵附近。诸王被封后，其后裔可以世袭，并仍称某王，如辽王、宁王。

(耿艳鹏)

“一笑先生”牌匾

“一笑先生”牌匾是明世宗褒奖杰出教育学家陈宪的。该匾为木质，长47厘米，宽86厘米，厚3厘米，重量8.3公斤。匾额额角破损。1983年，博物馆征集购买入馆藏，为馆藏一般文物。

陈宪，高陂镇泗源村人。他从小苦读诗文，学问渊博，为人洒脱，一生无意仕途，专事开馆讲学。他崇尚“道以明向，法以立本，术以立策，势以立人，器以成事”的教育法术，弘扬儒家义理，突出气节修养，强调经世致用的教育宗旨，不少名人都出自其门下，在教育上享有盛名。当时明世宗颁旨召见陈宪时，褒扬其为朝廷培养人才，问其愿意任何官职时，他只是微微一笑。皇帝连问三次，他仍然微微一笑以答，最后明世宗便敕封他为“一笑先生”。

（周　燕）

匾额“荻范松贞”的来由

芙蓉镇南门坛刘剑槐家有一栋保存了四百多年的古屋，古屋正厅的屏风上，挂着一块匾额，上面题有“荻范松贞”四个金光熠熠的大字，笔锋刚劲有力。该匾已经保存了三百余年。

该匾是清乾隆年间（1736—1796 年）钦赐进士及第、敕授承德郎翰林院加三级宗侍生、状元刘绎（泰和县人）所赠，恭祝敕授孺人宗母张老夫人七十大寿。

张老夫人是南门坛上刘士机秀才的夫人。每年，农民在向宗祠交租谷的时候，将谷倒进仓里，出来后都会在张氏夫人家门前的坪上休息。张氏趁此前去拍下箩筐里剩余的几粒谷，如此日积月累，年复一年，几年后竟积谷四十余担。张氏用此谷购置四亩多田，以此田的租谷为基金成立了“斯文会”，奖励南门后辈读书有成就者（念完私塾考取秀才即可获得当年租谷的奖赏）。租谷的另一部分用于南门刘家老小清明、冬至之祭，以使后辈不忘祖先创业的艰辛，发奋用功读书成才。张氏因此出名。

张氏丈夫刘士机是刘绎的前届学友，两人素有来往，交情颇深。刘绎为学友之妻张氏热心支持读书人的精神所感动，遂于张氏七十大寿之际，在京城巡按任上题词“荻范松贞”。荻范者，指像孟母一般教子有方，松贞者，指如松树一样贞节高尚。刘绎命人镌刻匾额悬挂在刘士机家的正厅上，以此表彰张氏奖学的功绩。

“斯文会”一直延至清朝改革科举制才停止。此后，南门刘家将斯文会的基金用于奖励高小毕业、中学毕业、大学毕业和出国留洋者，所以那时县城内南门读书成才者颇多。

（县博物馆供稿）

纪 事 类

云兴书院碑记石碑

云兴书院碑记石碑，长 177 厘米，宽 72 厘米，厚 4 厘米，重 100 公斤。碑体破裂，字迹清晰，1990 年入县博物馆，为馆藏一般文物。碑石全文为：

“邑书院二，一曰濂溪，始为濂溪祠祀，周子继改龙溪书院，旋，仍额濂溪；一曰云兴，始为白云寺，废改建书院，朱子过之，题曰‘云兴书社’。明时为书院兴废修复，邑志祥哉，言之矣。云兴在北郭外，久，废仅存基址，濂溪在县署西，近市苦嚣尘。嘉庆己卯以后岁，假文昌宫为讲习所，苦湫隘不能容，多士封职。廖君，名琇，字玉山，号莹亭。乃捐金，鸠工于文昌宫，右侧创屋，三重外为门，前为厅，中为讲堂，后为燕寝，左右书舍各八间，厨房三间。仍朱子云，兴之额志响往也，院有兴废，学无古今。学圣者，舍朱子之学，无所为学；入书院者，舍朱子，白鹿洞学规，无所为学规也。经始壬寅年八月，落成癸卯年十月，计费约二千金，上复捐钱二千串，存典生息，以助增取肄业、生童膏火落成。适余调权邑，篆贡生刘永基，廪生何振衢、刘国林、陈维新生员朱述祖等呈其事，属余为文以记之。窃为敬教劝学兴贤育才，有司事也，有司所未能为，缙绅为之，则洽比其邻嘉惠后进之意也，以培植一家子弟之心，推而为培植一绅人材之事。夫子所云，富而好礼，己欲达而达人者，廖君其庶几乎行将以其行呈大吏，请朝廷表厥宅里为乐善者，劝井望肄业院中者，殚博学审问慎思明辨笃行之，功以切体，夫君臣父子兄弟夫妇朋友之道，复其恒性，叙其彝伦，共相勉，于处为醇儒，出为纯臣，则多士为善必果之心与廖君乐善不倦之心，必有相得而益彰者。道光二十三年癸卯仲冬月长至日记。署万安县事建昌府广昌县知县文山曹士桂。”

云兴书院始于唐代白云寺，故址位于县城北门外，现已消失。相传白云寺内有红、白二塔，一盐穴。忽然有一天，红塔飞去不见了，“红云飞去白云浮”这句话就是这样流传下来的。寺庙僧人使用的盐就是盐穴所供，后来因为僧人们

贪婪导致无盐可供，故废寺为院。宋熙宁年间（1068—1077 年），白云寺改为白云书舍。宋理学家朱熹任南康军之后，还担任过提举浙东茶盐公事。朱熹来到万安白云寺游玩时，开馆讲学，题匾为“云兴书社”。门联为“这圣人之居，得莫才而教”。明隆庆二年（1568 年），知县王圻修复书社，改称为“云兴书院”。

（县博物馆供稿）

五里隘碑刻

宝山乡与兴国县均村交界处有个五里隘口,上面碑刻很多。此抄录其中四块碑刻。

一

重建茶亭碑记

五里隘,崇山也,亦通衢也。上接潋江(兴国县境内主要河流,此喻兴国县),下通五云(万安县古亦称五云县),磴道磐空,蜀道之难不是过也。而又居民鲜少,旅次无归往来之苦渴烦思憩息者,咸于隘上驻足焉。先是黄溪王尚素公建茶亭于隘上,于今百余年矣。风雨漂摇,基址依然而壁。

余鸿雁道光己亥秋,纳赀赎地,鸠工庀材,较前亭而恢廓之崇高之。其损赀以勷厥事者,则诸善士也。其殚精竭力以劝缘各坊者,则诸君子也。越季冬而功告竣,请攸[修]于余。余曰:“此十坊善举也。惟乡绅前辈能攸[修],余焉能?”既而思之,好善同心也,善则扬之,同情也;爰质言之,以显诸善士之乐施,并显诸君子之竭力之尔。

道光十九年岁次己亥冬月　鸿宾毛遇风　拜撰

捐资榜(略)

二

五里隘重修茶亭引

尝思渴者,思饮劳者,思息人情大抵同耳。若我龙泉乡五里隘上,虽曰本坊崇岭也,亦兴万二邑通衢也。上下数里之遥,末设民居店铺,则往来经过者,至此岂不思饮思息哉?忆是地也,原来黄溪尚素公建立茶亭于上,奈风雨漂摇,墙垣颓坏。至道光己亥文秋,合众坊人等,纳赀赎地,择日改造。及落成,其规模较前更巍然可观焉。迄今历数年,瓦料壁宇破败者,十有八九,而人之至斯者,莫不慨然,叹曰:“安得一善信修整此亭,俾吾辈之或饮或息,咸得其所乎?即余等往来于斯,亦莫不盗嗟大息焉。”切思欲更修造,费用浩繁,非一木能支,必集腋成裘。是以余等酌议,请由缘首,备具缘薄,祈各方善信诸公,慷慨乐输,勒石标名,永垂不朽,是为引。

艺圃雷炳春 敬撰

光绪十二年岁次丙戌秋月吉旦重修首事

毛世诚 廖源兴 陈树兰 马厚芹 雷鸿煌 邱廷霖

今后乐输鸿名刊后:

王水和堂 捌佰 地基壹块(略)

(注:五里隘上不但建有茶亭,而且还有人在此施茶。)

三

黄柏刘在予堂,五里隘茶亭岗,施田贰丘。每年六月,永远施茶。

(注:所谓"施",即施舍,无偿赠送,每年农历六月,乃酷暑之时,有杯茶喝,当然是好事善举,后来有人觉得,仅仅施茶一月,解决不了人们往来之苦,于是一些人倡议动员村民、路人、商贾等,募捐来解决维修茶亭和长年施茶问题,以办成民间驿站,这就有了茶社。)

四

济生茶社碑

济生之道,济人于寡,不如济人于众;济人于缓,不如济人于急。五里隘,兴万通衢,往来不绝众地也。跋越艰难,渴烦莫解急时也。昔年,黄柏刘公焕文,每岁施茶一月,然一月施,而余月莫继,则于济生之道,犹有憾焉,慈幸矣,有毛君仰封与陆君学俊等,倡言义举,邀集同人,勷成一社,置产纳息,以为永远施茶。计夫而后利,济有需,茶浆不竭,解渴者,胜于梅酸。却烦者,逾桐计此。其用急济众,诚足继刘公之志,以并垂不朽也。余因略记数言,弁诸碑首,亦用以彰诸善士好生之德之尔。

道光己酉年季春中浣香圃陈采先 谨序

道光癸卯年十二月,买田壹丘,土名务团眼背段社令下。载民粮壹斗壹升四合,价钱肆拾壹吊正,其粮于己酉年二月挽回。伍里仁户完。

道光戊申年十二月,买田叁丘,土名石门下蛇形门道。载民粮柒升,价钱贰拾玖吊贰佰文。其粮于己酉年二月挽回。伍里仁户完。

(耿艳鹏)

桥

依水而居是人类文明的重要选择，建县治址一般临水，族群开基村址一般也临水，临水而居自古以来就是人们亲近自然的本性使然，这不仅是生活方便的需要，也是中国传统卜居的必然结果。依水而居，上风上水，为吉祥之地。有水之处，必有桥。水与桥呼应融合，小桥流水构成了唯美清幽的自然画卷，成为江南独有的景观。古桥之美，充分显示了中国古代劳动人民的聪明才智和非凡才能。

夏造竹林古桥

古桥的类型大致有梁桥、浮桥、拱桥、索桥四种。结构主要包括桥身、桥面、桥台、桥基、桥墩、桥栏杆等。桥的形状有拱形、单孔、双孔、多孔等。桥的材质有青石、红石、木、砖、竹、铁等。一般来说，古桥名主要以溪水、桥型、地理位置、材质、人物等来命名。现存古桥以拱桥为多，拱桥是中国古桥梁中出现较晚的一种桥型，也是发展迅速又富有生命力的桥型。拱桥用于支撑自身重量和荷载的是拱圈，支撑拱圈的是两岸的桥台，桥台的稳定性决定桥的稳定性。在河水常年的冲击下，桥台会发生位移、塌陷等现象。受自然灾害如地震、洪水的破坏,石拱桥的生命都不会太长久,所以保留下来的桥都经过历史的冲刷,不论工艺粗精、造型简繁,都是弥足珍贵的。

青史留名是中国传统文化中极富民族个性的价值选择。为官一任,造福一方,造桥修路成了从政者的为政目标和价值追求。清光绪年间(1875—1908年)的《吉安府志》地理志《通津桥》记载:“在九都。宋绍圣间建。明洪武初,知县冯胜、巡检廖以用修。国朝康熙九年,知县胡枢疏募兴葺,自为记……”《万安县志》建置志水利篇记载:“南门桥即庆元桥,明洪武三年知县冯胜建,岁久河圮,成化间知县张英、袁士凤相继兴葺。按庆元间有碑,时系兰田肖济甫倡修,弘治八年县丞钟海率众修,岁久冲没。国朝康熙八年,知县胡枢修,自为记……”佛家募资和个人捐资造桥修路,是僧侣百姓积德行善祈福的一种形式,体现了古今宗教文化的内涵。清同治年间(1862—1874年)《万安县志》文翰卷文天祥著《龙泉县上宏修桥说》云:“修桥辟路佛家以为因果世之,求福田利益者所以乐为之趋,而佛家者流,所以积心竭力勤苦奉承而不之厌也……”诸如此类,不同版本的志书,记载繁多。

一、《万安县志》记载的桥梁

清同治年间的《万安县志》记载,万安古桥有59座。光绪年间的《吉安府志》记载,万安古桥有34座。《万安交通志》记载,万安古桥有29座。文物部门在为期五年的第三次全国文物普查中发现,县志上记载的桥梁大多数已无踪可觅。幸好史料的记载,让我们知道万安古时桥梁不少。或许是上乡多山水,所以史书记载古桥多分布在上乡片。遗憾的是,史书虽有大量的记载,但详细记载的只有南门桥、通津桥、上宏桥。新中国成立后因区域划分,上宏桥地理位置今属泰和县,但建桥时在万安境内,应将其归属万安古桥。

南门桥记

知县胡枢

邑滨赣江,四匝汪波,一城如舫,东南一道,纵出为江粤孔道,道左一桥名曰庆元桥,民之朝往暮归,伛偻担荷风雨驰驱者,莫不由是。去夏暴雨崩坠,截然中分，行者病，居者忧，余嗟叹。久之，石华僧普贤力行劝善，广求利济，余与守戎康公捐奉助理。复于沙碛中得张氏坊柱，购而授之工，爰集匠役经始。有泉莫竭，余斋洁告神，基乃定，基定而不日成之。桥既落成，咸请为记。余曰："桥之克续也，民之力也，神之助也，余奚以记焉？虽然石出于沙碛，泉止于崇朝，不妨工不碍物，应天时而合永庆，可记也。桥一成而行者喜，居者安，冀奠斯于磐石，即人心以志美，可记也。且斯桥当孔道，锁江流，系千钧于一缕，因邑之所重而重之，壮势以利金汤，可记也。故述其略以志永庆，工自康熙己酉春始，于是年秋季告成。"

重修通津桥记

知县胡枢

古德云，佛有宝桥津梁大众，盖以佛光所披，结体如虹，非第志公之筏，为三祖之慈航也。周显德中，律师昙公作巨桥济世，上自齐楚燕秦，下逮六州江粤，横波惊浪济者以安适。后麟德之岁，八僧募桥之费于东湖；至正之年，十二僧敛桥之赀于北渚。惟尔善类大于阿南诚堡。志所云，桥梁之利过于八功德水矣。滩头有通津桥，亦齐楚燕秦六州江粤之要会也。后以桥址倾圮，暴涨畏人，行者望洋而返。大司马李公作募疏，为诸善之倡，夫以大司马之文，即千事浮图自应著阁平等，如赵清献为《道安疏记》成济一时，又何俟后人之文来宝林之募，以襄此胜举哉。然事会艰阻，工未易成，涉者终不得济。今十八僧众聿修戒行，分道驰缘，僧之结愿，不媿南岳王矣。经有之以众集事，事无不成，且万物、津梁因心而造焉。祖有云，利济一事者可免万劫。余广焉祖之意，捐赀作疏嗣司马公之意，以开众善之先。诸僧之募在康熙九年庚戌季春，十年辛亥仲夏而桥工已报竣矣。八僧征化于麟德之岁，十二广僧募于至正之年，庶几其有当也。桥址介在九都，水发于蕉源而汇通于川湖京广，非古者郡邑濒江浮航于水益，以木板达岸之所能济。今役工浩费经岁而次第落成，春流暴涨可以无患，前之望洋而返者利涉以安矣。其源长，其利溥，岂犹夫凤林之桥？更以济川仅云谀美为周益公之所非哉。桥之建置始于智定，而分领募事相与经营者，则众僧佐之，解衲施梁分盂置石，极宋绍圣、熙宁之胜，并宜载于碑阴，而诸僧不乐以名显，且欲以功德归众方也。爰记之以志利济之劝。

龙泉县上宏修桥说

庐陵文天祥

修桥辟路，佛家以为因果，世之求福田利益者，所以乐为之趋，而佛家者流，所以积心竭力，勤苦奉承而不之厌也。予过泉江道上宏，闻有郭公者，主石桥之役，盖毁家以成之，而僧昙发则朝夕为之督，其事颇难，其力不倦，其心盖可取焉。邀予为之疏，惟予不得以与斯举也。郭老矣，迫于其请，则念儒书中是亦为溱洧济人之事，虽其事之偏而视夫拔一毛不以利人，而且朘人以肥己者为有间矣。郭公之所为，若此是邦之人若士观感动，悟其能以自己于心乎。夫善者性之所自然，为善者人之所同欲罔俾。郭公专美是邦可也，而岂必曰福田利益之故哉。因书以畀昙发，使持示邦之可语者。

二、光绪《吉安府志》记载的万安津渡桥梁

桧溪桥：在县南五里。明成化十七年(1481 年)，医学刘公秀修，刘错记。

蜜溪桥：距县八里。明正统间(1436—1449 年)修，朱与言记。

南门桥、桧溪桥、蜜溪桥、小蓼桥、大蓼桥、松山桥通赣州。

通津桥：在九都。宋绍圣间(1094—1097 年)建。明洪武初，知县冯胜、巡检廖以用修。国朝康熙九年(1670 年)，知县胡枢疏募兴葺，自为记。记略云："滩头有通津桥，江粤之要会也。后以桥圮，暴涨畏人行者，望洋而返。大司马李公作募疏，为诸善之倡，而事会艰阻，工未易成，涉者终不得济。今僧众聿修戒行，分道驰缘。余捐资作疏，嗣马公之意，开众善之先。诸僧之募在康熙九年庚戌，十年辛亥仲夏而桥工已竣矣。役工浩费，经岁而次第落成，春流暴涨，可以无患，前之望洋而返者，利涉以安矣。桥之建始于智定，而分领募事，相与经营者则众僧佐之，解衲施梁，分盂置石，极宋绍圣，绍宁之胜，并宜载于碑阴。而

众僧不乐以名显，且欲以功德归众方也。爰记之以志利济之劝。”

朝天桥：在县北，今北门桥。知县郭英重建。

朝天桥、平天庙前桥、双径桥、平头桥、张公桥、钓溪桥通泰和。

上宏桥：在县十四五都交界。宋时建。国朝乾隆二十六年（1761 年），里人郭、刘二姓倡众捐修，知县彭万年记。记略云：“上宏桥，在万安县十四五都之交，横亘一江。江水自龙泉东下四十里，折入赣江。壤接泰、龙，南抵闽、粤，北达郡省，诚要津也。前宋原健石桥，文信国公有序。迄久倾圮，仅存遗址。乾隆二十六年辛巳，两都郭、刘二姓佥谋倡复，远近好义之士，勇跃捐输，共敛白银一万一千余两。鸠工购石，经数载而桥始成。面广二丈许，长亘五十丈有奇。余喜都人士之美举，因记其复兴本末，以垂不朽。”案：此桥县志在壕岭下桥前，云通龙泉。庐志载在桧溪桥之前，云通赣州。又于院前桥下重载此桥之目。今据县志更正删订。

壕岭下桥、社下桥、郭团桥、院前桥、村背桥、上宏桥通龙泉。

下屯桥、云水桥、桐源桥、驷马桥、吴家桥、官路桥、寡婆桥、七星桥、陂头桥、三江口桥、苦木桥俱是康熙年间（1662—1722 年）耆民谭愈亨建。

乐善桥在龙江口。乾隆年间（1736—1795 年）县人卢龙光倡建。

长桥在县西南七十里。泥湾桥、朝山前桥并在一都。彭家桥在二十七都。雁坡桥以上通赣州。梅亭桥在二十三都，通龙泉。自长桥以下六桥据县志增。

三、《万安交通志》记载的因建设水电站损毁的桥梁

万安古桥除了因自然损毁而消失外，人为破坏也是古桥消亡的重要原因。《万安交通志》记载，万安八座古桥因建设万安水电站而淹没于赣江或被炸毁。

永济桥位于棉津寨下村。单孔花岗石拱形桥，桥长 14.9 米，桥宽 3.3 米，桥高 5 米。民国九年（1920 年）后修，有碑文一块，现存网江村头渠道上。碑文长 134 厘米，宽 69 厘米，厚 67 厘米。碑文上刻有捐资名单及数目，并刻有“大总统赠银二百多元”字样，保持完好。1990 年，万安县电站蓄水发电，永济桥淹没。

京广桥(又名武术桥)位于武术乡。京广桥是万安县古代上通两广(广东、广西)、下通两京(南京、北京)的通道。古名京广桥。现在桥底仍有“京广桥”三字,但模糊不清。第一次建桥于民国十三年(1924 年),为石墩木面拱桥,后被山洪冲毁;第二次建桥于民国二十年(1935 年),由李宪文(武术中心小学即文明小学校长)牵头,成立了文明区“京广桥局”。桥长 56.5 米,桥宽 4.5 米,桥有 5 孔。1990 年 8 月,万安电站备水发电,京广桥被水淹没。

长桥位于沙坪镇长桥村西南村口的皂口河上。建筑年代不详。桥长 68 米,宽 4.5 米,有 5 孔,每孔直径 8.6 米。两端引桥各 8 米,由青石板平卧砌成。据传,长桥是明代一位万载籍富商捐资修建的。1990 年,万安电站蓄水前清理航道,长桥处于淹没区,为确保沙坪库区的通航安全而炸毁长桥。

良口桥位于涧田西南 5 公里处,建于 1948 年。桥长 96 米,宽 1.3 米,承重 5 吨。四拱桥,横跨良口小河。因地处良口,故名。

大蓼桥位于武术大蓼村。通过宝山、兴国、良口、赣县要津,桥长 4 米,宽 2 米,面积 8 平方米,单孔石拱桥,花岗石砌筑。据《万安县志》载,大蓼桥建于明代。1990 年 8 月,万安电站蓄水发电,大蓼桥被水淹没。

大蓼一桥位于武术小蓼村,连接武术之要津。桥长 6 米,宽 5 米,桥石面积 30 平方米,单孔石拱桥。据《万安县志》记载,大蓼一桥建于明代。1990 年 8 月,万安电站蓄水发电,大蓼一桥被水淹没。

小蓼二桥位于武术小学村,连接武术之要津。桥长 8 米,桥宽 5 米,桥石面积 40 平方米,单孔石拱桥,花岗石砌筑。据《万安县志》记载,小蓼二桥建于明代。1990 年 8 月,万安电站蓄水发电,大蓼一桥被水淹没。

石田桥位于涧田石田村,跨里仁溪流。桥长 8 米,宽 4 米,桥面积 32 平方米,单孔石拱桥,花岗石砌筑,建于明代。1990 年 8 月,万安电站蓄水发电,石田桥被水淹没。

四、《万安交通志》记载的水电站建设后在原址重建的桥

据《万安交通志》记载,万安水电站建成后,在原址重建、旧貌换新颜的桥有五座。

南门桥（原名庆元桥），位于县城建国路南端，临赣江惶恐滩，驾于龙溪河之上。明洪武三年（1370 年）修建。岁久，河圮。明成化年间（1465—1481 年）兴葺为砖石桥。1952 年，南门桥被蕉源山洪冲毁。1953 年，万安县人民政府投资 7900 元，以民办公助形式重修一次。1978 年，万安水电站复工，因工程需要，万安水电站投资修建为钢筋水泥混凝土桥，全长 60 米，宽 12 米。

北门桥（原名朝天桥、迎恩桥），位于县城。同治十二年（1873 年）《万安县志》记载：明弘治四年（1491 年），重修红色双拱砖石桥。1953 年，万安县人民政府投资 5420 元，以民办公助形式改为麻条石块浆砌双拱桥，全长 27 米，宽 6 米。1985 年，修建为钢筋水泥混凝土石块拱桥。加宽至 18 米，改名为红旗桥。1993 年，桥面加宽到 37 米，为砼石拱桥。

柏岩桥，位于柏岩潭屋东面 200 米的柏岩村内。明代为木板桥，清代改为砖石结构的石拱桥，1945 年被洪水冲塌，以地而名。1972 年重建为钢筋水泥结构的三孔桥。桥长 25 米，宽 8 米。由于桥坍塌，墩台基础局部坍塌。2002 年，对其基础进行加固。

南阳桥，位于沙坪镇南阳行政村，建于清代。20 世纪 60 年代末，石桥改建为钢筋水泥结构，跨南阳河。中间一个桥墩，是连接万安、沙坪、夏造、弹前、赣州、广东的主要通道。现已基本闲置。

南阳桥

墩桥，位于弹前乡街头，建于清初，跨新桥至昆仑溪流。桥长10米，占地面积10平方米，青麻条石垒砌，四墩五驳。现状与原貌已完全不同，全部是钢筋水泥结构。据说桥下还有一座桥，但因年代久远，河道沙土淤积严重，难以考证。

墩桥

五、其他登记在册的古桥

第三次全国文物普查登记在册的有价值的万安古桥共有九座，多为石拱桥和梁桥，主要为单孔和三孔。桥以溪水、村庄命名。材质主要是青石、麻石、红米石、砖石。其中县保单位两座，文物点七座，建筑年代基本为明清时期。

村背石灰桥，位于罗塘乡村背圩堤西面的村背溪上，建于清末民初。桥呈南北走向，横跨于村背溪。长21米，高3.3米，宽3.6米，桥面厚0.4米，每孔底宽3.5米，孔距2.1米，孔高1.9米。整座桥由红石砌筑，呈梯形，为三孔石拱桥。1927年，国民党反动派在此桥上杀害革命同志百余人，烈士的鲜血将溪水染红，石灰桥记载了共产党人坚贞不屈的精神和国民党的残酷暴行。1990年，石灰桥被列为第二批县级文物保护单位。

石灰桥

船行三眼桥，位于弹前乡上洛村，建于宋代。桥呈东西走向，长 52 米，宽 4.45 米，建筑占地面积 231.4 平方米，由青红麻石砌成，桥有三孔。桥的北岸有一座船形小山（现该山已被挖平建房），几乎与桥相接，故称船行三眼桥。1985 年，船行三眼桥被列为第一批县级文物保护单位。据说，宋初良富财主郭日和为了方便收租，修建此桥，连接南北两岸。因年久失修，南岸桥墩已损坏。2006 年，弹前乡政府对桥进行了维修。因当地村民曾从该桥上跌入河中，为了安全，维修时在桥上增加了护栏。

下湾七驳桥，位于弹前乡旺坑村下湾山村小组，建于清代。桥呈东北—西南走向，桥面由 6.6 米长、3.5 米宽的麻石条铺成，为石板桥。原桥面有七根麻石条按段铺面，现只剩两根。第三次全国文物普查后，下湾七驳桥被列为文物点。

田心石拱桥，位于潞田镇田心村与乃排村交界处，跨田心溪。根据建村历史和村民讲述推断，此桥建于明代。桥呈南北走向，长 33 米，宽 5 米，高 5 米，占地面积 165 平方米，由红石糯米浇筑而成，为半圆形三孔石拱桥。该桥是通往田心村、上弹村的必经之路，现因修建了水泥路而废弃。第三次全国文物普查后，田心石拱桥被列为文物点。

象湖石拱桥，位于高陂镇象湖村水泥路旁，建于清代。桥呈南北走向，跨象湖溪水，长 20 米，宽 3. 3 米，高 5. 2 米，由红米石条砌筑，为单孔石拱桥。第三次全国文物普查后，象湖石拱桥被列为文物点。

灵溪石拱桥，位于潞田镇下石村灵溪村小组，建于清代。桥呈西南—东北走向，跨灵溪水，长 16 米，宽 3. 8 米，高 4. 2 米，由麻石条砌筑。西南端留存四级阶梯，东北端留存三级阶梯，为三孔石拱桥。第三次全国文物普查后，此桥被列为文物点。

高坪塘背石拱桥，位于顺峰乡高坪村塘背村小组，建于清嘉庆年间（1796—1820 年）。桥呈南北走向，跨高坪溪水，长 9. 4 米，宽 3. 3 米，高 4. 1 米，由麻石、块石混合砌筑。桥北端有九级阶梯供人上桥面，南端斜坡下桥，为单孔石拱桥。第三次全国文物普查后，此桥被列为文物点。

塘背石拱桥，位于顺峰乡高坪村塘背村小组，建于清代。桥呈东西走向，跨塘背溪水，长 7. 2 米，宽 2. 5 米，高 2. 5 米，三合土混合结构，为单孔石拱桥。第三次全国文物普查后，塘背石拱桥被列为文物点。

新田坑邱家桥，位于沙坪镇里加村新田坑村小组，村里在古桥旁立有“南宋”石碑，据村民说，南宋建村时，此桥就已修建。桥呈西北—东南走向，跨脑溪水，长 7 米，宽 1 米，高 3. 8 米，由两条青麻石平铺而成，为单孔石板桥。第三次全国文物普查后，此桥被列为文物点。

万安古桥大部分已消亡或用钢筋水泥替代，寥寥几座幸存下来的古桥更显珍贵。它们静卧于山野之中，横跨于清流之上，虽算不上精美，但承载了数百年过往，呈现古朴沧桑之感。随着时代的进步、乡村的巨变，有的古桥虽已结束使命，藏于荒野灌草丛林无人问津，却是散落在大地上众多古物中的一类，让后人捡拾历史、回望来路，因此更值得人们珍惜和保护。

（肖岱芸）

塔

东汉时期,塔这种建筑形式随着佛教传入中国。但中国人按照自己的喜好和文化选择改造了印度塔,将印度半圆形塔和中国原有的高贵而显赫的楼阁相结合,从而出现了楼阁式塔,之后又相继出现了亭阁式塔、密檐式塔、花塔、金刚宝座塔、过街塔等。

每一座静静矗立在庐陵大地上的古塔,都有着深远的历史沿革和独特的传奇故事。这一座座形态各异的古塔不仅记录了不同历史时期的思想、政治情况,还承载着历史、宗教、艺术等诸多文化信息,已成为地方别具一格的风景胜地和名胜古迹中弥足珍贵的历史文化遗存。

第三次全国文物普查发现,万安古塔有十一座,古塔数量位居全市第三。古塔的构造一般分为地宫、基座、塔身、塔刹四个部分,有的为实心,有的为空心。大多数形制为楼阁式砖塔,其中六面形的占比最多。类别上大致可分为佛塔、风水塔和文峰塔。古塔结构形制:层数为九级、七级、五级、三级、一级不等,一定为单数;平面呈四边形、六边形、八边形不等,一定为双数。造塔者为官方和民间两类,官方建造的塔大气规整,民间建造的塔清瘦朴素。古塔的地理位置较为讲究,或高耸山巅,或屹立江河之滨,或雄踞空旷田野,或布置于城市中心及两村之间。每座塔都有一个传说,这在客观上增强了塔的神秘性。

一

万安古塔遗存中有佛塔四座。古塔伴着古寺藏匿于深山,静谧中再添肃穆,凸显佛门静地的空灵和高远,这样的思想境界和文化选择吸引了越来越多的信徒。后来,寺庙建在深山几乎成为中国佛教的文化传统。天龙山墓塔即是这种思想引领的产物。

天龙山墓塔

天龙山墓塔位于五丰镇双坑村，始建于唐代。墓塔原有三座古塔，坐西南朝东北，呈前后摆放。如今一塔倒塌在地，现存两塔保存完整。前塔为“无边宝塔”，后塔为“普通宝塔”。“无边宝塔”五级四面，正方形底座周长 5.6 米，通高 3.8 米，塔五层加扁圆形塔刹，须弥座塔正面有一座佛像，头部已毁。塔身刻有双龙戏珠图案。塔正面开有一扇拱形门，内为塔室，门楣上刻有“无边宝塔”。门的两侧是一对文笔垂柱，门上一层为龙吻雕刻。“普通宝塔”七级四面，底座周长 11.24 米，通高 8.44 米，塔七层加圆球形塔刹。塔正面左右两侧各浮雕一尊护佛金刚力士。塔门开在右侧，门钮为一个变形的兽头。石门可开，内有一室。塔身每面浮雕一尊盘膝趺坐的菩萨。两塔均用麻石料砌成，为斗拱密檐式逐层内收，两塔造型俊秀，雕刻精美。根据文献记载，明清两朝佛门弟子曾对古塔进行过维修。天龙山墓塔虽然不是庐陵地区最早的塔，但其建筑风格独特，建筑工艺精美，为江南罕见，具有较高的历史、艺术、科学研究价值。2006 年，天龙山墓塔被列为省级文物保护单位。

天龙山墓塔

天龙山墓塔传说，似乎说的是一座塔的来源，其实说的是一种精神。

据传，唐高宗时有两个高僧在海山共事。海山在今天的河北。这两个高僧一个叫无边，一个叫大智。有一天，他们的师傅把他俩叫到一起，说："你们俩应当一起前往江西传佛建道场，记住，必须遇龙建寺，方能成就你们的大业。"两人遵照师傅的吩咐，谨记师傅的教诲，打点行装，一路南下，向江西境内走来。来到江西后，他俩沿着赣江逆流而上，跋山涉水，来到了吉州城。在城里歇息了几天后，两人商议，现在已经到了江西腹地，走了这么长时间，还没有遇到带有龙字的地方。吉州山清水秀，我们就分别去寻找地方吧。两人达成共识后，在吉州城分手，无边继续沿赣江向南而去，大智则往城西方向而去。

走了两日，大智来到了吉安县梅塘乡境内。这个地方山水秀丽，一座大山蜿蜒绵长，山势俊美，林木茂密。大智认为，这样的地方真是天造地设的开道场之所。听当地老表说，这里是龙须山。大智高兴极了，总算找到了理想之地。于是，他在这里安顿下来，费了几年的工夫，把寺庙建了起来。四方禅师闻名蜂拥而来，龙须山寺庙的名气很快就传开了。唐代皇帝为寺庙还御笔赐了"资国寺"匾额，龙须山寺庙的名气就更大了。

无边和尚溯赣江南行。有一天，他来到万安的高山深处，山中没有人烟，没有东西吃，他必须外出化缘。化缘来的食物够他吃几天，于是他继续前行。有一次，经过一个土垇的时候，两只小老虎拦住了无边的去路。无边束手无策，过也过不去，退也退不得。他想躲起来，往路边的荆棘蓬里钻，匆忙中，不小心掉进一个洞穴。不知过了多久，两只老虎走了，路过这里的山民听到有人喊"哎哟"，凑近去一看，原来是一个和尚在洞底下爬不上来。山民们想把他救出来，便找来工具，掘开洞口，发现这原来是一口土井。井内干枯，中间有一块石碑，石碑上有两个字"天龙"。被拉上地面的无边一看见"天龙"二字，眼睛发亮，全然不顾摔伤后的疼痛，手抚"天龙"二字，高兴地说："这是天意啊。"山民们听不懂这个和尚说的什么意思，但看得出这个和尚很满足、很幸福。

几个月后，无边和尚在这里大兴土木，建起了寺庙，名字就叫“天龙寺”。若干年后，无边大师在天龙寺圆寂，弟子们就地建了舍利塔，名为无边宝塔。一般和尚死后则安葬在普通宝塔。

东 林 寺 塔

东林寺塔位于弹前乡大岩村东林山中的东林寺旁，建于宋代。墓塔共三座，坐东南朝西北，呈“一”字形排列，建筑占地面积 7.5 平方米，分布面积为 34.4 平方米。三塔均由麻石料砌成，三级八面，逐层内收，飞檐翘角。塔刹为半圆形，中间墓塔更高大，左、右两座墓塔大小一样。每座塔的塔身都有佛像雕饰。由于日久风化，部分雕刻已模糊不清。清代同治十二年(1873 年)的《万安县志》对东林寺墓塔做了记载。东林寺墓塔历史悠久，工艺精巧，结构严谨，分布合理，具有很高的历史、艺术、科学价值，2006 年被列为省级文物保护单位。

东林寺塔

五龙金山寺塔

五龙金山寺塔

五龙金山寺塔位于高陂镇象湖行政村的五龙山上，此处是万安、泰和、遂川三县交界处。此塔始建于明代，清代做过维修。塔坐西南向东北，为麻石条砌成的砖石佛塔，三级六面，逐层内收。边长1.2米，直径2.4米，通高5米，占地面积3.74平方米。塔一层正面有一扇圆拱门，门楣上刻有阳文“舍利藏”三个字。门的雨披上雕“万”字形，雨披上有一对鳌鱼吻。二层的六个飞檐翼角上雕刻着狮头。此塔雕刻生动清晰，结构完整，保存较好，具有较高的历史、科学、艺术价值。距塔不远处的五龙金山寺香火旺盛。2004年，五龙金山寺塔被列为第四批县级文物保护单位。

广 龙 寺 塔

广龙寺塔位于百嘉镇车溪村路口边，建于清代。塔坐东北向西南，为青砖石灰结构。底座周长4.9米，通高3.9米。该塔结构不规则，第一层为六面，正面有一扇拱形门。第二层为十二面，第三层为九面，第四层为圆形，塔刹已毁。塔西南方有一座广龙寺。相传，广龙寺建于汉代，原名韩信寺，清代重建后改名广龙寺。广龙寺和尚圆寂后，和尚们建了这座广龙寺塔。广龙寺塔小巧独特，具有一定的研究价值，2004年被列为第四批县级文物保护单位。

二

塔作为一种风水元素，静静地矗立在江边、村口、山丘，神灵一般镇护地方。中国自古讲究风水，为了弥补地理缺陷，为了祈求风调雨顺，为了升官发财、平安度日，人们会通过各种方式来营造风水好的地方，而建塔就是方式之一。尤其是在明清时期，风水塔起到了镇妖驱魔、免除灾难的一种象征性作用。

风水塔按其功用一般分为镇水塔、镇风塔、镇邪塔三类，建筑形式一般为七级六面，砖石或砖木的空心结构，可登高望远。镇水塔立于江河边，镇风塔立于风口，镇邪塔立于田间地头。极少数风水塔屹立于高山之巅。有的风水塔两塔对称。万安风水塔有七座，主要为镇水塔、镇邪塔。最雄伟的数崇文塔，最秀气的是小姐塔，最神秘的是邪塔，最独特的是文峰塔，最神奇的是飞来塔，具有翔实纪年的是观音塔，唯一的一座文明塔位于县城。

崇 文 塔

崇文塔位于百嘉镇塘上村，建于明成化年间（1465—1487 年）。坐东朝西，为砖木楼阁式建筑，九级八面，自下而上逐层内收。底层直径 10.02 米，顶层直径 6.88 米，塔围长 34.4 米，通高 33 米。塔身全部用素面青砖砌筑。塔内原有螺旋阶梯、木梁、木枋。每层塔面砌有一个小神龛。现在塔内只剩神龛，其他木构件已毁。塔门朝南，装饰如意斗拱，是江西已知如意斗拱最早之例。塔顶冠以双层圆球形葫芦顶。第九级正面镶有一块碑文，字体剥落，塔刹已毁。崇文塔造型美观，设计精巧，具有很高的历史、艺术和科学价值，1959 年被列为省级文物保护单位。

崇文塔

万安崇文塔是官方建造的，本来没有什么悬念。没想到若干年后，关于塔的来历，还是流传开了一些说法。似乎这高挺雄奇之塔，就应有传说与之相配。一种说法是，南宋淳熙年间（1174—1189 年），江南瘟疫肆虐，人民流离失所。有一位白衣义士乘船到子塔滩寻宝，以赈救百姓。他听当地人说滩中有金牛、金鸡，于是将稻草饵放入水中，果然把金牛诱出水面。这时，突然狂风大作，波涛汹涌，小船顿时被打翻，义士遇难，坠入滩中。第二天，忽有一白塔如爆笋破土而出，立于赣江边的岩上。另一说法是，元末农民战争，朱元璋和陈友谅大战鄱阳湖，朱元璋的军师是道士刘伯温，陈友谅的军师是个和尚。和尚、道士对阵，各施法术，战场上一片血雨腥风。和尚斗不过道士，结果大败，从鄱阳湖沿赣江逃至子塔滩。道士穷追不舍，将家传英邪剑投掷和尚，没想到未能投中。剑锋入岩，化作巨塔。

尤为奇妙的是，塔顶有一株胡椒树，呈华盖状，郁郁葱葱，四季繁茂。传说储滩龙王的两个女儿——青蛇、红蛇俩姐妹，终身守护这株胡椒树。民国年间，罗塘湾南坝洲挖野菜的姑娘，亲眼看见两个身穿红衣和白衣的美女在对面古塔下面的江水中嬉水。听当地村民讲，近几年，有一个人爬到塔顶取胡椒树，突然蹿出一条大蛇，吓得取树者从塔顶摔落致残。

万安小姐塔

万安小姐塔位于潞田镇塔仔下村，建于明朝，是一座扬名祈福的文峰塔。塔坐东北朝西南，为楼阁式砖塔，九级六面，由下而上逐层内收。塔基周长14.7米，通高约30米。整座塔均用青砖、石灰、大豆、糯米泥浆垒砌而成。飞檐下有锯齿形花边，叠托而上。塔内砌有阶梯。小姐塔外观造型修长，内部结构精密，具有较高的历史、艺术价值和保护价值，1985年被列为县级文物保护单位。

万安小姐塔

万安小姐塔，塔如其名，外形俊美秀气，的确是由一位富家小姐所建。关于它的传说，寓意明确。相传，明代当地一位富家有两位千金。为了扬名祈福，姐妹俩各自在山头修建了一座修长精美的砖塔。然而，不知何故，妹妹建的塔，高

过姐姐建的塔。这种违背中国传统长幼有序的做法，激怒了上天。建塔没多久，在一个电闪雷鸣的夜晚，妹妹建的塔被雷电击倒，最后只剩塔基。而姐姐建的塔却安然无恙，一直保留至今。小姐塔亭亭玉立几百年，历尽岁月沧桑，依然坚固完整，不失当年风采。村里没有人怀疑这个传说的真实性，人们相信，做人应该遵循长幼有序，不然就会遭报应。这个传奇故事所表现的文化内涵，影响了一代又一代的村民，尊老爱幼已然成为良好风尚。

邪 塔

邪塔位于韶口乡泥塘村，建于清代。塔坐东向西，为实心砖塔，七级六面，逐层内收。底座围径 7. 8 米，通高 13. 3 米，占地面积 5. 1 平方米。塔身用砖和石灰垒砌而成，单层飞檐。每面都有一龛。邪塔历史悠久，结构完整，具有一定的文物保护价值，2004 年被列为县级文物保护单位。

邪塔所处位置特殊，看上去就是为营造风水而建。塔北为上泥塘村，地形似猪；塔南为中泥塘村，地形似虎。据传，因为两村地形原因，上泥塘村何姓村民不仅繁衍缓慢，并且常有青壮年无故死去，而中泥塘村却人丁兴旺，顺风顺水。后经一位地理先生指点，人们在两村中间建一座风水塔，以镇邪，故名邪塔。此后，两村百姓相安无事。这原本是一个风水传说，并不奇怪，因为塔本身有很多用于营造风水的元素。然而，后来又有了新的传说。塔内住有一蛇妖，经常祸害当地的牲畜。而且有村民清晨见过一

邪塔

位女子坐在塔顶梳头，长长的头发垂至塔下。大概这女子就是村民看到的蛇妖了，后来蛇妖被雷击毙。现存邪塔，塔顶已毁，为雷击痕迹，与传说正好吻合。邪不压正，这是人们心中的期盼。人们的想象虽然简单，但内心深处的寄托却是美好的。

文　峰　塔

文峰塔位于宝山乡水南村莲花山上，建于元末明初。坐北朝南，呈圆锥形，共七层，尖顶无塔刹。塔通高6.15米，直径5.4米，占地面积22.9平方米。塔的第四层有一个“十”字形互通窗口。文峰塔由石块和三合土垒砌而成，结构较完整。塔南面有一盗洞。1985年，文峰塔被列为县级文物保护单位。

飞　来　塔

飞来塔位于五丰镇白沂村，建于宋代。塔坐西向东，七级六面，空心，无梯砖塔。通高15米，占地面积7.6平方米，塔身由青砖、泥沙垒砌而成，由下而上逐层内收。每层筑有两个对称的拱窗和两个对称的龛，与上下各层交错对应。塔基下沉，只能看到六级半塔身。该塔素雅古朴，历史悠久，1985年被列为县级文物保护单位。

飞来塔屹立在桂江白沂村的平地上，北偎白沂王家族祠，南偎民居，西临遂川江，与祠堂、民居、树林、青山并立，犹如一座天然的园林，别具风采。传说飞来塔非本地所建，它在宋代时从遂川飞来。塔分三段，塔座镇留原地，塔身降落他地，塔尾飞落白沂，故称白沂飞来塔。白沂族谱记载：“水带古塔笔立，居然村落一巨观也！”飞来塔外表修长，造型美观，从塔型结构及族谱记载来看，该塔为宋朝所建。历经千年风吹雨打，塔身虽然斑驳、残缺，但仍然保存了当年的气质。

观　音　塔

观音塔位于高陂镇符竹村，重建于明成化年间（1465—1487年）。塔坐北朝南，七级六面，由下而上逐层内收。通高12米，占地面积2.61平方米。整座塔均用青砖、糯米浇浆垒砌而成，空心无阶梯。塔的第三层正面斗拱嵌有一块

黄色砖碑，文字大部分风化脱落，唯存“南无观音菩萨”“五云符竹”“大明成化己未重建”等字样。除顶外层，其他各层外面交错有观音菩萨神像和斗窗。观音塔具有较高的历史艺术和科学价值，1985 年被列为县级文物保护单位。

观音塔的传说令人匪夷所思。传说，当时符竹村家家户户都养羊，这群羊被视为福禄祥瑞的象征。可这些羊有个怪习惯，白天在村子里歇息，晚上出外觅食，令村民们大伤脑筋。当时有一位姓欧阳的地理先生，欲将这群羊赶到自己的村子里，便对符竹人说：“只要晚上在村口悄悄建好两座塔，羊群便无法外出了。”该村村民信以为真，果然在村口建了两座观音塔。哪知塔建好时，羊群正在外面觅食，羊群回村时见陡增的两塔，迷失了方向，再也回不去了，正好遂了地理先生的意。

观音塔

1931 年，村口南面的塔毁于暴风雨，现仅存一塔。

文　明　塔

文明塔位于芙蓉镇城南门外的石华山上，清代道光年间（1821—1850 年），知县潘尊贤倡建。文明塔坐东向西，为实心飞檐式砖塔，七级八面，由下而上逐层内收，顶端为雕磨青石葫芦顶。塔通高 20 米，基围 14. 8 米，直径 4. 85 米。塔身结构紧密，皆用青砖、糯米浇浆垒成。塔表原有一层白色石灰水泥，现部分已脱落。剩存未脱落部分皆呈灰色。从二层开始，每面交错筑有实心斗拱。第

二、三层有锯齿形檐边。文明塔结构坚固，保存完整，建筑精细，具有较高的文物价值。1985 年，文明塔被列为第一批县级文物保护单位。

文明塔

文明塔建于 1840 年，由知县潘尊贤倡建，职员严祥独资兴建。在建造时间上，文明塔比崇文塔晚三百多年。为何补建文明塔？县志没有记载。据说，万安县城呈排形（处于龙溪水与赣江交叉处）。但凡任万安知县者，所作所为未遂地方绅贤之意，则被告落职。知县潘尊贤通晓地理，倡议在此建塔，以占观瞻，实为打擂排固，破坏风水，以驯服绅民，以期官运永亨。文明塔建起来以后，精英阶层马上有了非议。

潘尊贤是甘肃人，他在万安的作为，志书记载不多，留在民间的说法也是正面的。据说，他初到万安时，县里一些乡绅问他："大人名为尊贤，不知你如何尊贤？"他不知何意。衙门当差的告诉他，凡来万安做官的，不做几件好事就当不久。潘尊贤听后当晚就做了一个奇怪的梦，梦见十八滩头有一条孽龙、一个河妖、一位塔仙。孽龙和河妖在赣江为争夺地盘大打出手,搅得赣江波浪冲天。正当它们厮杀得难解难分时,塔仙突然降临,对孽龙和河妖怒道:“原来是你们两个妖孽在赣江兴风作浪,危害百姓,看我怎么收拾你们!”说来也奇怪,塔仙怒吼几声,顿时赣江风平浪静,妖孽无影无踪。潘尊贤心想,难道塔仙能镇妖压邪、降龙伏妖,保一方风调雨顺、百姓平安?我不妨在这里建造宝塔,也算是为百姓做了件好事。他一觉醒来,问职员严祥:“赣江每年洪水泛滥,经常淹没县城,肯定是有妖孽在作怪。我们在赣江边建造镇妖宝塔如何?”严祥高兴地说:“大人高见,这是一件大好事。”此事虽得到大家的赞同和支持,但县库拮据,乡民贫穷,建塔的费用难倒了潘知县。职员严祥看在眼里,心想只要能为民做好事,自己并不富裕,也愿倾其所有,独资兴建宝塔。严祥轻财重义的举动感动了塔仙,塔仙请来土地神帮助严祥选好地址,又请四方百姓前来帮忙。乡民们来到石华山山顶,挖的挖,挑的挑,搬的搬,垒的垒,没几天工夫,一座七级八面的飞檐式砖塔就屹立在赣江边石华山顶。因塔处县城南门,故俗称南门塔,又因位于宋代古城墙文明门附近,故又称文明塔。幸运的是,潘尊贤在万安做了一年知县就得到了升迁。潘尊贤走了,他留给万安的这份遗产却越发光鲜。人们享受文明塔带给万安文运的时候,湮没在历史烟云里的真诚,定然会滑过人们的心头,感动如春风拂面。

三

古塔历经千载,是古代人们生活的重要组成部分。在现代人眼中,古塔也许就是一座古建筑或是一处风景,但它们所包含的历史人文信息,不论是建筑的艺术风格,还是带有宗教色彩的灵性,都需要得到现代人应有的尊重。

(肖岱芸)

墓

据县文物局普查，目前我县已发现古墓9座，主要分布在宋、明、清时期。其中宋代3座，明代2座，清代4座。目前，天龙山墓塔、东林寺墓塔已被列为省级文物保护单位，许贵墓、吴经琳墓已被列为县级文物保护单位。

许 贵 墓

弹前乡上洛村湾内山峰下静静地躺着一座旗形令字穴坟墓。许贵墓位于弹前乡上洛村授口湾。整个墓用青麻石砌成，重建于1987年，分祭祀墓、墓区、墓志铭三部分。中间墓碑刻有“两虎踞高阳地，龙蟠上洛峰”，后墓志铭记载了许公生平。

许贵病逝家中，高宗敕命御祭、御葬。古墓葬历经宋、元、明、清、民国，至今已850余年。宋、元、明曾三次维修，清乾隆乙未年（1775年）第四次维修，光绪癸卯年（1903年）第五次维修。1968年，部分遭到破坏；1970年，修水库取砖，全墓被毁。出土部分文物、墓碑现存万安县博物馆。1987年，贵之嗣裔商议重修许贵墓，经文物部门实地考察，众人推举三十世至四十世之后裔十三人等重建许贵墓，集资数万元，于1987年仲月在上洛授口湾开始施工，同年腊月竣工。

新修许贵墓分三层，首层高4.20米，宽4米；二层高4.77米，宽4.67米；三层系围墙，面积1440平方米。墓面书“丰功伟业，春露秋霜，高风亮节，山高水长”。墓后青山巍巍，墓前松柏常青，四周绿树掩映，蔚为宏伟壮观。

（郭敬华）

吴经琳墓

吴经琳,字史堂,号西,生于1758年,乾隆己酉(1789年)科庚戌朝考一等,引见以知县用,分发山西省隶属永和、孝义、灵丘、蔡河、蒲县、岢岚州各州县事。公元1795年,补授潞安府潞城县知县,嘉庆元年(1796年),恭遇覃恩荣封二代而贤名远播。

吴经琳墓位于涧田乡里仁村樟树下自然村枫木坳山上,建于清代。此墓坐北朝南,宽3.6米,高1.8米,长6.2米(其中墓场直径2米),占地面积22.32平方米。此墓为青石结构,一穴三拱,为吴经琳与毛、田二妣合葬墓。

该墓于清嘉庆庚辰年(1820年)血葬在晓东长路,于清道光二十三年(1843年)迁葬于现地。墓中拱正中碑刻"皇清廷进士授文林廊显祖吴公、毛太安老大人墓",左侧刻"道光二十三岁次癸卯仲秋月",右下侧为儿孙名字,半月形磨制石上刻有"全宇"二字,两边对称雕刻云纹,横岗石刻"里仁吴氏佳域"六字,中柱联:"纯粹以精浩气融,刚中而应元机畅",边柱联:"山川观风起,甲等卜蟾联"。

2004年万安县人民政府将吴经琳墓列为县级文物保护单位。

(郭金锋)

其他几座古墓简介

1. 郭日和墓

郭日和墓位于弹前乡旺坑村鸡公尾山上，建于明代。此墓坐西朝东，一穴三拱，高 3.8 米，宽 5.9 米，深 8 米，占地面积 47.2 平方米。1982 年，郭氏家族按原貌进行维修。墓中拱碑刻“龙盘虎踞”。墓的左侧有义虎墓一座。郭日和，字融斋，涧田乡良富村人，生于 1432 年，被封为义官，殁于弘治丁巳年（1497 年）。墓葬保存完整，具有文物价值。

2. 肖柯墓石马

肖柯墓石马位于窑头镇田南村荷塘村小组。石马建于明代，直立，青石质，坐西向东。马长 1.8 米，高 1.3 米，宽 0.4 米，占地面积 0.72 平方米。整座马雕刻简朴，马的五官、马鞍、踏脚、鬃毛雕刻具有立体感，除双耳残缺外，其他部位完整。石马为明代进士肖柯墓前的石雕。《中国名人大辞典》1649 页和《万安县志》对肖柯有记载。墓前石像对研究墓葬制度和明确墓主人身份具有参考价值。

3. 德桥墓葬

德桥墓葬位于高陂镇泗源村德桥自然村。三座古墓坐东向西，呈“一”字形排列，为陈氏祖墓。三座古墓宽 9.3 米，深 3 米，高 2 米，占地面积 27.9 平方米。其中两座为清乾隆道光年间所建，青石板墓志铭是后来重修的。另一座墓志铭已毁，年代不祥。据有关史料记载，德桥第一代开墓祖生于元朝，殁于明朝，原居赣州于都，后迁徙于此。

4. 刘秀铭墓

刘秀铭墓位于顺峰乡高坪村旗杆前村的田中央。此墓建于清代，坐南向北，宽 3.7 米，长 11.5 米，高 1.8 米，占地面积 42.55 平方米。此墓为砖、三合土结构，拱形。墓主刘秀铭，字德懋，列授登仕郎，钦赐黄考繁衍匾额并中堂福字，皆系御笔亲书。

5. 许述华墓

许述华墓位于弹前乡上洛村湾内村小组。此墓清乾隆四十年(1775 年)迁建于此,坐南朝北,墓高 2. 1 米,占地面积 15. 2 平方米。墓碑刻“元大德进士授徐州学正许公讳述华字广丽府君暨太祖妣陈老孺人夫妇合葬墓”。碑左侧刻“乾隆四十年乙未十一月谷旦”,右侧刻祀主名,墓面为花岗石,墓为拱形,保存完好。

(县博物馆供稿)

民　居

在某种意义上，村庄是一个族群的子宫。它的温暖，它的营养度，它的整体机能的健康度，决定着一个族群将来身体的健康度、情感的丰富度与智慧的高度。

由于民族和地域特色的不同，每个区域的历史传统、地理条件、生活习俗、人文环境、审美观念都不同。因此，各地的民居也各有特色，无论是平面布局、结构造型还是细节特征都千姿百态。

特别是在民国以前的古民居中，人们用现实或象征的手法，将自己的愿望和向往表现在民居的装饰、花纹、色彩和样式上。万安县的古民居保存得不多，最有特色的是涧田乡益富村的增文堂围屋、芙蓉镇的刘振群专员楼、百嘉古街上的骑楼，保留最多的是民国时期的建筑，清代的古民居则少之又少。

总之，民有所居，居有所安，是天下百姓的终生愿景。一座民居，表达的是一户人家的精气神。每一处民居都悄悄地把平常人家的喜怒哀乐、悲欢离合记录在案，把他们的梦想带进了现实，把他们的人间烟火引向了高处，为后人讲述的是一段古朴深远的人间故事。

增文堂，再现一个家族的繁衍史

增文堂是万安县一处客家围屋，2003 年 9 月在第三次江西省文物普查中被发现，也是吉安市发现的规模最大的聚族而居的方形围屋，2006 年 12 月被列为省级文物保护单位。

一、建筑特点

增文堂位于涧田乡益富村水坑村小组，规模宏大，布局合理，结构严谨，排水通畅，是一处集家、祠、水井、晒场、粮仓等功能为一体的客家围屋式民居建筑。围屋平面呈“回”字形，占地面积 3696 平方米，建筑布局为七纵一横，围长 66 米，宽 56 米，共有房间 246 间。围内房屋构造均为两层硬山顶建筑。用材简单，包括生土、土坯、青砖、卵石、木材等，工艺古拙。围外铺有鹅卵石钱纹地面，门前有口月牙形水塘。正面设有五扇门，正门是青砖平砌的门楼，门框是红米雕花条石。从门楼进入围屋有一个小院，为两井三进式布局。院内正中是家祠增文堂，左边置四排厢房，开三扇巷门；右边置两排厢房，开一扇巷门。左、右两侧厢房各有小天井。围屋后横置的一排房屋与左、右厢房连接，将整座围屋封闭，一扇后门与外界沟通。

增文堂是黄氏族人黄日恒纪念先祖的家祠。从祖父黄若曾和父亲黄文名中各取一字组成堂号，或许是心怀增子、增孙的期望，故将“曾”改为同音的“增”，取名“增文堂”。该堂是围屋内建筑工艺最高、装饰最精美的地方，设在围屋内的核心位置。堂中央悬挂清乾隆十六年(1751 年)朱红色底金黄色字皇帝敕封的御匾，该匾凸显围屋的百年荣耀，蕴含围屋的不凡历史。

增文堂建筑风格独特，外形保留了闽西、赣南围屋的堡垒式结构，给人以安全感，但没有闽西、赣南围屋那么森严、封闭。增文堂有六扇门与外界沟通，反映出庐陵客家人入乡随俗又保持警惕的生存心态。围屋布局合理，构筑精巧，外围宏伟大气，内围紧凑适用，采光通风极好，冬暖夏凉，创造了节约土地、人与自然和谐相处的人居典范。增文堂既与闽西、赣南土楼围屋有共性，又有区别于它们的特性，无论是在体量上还是在建筑年代和形制上都具有较高的文物价值，是研究客家人繁衍迁徙的历史过程和生活方式的重要物证。

增文堂全景图

二、建筑年代考

增文堂肇始于康熙乙亥年（1695 年），这一结论来自族谱的记载。但是，增文堂毕竟是一座体量很大的建筑，其最终建成经历了怎样的过程，仍需要认真考证。

黄氏族谱载，增文堂黄氏后裔黄日恒记述：“五世两迁，家门零落，先人之绪将坠矣。余祖父披荆斩棘，开垦入籍，始居于水背，勤劳敦厚，创业乘家，至乙亥（1695 年）复架数椽于瑞溪。岁丁未（1727 年），余父溘然逝矣。至丁巳年（1737 年），余偕弟日慎又重创屋宇及买门前田土，而屋之基址乃备然贫穷不能恢扩。”这份写于清乾隆十五年（1750 年）的自述，完整地表述了增文堂建设的大致过程，第一阶段是黄若曾父子的“结庐”时代，第二阶段是黄日恒、黄日慎兄弟的“创建”时代。然而，这两个阶段是怎样完成的，黄日恒记述不详。

考察围屋现场发现，围屋右一纵房屋与围屋内其他纵房屋存在明显的差异，尤其是建筑用料显得简朴。三百多年过去，建筑的基础已经裸露出卵石和石头，却少有青砖，这说明增文堂始祖在“结庐”时代异常艰辛。同时，这一纵房屋与其他纵向和横向的房屋明显“脱节”，这应该是乙亥年（1695 年）黄若曾父子“复架数椽于瑞溪”的产物。如果说仅此一纵房屋属于“结庐”时期的建筑，那么增文堂围屋并不是形成于康熙乙亥年（1695 年），它的形成应该是黄日恒兄弟在继承祖业的基础上，创造性地采用围屋形式建设的结果。

传说，当年有一位官员经过水坑时，远看房屋背靠青山，面朝秀水，如坐靠椅，蓄势待发，疑此地为藏龙卧虎之地，遂下马步行以示敬意。走近却看到屋靠山脊，于是他登马飞奔，头也不回。不管这个故事是真是假，说明水坑黄氏在结庐时期并不讲究风水，关注得更多的是如何省钱建房。这在一定程度上也反映了客家人迁徙的艰难历程。

那么黄日恒兄弟为什么采用围屋的建筑形式？关于这一点，我们有必要说说万安区域的客家人。万安地处赣江中游，赣江十八险滩始于万安，自古“船过十八滩，十船经过九船翻”，所以南下的大船经过十八滩都要换成小船航行。于是，万安自然就成了北人南迁的栖息地和中转站。万安客家人的房屋多为干打垒的建筑，这唯一的一处围屋形制的建筑让人颇感惊讶。增文堂黄氏远祖久居江夏（武汉），近祖以赣南为中心，转辗于闽、粤、赣，而围屋在闽、粤、赣相当普遍。采用围屋的形制或许与黄氏先前的居住地有关，同时或许也包含了黄氏兄弟对于家族繁衍的新的期待和向往。

不管增文堂围屋工艺如何简朴，毕竟体量很大，需要较多的经费，如果没有充裕的资金将难以完成。黄氏自若曾公以来的四十二年里励精图治，已经积聚了一定的财力。到了丁巳年（1737 年），黄日恒已经求得些许功名，具备了重创新屋的条件。

还有一个问题，增文堂后期是否还有增建？据黄氏后人讲，黄氏发展到晚清已有五百人的规模，围屋住不下，所以在围屋之外还有其他建筑。按照黄氏后人的指引，我们看到围外保留下来的一些建筑，与当地客家民居无异，从建筑形制上看应是清末至民国时期的产物。据说,围外还有黄氏的书馆。可惜,书馆已在“文化大革命”时期当作“四旧”被拆毁。

三、黄氏繁衍史考

增文堂已基本完成了它的使命。从20世纪80年代起,围屋里的黄氏子孙陆续搬出,如今只有个别老人在围屋中居住。令人惊讶的是,这个繁衍了两百多年的家族至今只有170多人,分两大房、四小房。自开基以来没有大量迁徙的历史,说明这个家族繁衍慢。更让人无法想象的是,围屋的后人对家族的繁衍历史不太了解,没人知道这座围屋中到底隐藏着多少不为人知的信息。

黄氏族谱载其后裔黄日恒写于清乾隆十五年(1750年)的自述:“谨按始祖宗信公,字质甫,号介轩,虔南宁都人也。二世遂居龙川洋贝义城,传至瑜公,肇基本里石头湖,生子五,余祖公行四,迁本邑泗都家焉,生子栋,栋公生子二:永政、永敬。政公生子一若曾。敬公生子三:若苔、若燕、若足。苔乏嗣。燕公生子一秀龙,足公生子一应龙。秀龙公生子二:日选、日舜。应龙公生子二:日沄、日池。若曾公生子余父文公,自康熙三年(1664年)岁次甲辰携余父徙居江右万安甘溪,而永敬公之子若孙亦先后来居于此。”根据这个记述,增文堂黄氏万安开基应是康熙三年(1664年),三十一年后转辗至水坑增文堂开基。而更为明显的是,黄氏迁入万安不是举族迁徙,而是举家而迁。

关于增文堂黄氏的境况,黄日恒也有回忆,他在自述中如是表述:“余性愚惛,读书又不能豁达,前辛卯年(1711年)博一衿。丙申年(1716年)归家谒祖,并收绪公所遗膏油租,乃始识先人坟墓,坵墟榛芜,因捐膏油之租少许,嘱族人清明祭扫聊妥先灵。不意甲辰年(1724年)被族恶卖与蔡氏造坟矣,奔控县主赵。乙巳(1725年)冬乃迁,延延绵绵至丁巳(1737年)予出贡后,膏油之租罢收而祭扫之需亦乏,于是早作夜思,购赣邑龙形一席,乙丑(1745年)冬始迁(历)公妣郑栋公妣谢曾公妣钟及若燕公皆葬于龙形左圹,其右圹则予之寿藏也。若夫永敬公夫妇在泗都迁来止(此),有二小亦附于龙形左圹。予永政公先年既迁良口与予父合葬矣。若曾公元配刘氏为余父生母,前后三觅葬处,不见而今已矣，继赖氏一女适。王代远年湮，不无遗忘，因笔之，以俟（等待）后人考究。至公以上则谱牒详明无容赘（述）。”按照黄日恒的自述，黄氏在结庐时期生活极其艰难，而且他们在当地也不是大族，因而饱受欺凌。这样的景况直至黄日恒贡出后才有改观。从这个意义上讲，当年黄氏兄弟重创增文堂也许就是这个原因，而他们采用围屋的建筑形式，正是出于紧密团结族人、共同抵御外辱的需要。

从黄氏族谱中看到，黄日恒在增文堂黄氏繁衍中是一个举足轻重的人物。他在家族繁衍中的主要成就是不仅开创了增文堂的繁衍新纪元，而且把祖先的坟茔迁往一处，让这个饱受欺凌的家族从此有了精神依归。事实上，在增文堂黄氏后人中，黄日恒的影响同样巨大。很多人认为他做了大官，得到了皇帝赐匾，因而成了增文堂黄氏的最高荣耀。

增文堂家祠正厅曾高高悬挂乾隆御匾。御匾内容照录如下：

奉天承运，皇帝制曰：任使需才称职，志在官之美，驱奏效报功，膺锡类之仁，尔黄文乃江西南昌府进贤县训导黄日恒之父，雅尚素风，长迎善气，弓冶克勤于庭训，箕裘丕裕夫家声，兹以覃恩，赠尔为修职佐郎，锡之敕命，於戏。肇显扬之盛事，国典非私，酬燕翼之深情，臣心弥励。制曰：奉职无愆，茂著勤劳之绩。致身有自，宜酬鞠育之恩。尔江西南昌府进贤县训导黄日恒之母郑氏，淑范宜家，令仪昌后，早相夫而教子，俾移孝以作忠。兹以覃恩赠尔为八品孺人，於戏。贲象服之端严，诞膺巨典，锡龙章之涣汗，用表荣施。敕令乾隆十六年十一月二十五日之宝。

乾隆封赏的是黄日恒的父母，敕封黄日恒父亲黄文为修职佐郎，敕封黄日恒之母郑氏为八品孺人，封赏的时间为清乾隆十六年（1751 年）。这样低层级的基层官员能得到皇帝如此大的封赏，只能说明黄日恒必有常官不及之处。可惜，高悬于增文堂的这块朱红色底金黄色字的匾不翼而飞，已无从考据其真实性。

增文堂侧面图

查考黄日恒蒙朝廷恩赏事。一、收录人物众多的《江西名人辞典》未有其人,1989年版《进贤县志》同样没有其事迹介绍。二、反映这一时期朝廷特别是乾隆皇帝与江西关系綦详的《大清高宗纯皇帝实录》(江西部分)也没有对黄日恒及其家人褒奖的文字。细查乾隆朝实录,涉及朝廷对江西名众旌表的记录凡五十余条,多系对节烈妇女的表彰,如乾隆三十年(1765年)"十一月己丑,旌表守正捐躯之江西临川县民刘胜陇妻陈氏"。此外,也有一些对耆老、孝子进行奖谕的记录,其中有一条涉及万安,即乾隆五十五年(1790年)的一条记录:"八月己未,又谕:托伦奏,江西万安县民刘德懋,南昌县民吴正英……俱年跻期颐,五世一堂,请照例锡赉等语……所有应行赏赉建坊旌表之处,着该部察例具奏。"三、观乾隆朝实录,皇帝亲自赐匾江西的记载仅有一处,即乾隆三十一年(1766年)"八月辛亥,赐江西龙虎山上清宫御书匾:真灵福地"。由于增文堂黄氏族谱记载不完整,而增文堂标示人文历史的标志又遭损毁,因此我们无法从现状中获得更多有价值的信息,根据掌握的资料,很难证明增文堂黄氏家族所传匾额之真伪。

近两年,我们围绕围屋的始建年代以及人文历史开展了一系列的村史访问活动。两次村史访问活动中,受访者主要是六个老人。随着调查的深入,一个家族的历史渐渐变得清晰和完整。一是增文堂。受访者证实增文堂家祠建筑原来有顶棚雕花,"破四旧"时拆掉烧了。两百多年来,增文堂黄氏子孙都居住在里面,直至 20 世纪 80 年代初才陆续搬离。二是御匾。受访者证实乾隆赐匾一直高悬在家祠正厅,2012 年被盗。三是祖坟。受访者证实祖坟在宝山乡黄塘村掌中坪,黄日恒的墓应该也在那里。四是繁衍。增文堂黄氏沿袭辈号:日、朝、辉、祖、德、山、河、蔚、国、居、行、善、忠、美。兴旺时有 500 人,围屋中住了 300 人,围外住了 200 人,现在大约有 170 人。五是人文。黄日恒,举人出身,做过教谕。围屋外建有黄氏书馆,"破四旧"时被毁。这座消失了的建筑让人产生许多想象:黄氏应有读书的传统,这个家族应当出过不少读书人。受访者证实,原来增文堂前摆放着许多旗杆石,后来都拿去当洗衣板、过桥石了。由于看不到旗杆石上的文字,我们很难从旗杆石上得到更多真实的信息。

(肖岱芸)

老街有骑楼

百嘉镇有一条百年老街，原来是镇上的商业中心。自清代雍正年间(1722—1735年)以来，凭借航运、手工业的优势地位，百嘉镇出现过极为繁荣的景象。由于老街汇集了四海物产，商贸市场繁荣，建有商铺一百多家，百嘉之名由此得来。

踏入百嘉老街，人们会发现这条街道并不是笔直的，而是蜿蜒向前的。整条老街长三四百米，由于坐落在赣江边，所以整条街道依着赣江而建，弯弯曲曲。老街得地利之优势，地处赣江水运通道边，所以交通十分快捷、便利。

由于建造的时间较长，百嘉老街的规模不小，其一端延伸至河边的码头。作为古时的水上交通枢纽，百嘉码头历史悠久。许多客商在码头上装卸货物，通过老街将货物运送至其他地方，因此也带动了当地经济的发展。百嘉成为昔日商贾繁华之地，清朝时就已发展为小集市，商业活动极为繁荣，并形成了“赶圩”的习俗。民国初年，老街进入鼎盛时期，街面上除了人们的民居，还有百货、鱼货、中药、酿酒、屠宰、理发等诸多行业。

从街口望去，两边竖立着长长的骑楼，木质结构的廊道望不到头。这些骑楼一幢连着一幢，从街头排到街尾。这些建筑分上、下两层，上层大都供居住使用，底层是店铺。商铺沿袭着古老的传统，基本都是前店后坊的格局。

骑楼的底层似乎往里“掏空”两米左右。这样，在马路两边各形成一条供人们自由步行的宽敞的人行走廊，它长达数百米甚至上千米。人行走廊上的一根根立柱和挑梁连接，从外观上看犹如一个个马鞍。行人走在廊下，完全不必担心日晒雨淋，这种走廊尤其适合多雨的南方。万安地处亚热带季风气候区，多雨，商人们利用骑楼的这一特点，把它引进自己的家乡，让乡亲们在下雨天都能自如地在街上行走购物。

在商业楼宇密集的城镇，骑楼的商业实用性更为突出。楼下经商、楼上住人，外加一条长长的走廊，完美地结合了商住两用的建筑功能，从而形成了这条

骑楼古街。

百嘉老街

百嘉老街上木制楼房较多，为了用火安全，他们有自己的生活方式。百嘉老街在20世纪七八十年代还有许多人居住。那时，人们在店铺里不烧茶水、不煮米饭，为的就是保持用火安全。从清晨开始，每隔不远的巷道内便雾气腾腾、轻烟袅袅，那里是集中煮饭、烧水的地方。

当时只要走在街上，除了看到挑着蔬菜匆匆赶往早市的农民，还可以看到店铺的人拎着水瓶，或捧着饭盒，不紧不慢地穿梭在老街巷道内，这情景可持续到夕阳西下。闲来无事时，人们或聚在一起聊聊家常，或蹲在店门旁掏出烟袋，过上几口烟瘾。这里，居民悠闲自得的慢节奏生活，和古街古巷的环境极为融洽。

这些骑楼融入了西方元素，具有明显的异国风情，让当地人眼前一亮。当时，骑楼是富贵的象征。能建造一幢这么气派的骑楼，其主人一定非富即贵。细细欣赏百嘉老街上的建筑，既能领略江南庐陵风韵，又可感受百嘉的风土人情。大到整体格局，小到单体风格，都融入了地方元素。建筑屋顶、马头墙，与黑、白、灰三色搭配协调，构成了独特的文化意韵。

（本文作者不详，收入本书时有改编）

专员楼，民国的一个背影

万安县城的专员楼，远近闻名。走进芙蓉镇建国路，远远地就能看见这座气派非凡的民国建筑。修复后的专员楼，清秀挺拔，恢复了往日的威严。建筑被标明为该路的6号，现已改为一座茶楼，颇有古韵遗风。

房屋坐西向东，整座建筑面宽15米，进深21米，高7.5米，占地面积315平方米。一井二厅，边大门进出，砖木结构。中堂栏楯刻有文天祥的《正气歌》、岳飞的《满江红》。左、右两边厢房的木扇上方为镂空花格窗。

房主刘振群，是一位在近代史上可圈可点的人，早年留学日本，曾参加过五四运动和北伐战争。他既是著名的民主进步人士，也是国民党政府官员，历任高安、湘潭、吉安等地县长，两任吉安专署专员。抗日战争期间，他积极支持国

共联合抗日。他最大的功劳是帮助项英、陈毅顺利收编红军旧部。

走出屋外，回望整幢建筑，发现这是典型的中西结合建筑。看来，刘振群在从政和从军的道路上，接受新鲜事物快；在建筑风格上，也乐于接受新式风格。

房屋以古典柱式为构图的基础，全屋用砖砌成上、下两排柱体，起支撑和装饰作用。同时突出轴线，注重比例，强调左右对称，讲究主从关系。一楼的窗户不但比传统民居大，而且采用了拱形结构，屋顶开了两扇天窗，运用老虎窗，以增加采光和通风。这种设计借鉴了外来的建筑手法。

总之，曾经游学国外的刘振群，所居之屋摒弃了传统的雕梁画栋，选取了简洁、明快的西洋风格。

（郭志锋）

其他几幢民居情况概览

1. 东风路36号民宅

此幢民宅位于芙蓉镇芙蓉村，建于明末清初。此幢民宅坐西北朝东南，面宽13.4米，进深12.7米，占地面积170.18平方米。四扇八间，砖木结构。砌墙法为二顺一丁，大门前廊卷棚损毁，雀替保存完整，大门外墙左、右上方各有一扇长方形镂空石窗，下面两扇窗有雨罩。马头墙彩绘、檐下壁彩绘和厅内宝壁彩绘模糊不清。屋顶保留原有瓦当、滴水。该房屋结构完整，布局合理。

2. 吴氏上下堂方形屋宇

该幢民宅坐落于涧田乡里仁行政村五斗段村小组，建于清代。此宅坐西南朝东北，建筑占地面积3408.6平方米。该幢民宅为干打垒土木结构的硬山顶式客家民居，房屋结构紧密。屋宇的核心位置设有一祖堂。屋宇有6行横屋。每行横屋由8间房和7个天井组成。55个房间里，住着19户人家。这是典型的客家民居建筑风格。2004年，万安县人民政府将吴氏上下堂方形屋宇列为县级文物保护单位。

3. 郭明达老宅

此宅位于高陂镇符竹村，建于民国初年。整座宅子坐北朝南，面宽 11.5 米，进深 13.8 米，占地面积 158.7 平方米。四扇八间，砖木结构，硬山顶。大门横枋缺失，门杵缺失一个，花格窗保存完好，马头墙有花卉、房屋彩绘堆塑，檐壁有人物、房屋、花卉彩绘，外墙开有花形小透窗，门前有影壁。房屋结构坚固，保存状况一般。

4. 张世熙烈士旧居

张世熙烈士旧居，坐落于窑头镇中塘村。该旧居建于民国初，坐东北向西南。面宽 18.3 米，进深 13.1 米，占地面积 197.5 平方米。房屋为四扇六间砖木结构，与父、兄、弟的房子连墙建在一起，另开大门，房子为一个整体。张世熙 1894 年 1 月 15 日在此出生。作为万安县第一任县委书记，他与曾天宇等共产党人领导了著名的万安暴动，参加中共六大共产国际大会，并做专题报告。1928 年 12 月，当选为中共江西省委书记。1929 年 12 月，他在景德镇不幸被捕牺牲，时年 35 岁。1990 年，万安县人民政府将张世熙烈士旧居列为县级文物保护单位。

5. 萧前将军故居

萧前将军故居位于枧头镇横路村下洲村小组。该故居建于民国，坐北向南，占地面积 78.6 平方米。萧前出生于 1916 年，原名肖锡尧。1931 年，他参加了中国工农红军，同年加入中国共产主义青年团，1933 年成为中共正式党员，参加过五次反“围剿”斗争和二万五千里长征，1955 年被授予少将军衔，2001 年 3 月病逝，享年 85 岁。

6. 梁鹄老宅

梁鹄老宅位于罗塘乡双龙村，坐西北朝东南。面宽 14 米，进深 14.5 米，占地面积 160 多平方米。此宅为砖木结构，一色的清水墙，洁净完整。全屋四周用砖砌成几排竖柱体。屋顶有两扇老虎窗。院子里建有拱形门，直通屋侧。梁鹄为黄埔军校三期毕业生，曾任国民党军队少将师长，其父曾任国民党军队团长，后为河南某县县长。

（部分由县博物馆提供）

码头和渡口、驿道

自古万安就是水陆要冲，秦汉以后更是南北交通要津，上通两广、下达苏浙。那时，南来北往的官宦军差、商贾骚人，途经万安，经渡口、过码头、走古道，带动了当时经济、社会、文化的发展。历经风雨沧桑，至今或留有遗存，或已经消失，而其中蕴藏的历史文化值得挖掘与留存。

从元驹渡到蛤蟆渡

万安县位于赣江中上游,“路当冲要,溯上则喉控交广,顺下则领带江湖,水陆之险阻,漕运之会通,事至繁也”(胡铨《万安厅壁记》)。尤其唐代拓宽赣粤交界大庾梅岭驿道,唐代虔州刺史路应疏浚赣江十八险滩后,经过万安的舟船大大增加,万安境内水上交通更加繁忙,南来北往的官宦军差、迁客骚人多了起来,带动了经济文化的发展。史载,唐代宰相张九龄就经常在万安元驹古渡泊船。笔者曾多次深入赣江边,考察张九龄在万安的泊船处,寻找万安最早的古码头,还真有不少发现。

元驹渡遗址

河流码头的形成,都与舟船停泊、人们上下船及货物搬运有关。码头离不开河流主航道。万安最古老的赣江码头都符合这几个条件,例如元驹渡。

早在唐代,今万安地域就有了元驹渡。清同治十二年(1873年)版《万安县志》卷三载:“蛤蟆渡在西门对岸,又称元驹渡,为县治西关要津。唐张九龄舟泊渡馆,客陈晖山有诗云:‘元驹名古渡,投宿黍民无。’”唐代,今万安县域属于泰和县管辖。由于赣江从南至北流经此地,而且数处陆地驿路古道与水路衔接,因此今万安境内船运渡口较多,尤以赣江主航道西岸元驹渡最为繁忙,而且停泊的官船非常多,在岸上驿馆客栈住宿的人,几乎没有普通老百姓。为什么呢?因为距离这个渡口千米的斜对岸(今万安县城城南),即是赣江十八险滩中最危险的惶恐滩。因为赣江地势、水路构成等自然因素,北来南去的大船都要在元驹渡改换小船,延请当地滩师领水,方才敢过十八滩。而南下往北去的小舟,闯过十七险滩、出了惶恐滩之后,无论船家或舟客,吊起的心才放了下来。他们在元驹渡口的赣阳驿馆或平民客栈停歇后,再换大船,扬帆顺流而下,通达长江。你想,在京城长安、洛阳当大官,而老家在粤地韶州(今广东韶关地区)曲江县(今曲江区)的张九龄,往返家乡和朝廷、任所必经此道,其官船必然要停歇在万安元驹渡。要知道,元驹渡对岸、今称为万安县的地方,在唐代还是河滩。今县人民医院地块才是河的对岸。由于不在主航道边上,当时此地尚无村落,只有一个小道观,所以过往的人们都住在西岸。

张九龄对赣江水道、延至中原通往岭南的水陆相接的古驿道的发展贡献很大。他曾任洪州(驻南昌)都督兼刺史。往返家乡路途的艰辛,使他认识到改善交通条件、加强中原(朝廷)与岭南以及粤地沿海地区的经济、文化、军事联系的重要性,因此他多次上疏要求开凿大庾梅岭古驿道。唐开元四年(716 年),他再次上疏,得到批准,并授岭南道按察候补使一职,具体负责此项工程,使梅岭驿道变得“坦坦而方五轨,阗阗而走四通,转输以之化劳,高深为之失险”(张九龄《开大庾岭路记》)。新驿路广东段宽一丈二尺,江西段宽八尺。从此,南北交通便利,带动了万安、泰和、吉州乃至洪州的发展与繁荣。

清代,元驹渡改称蛤蟆渡,此名沿用至今,其位置在赣江边,与万安县城古城墙西门与芙蓉门(已拆,但尚有遗迹)隔江相望。虽然人们熟知古渡的演变,但是现在的蛤蟆渡并不是唐宋时期的元驹渡,真正的元驹古渡位于现在的蛤蟆渡口上游 80 ~ 150 米(两处)。

从元驹古码头岩石上留下的几百个篙窝(船家用带铁头的竹篙顶在石岩上撑船留下的深窝),和当年拴船的木桩桩基洞及被缆绳勒磨的岩石深痕,可以看出该渡口当年的繁忙。

据史料载，后来官至唐代宰相的张九龄每次在此泊船时，先把缆绳拴在岸上两棵樟树上，尔后上岸到驿馆或客栈品茶斟酒，以文会友。有时驿官或店主会请先住店的客人“让铺”，不乐意的人难免说几句不高兴的话，竟有好事者传之，故清时修《万安县志》时记下了过客陈晖山的“元驹名古渡，投宿黍民无”的诗句。现在，当年拴过唐代宰相张九龄官船的两棵樟树还立在江边，千年风雨使它们粗壮了许多。在古渡河滩上，还能捡到明代成化年间（1465—1487 年）的瓷碗残片，足见唐代至清代元驹渡的繁华程度。

20 世纪 50 年代中期，随着机帆船的增多，县城两岸有了轮渡，后来又有了汽车。为方便人车往来，蛤蟆渡逐渐从元驹古渡顺水北移了约 80 米。时间一久，人们渐渐把古渡忘记了。万安赣江大桥修建后，蛤蟆渡也最终歇业了。如今，站在新修建的万安赣江大桥上，远远望着嵌有数百上古老篙窝的河边石岸，你还会记得赣江元驹古渡曾经的繁忙景象吗？

（耿艳鹏）

皂口古道

皂口濒临赣江，地理位置险要。水路由皂口顺流而下，经小蓼滩、大蓼滩、棉津滩、漂神滩、惶恐滩直达万安县城；由皂口溯江而上，经武索滩、昆仑滩、晓滩、良口滩可上赣州。

皂口居武索、小蓼之间，为赣江水路交通要塞。皂口自古就是县城西南陆路关隘要地。《万安县交通志》载："由（县城）南降六十之老塘前过渡即皂口汛，十里至长桥，十里至皂径十五里范新安，十里至上扶铺，十里至分水坳，与赣县桂溪连界。皂口层吉州通虔州（今赣州）陆路要冲。"宋、元、明、清时期，这里均曾设邮铺、驿站和巡检司，供传递公文的人和来往官员住宿和换马。因此，历代知名之士在此留下了许多脍炙人口的诗章、辞赋。

宋孝宗淳熙二年（1175 年），大词人辛弃疾（1140—1207）调任江西省提点刑狱（掌管法律诉讼的官吏）。提刑衙门设在赣州，他在经过皂口去赣州时，临流远眺，触景生情，从江水、青山联想到山河破碎、人民流离失所，百感交集，在皂口壁上书写了那首倾诉内心痛苦而又脍炙人口的《菩萨蛮・书江西造口壁》。

关心时政、主张抗金的南宋诗人杨万里（1127—1206）于宋淳熙七年（1180 年）赴广东，经过皂口，宿于皂口驿并经皂径、分水垇（今属弹前乡）出吉州界到虔州，留下律诗多首，如《宿皂口驿》。

倦投破驿歇征骖，
喜见山光政蔚蓝。
不奈东风无检束，
乱吹花片点春衫。

明、清时皂口均设邮铺。驿站与急递铺合一以后，设铺兵。清同治年间（1862—1874 年），皂口铺配铺司兵四人。

皂口驿站。明洪武五年（1372 年）设驿臣 1 人，专管驿站，驿吏 1 人，馆夫 6 人。配站船 5 只，每船船夫 10 人。顺治年间（1644—1661 年），驿丞裁，皂口即改设腰站,配腰站驿马16匹,马夫5人,递夫3人,均由县站夫拨。当时,驿站与巡检司同署,清初缺裁署废。至清康熙年间(1662—1722年),驿站公馆在大王庙地方(与皂口隔江相望)。乾隆五十一年(1786年),万安知县毕廷斌买地兴修,看守人员由县发给工食。至清同治年间(1862—1874年),全县有走递人夫80名,工食银864两;差马40匹,工食银152两;马夫12名,工食银129.6两;铺司兵77名,工食银554.4两。

皂口巡检司。明清时期,万安县在关隘要地设巡检,距县城稍远的皂口、滩头(今百嘉一带)即设巡检司。清康熙年间(1662—1722年),皂口巡检司地址由皂口移驻大王庙,因皂口居赣江之西,通南驿站,大王庙居赣江之东,兼通于都、兴国,易为盘诺。皂口巡检司与皂口驿署同处,衙署迁大王庙后,初凭民居。乾隆三十三年(1768年),建署于大王庙北。至清道光十八年(1838年),皂口巡检司由大王庙移驻武索,但署仍设大王庙,名称仍叫皂口巡检司。清同治十年(1871年),皂口巡检司俸银31.52两;皂隶2名,工食银12两;弓兵15人,工食银27两。清宣统三年(1911年)的巡检、皂隶及工兵编制、俸银、工食银与同治年间(1862—1874年)完全相同。

皂口塘。清代,皂口设塘汛,有绿营兵驻防巡逻。清同治年间,皂口塘设营房3间,望楼1座,烟炖3座,炮台1座,县旗杆1根,栅栏1围;配守防兵5名,由县营拨。

皂口漏泽园。清代乾隆年间(1736—1795年)兴建,万安县知县李梦著有《皂口漏泽园记》,曰:“万安之为邑河,河之滨多废权遗,是有二:行旅之客死者,权于是河滨之土,无主无力者苟安于是。顾是河为十八滩,滩水涨落无常,土岸剥削,日见暴骨”“离县六十里之皂口尤甚”“县故有义冢”,但“不能及远,此宜别有以为之”,皂口“离河数武,宋、徐二姓有山数使捐此山”“又得几人”“廖晖宜等动之各就其力,需金若干”,巡检“陆君(山阴人)以倡之,将为之筑高岗以尽诸暴于岸者,而后有无可归者,悉得于是焉入土。更为建屋数楹,以待旅榇之欲归而寄焉者,复置田数石,理春野一壶,秋田一盂取之于是而不祀者不致馁……”民国年间，园废。

抗日战争前后，皂口村很大，居民中有宋、徐、廖等姓氏，廖姓居民多。驿站、邮铺、巡检司衙署及皂口塘营房已荡然无存，数株高大而又枝繁叶茂的古樟，苍劲挺拔，屹立于皂口的赣江边。距皂口200多米远的地方，有100多亩专供养马的沙洲草地，建国后已开垦种一季晚稻。因这里曾是养马的草地，居民建村于此，即以马洲为村名。皂口的赖江河岸建有以花岗岩砌成的码头，宽3米左右，拾级而上直达皂口街头。清代设有皂口市，民国年间，街两边有几户徐、廖姓居民居住，一徐姓人曾设豆腐坊于此，从街中间穿越而过的道路，为卵石结构，呈龟背形，两边嵌有平整的花岗岩长条石。街道长约百米，宽4米。这是昔日皂口古道历史的见证。随着时间的推移，民国年间的皂口不再是驿道，也不再是乡一级政权的驻地，邮路因此也做了改变。

民国三十四年(1945年)，县里开辟了邮路。人们从县城出发，经石壁下(与棉津一河之隔)、棉津、长桥(距皂口5公里)，至社坪住宿，次日从社坪经柏岩、弹前至良口住宿，第三天从良口经武索返回县城。民国三十七年(1948年)，万安县政府设政警班，专司传递乡(镇)公文事务，同时开辟四条传递线路。其中一条从县城起，经棉津、社坪、柏岩、弹前、长桥再至棉津返回县城。民国年间，邮路、政府传递公文线路的设置，均未将皂口列入其中。

1990年8月，万安电站水库蓄水发电，皂口村(含街上、桥上、马洲、告场、四角山等自然村)及学校、公路等公共设施和2400多亩耕地全被淹没，这一带成了库区的深水港湾。

(许诗蕊)

五里隘驿道考略

自秦汉以来，中原路经万安到达岭南的古驿道有两条，一为从水路，在万安皂口上岸，经皂径、新安抵赣县、南康达湖面，连通长安—长沙—广西的南路驿道线路；一为从水路，在万安武朔（术）上岸，经黄塘（今宝山乡）过五里隘，抵兴国境，可去福建和广东。由于山河改貌，历史变迁，很多古驿道已很难寻见。但在万安五里隘，不但完好地保存着数公里古驿道，而且还较好地留存有古茶亭、古戏台。五里隘山上还有两座寺庙，古樟荫蔽，周边群山苍峻，山下溪水长流，古驿道逶迤过山。登高望远，万安、兴国两县尽收眼底。

五里隘古戏台

据清代《万安县志》和其他资料记载，五里隘驿道交通始于秦汉，盛于元、明、清。至20世纪初修筑赣粤公路和20世纪中叶修通万安至兴国的公路前，五里隘驿道一直是内地官、商、军、民通往赣南去闽粤的必经道路之一。多少年来，这条驿道几经修筑，至今仍保留古驿道的大致原貌：路面宽约四尺，由石块垒砌而成，中间垒砌大石块，两侧垒砌小石块，有的路段均为大石块或小石块，坚实、耐用；傍山的一侧有流水沟，考虑到坡度和为便于行走、推车，隔一段就设有不高的阶坎，上至山顶隘口而后下山，万安、兴国两县均如此。此段驿道以地名称之。

五里隘驿道处于群山间，远离村庄、驿站，行人翻山越岭十分辛苦，好在这个区域住的多是客家人。客家人乐善好施，喜在路中修建茶亭，古有“五里一亭”之说，让路人得以休息。

五里隘自古就有茶亭。古茶亭最早建于何年已无考，但现在五里隘保存完好的古茶亭，已知是清代道光己亥年（1839 年）重建的。这次重建以前，隘道上原有的茶亭，系“黄溪王尚素公”所建，“于今百余年矣”。明了这段历史，得益于茶亭内保存完好的众多清代碑刻所记。

古代民间的善举颇多，如五里隘建茶亭、办茶社，只要有一定影响力的人倡议和带头，大家就积极响应。各家族公祠、个人纷纷捐地、捐物、捐钱，促成此事，而且刻碑记名，以彰德义。现在保存基本完好的茶亭上的古刻石匾，向着兴国方向的为“渴杯同慰”，向着万安方向的为“甘棠遗荫”，可谓意味深长。

五里隘自古就有佛寺。二十多年前，当地信徒已将观音阁修复，而且香火不断。后来，兴国县宗教事务局又批准在隘口兴国方向新建了一幢佛殿，五里隘又以佛教闻名。隘口风景秀丽，登高望远，心旷神怡。半山腰还有一处状元古墓，石柱刻有楹联两联，分立两侧；墓台已重修，青石、浮雕，富贵庄重，碑刻为“宋始祖诰封监察御史升秘书阁大学士潘从源，字智河”。墓联左为“能以凤毛延世泽”，右为“恰似芽露振家声”。这里流传着一个故事：相传，广东人潘某贩牛看中这块风水宝地，决心以身谋地，荫福后代。于是他带着潘铁、潘铜两个儿子到此。潘某故意滋事，被山主打死。潘儿铁、铜遵父嘱不提其他要求，仅求让其父葬在那里。后来，回到广东的潘铜果然考中状元。皇帝接见时见其相貌丑陋，但学识不凡，顺口说了句：“你这么聪明，恐怕回不了家就会死在路上，我不如送你一个状元。”潘铜立即谢恩：“我考了一个状元，皇上又送我一个，就有两个状元了。”据说，另一个状元就转送给潘铁了。消息传出，这块茅草山立即拜客蜂拥，并取名“状元家山”。潘氏乃广东客家，有后辈在山下黄塘狮岩居住，繁衍子孙，广东潘氏亦常有往来，其后辈中果然屡出人才，此墓自然成了潘氏祖坟。

有趣的是，五里隘茶亭（隘口）虽有一块平地，但不算宽阔，却留下一座清代戏台，正台长约12米，宽约6米，台基座高1米，台高2.2米。正台边各有耳房一间，戏台面对观音阁。当地群众说，过去这里不但香火旺，而且每年还有几次庙会。周边几十里，甚至更远的人都来赶会，还有南来北往的商客路人。那时，五里隘山上山下都是人，人们请来戏班子唱大戏，真可谓人看戏，菩萨也看戏，热闹非凡。

五里隘，一部活的历史，记载着交通、宗教、文化、善事的变迁。如今好山、好水、好景、好故事，吸引着越来越多的四方游客，不断踩石登临。

（耿艳鹏）

其他码头、驿道简介

1. 韶口古码头

韶口古码头位于韶口乡韶口村赣江边，建于清代。码头呈西东走向，均用青麻石条平砌而起。全长 29 米，台阶宽 2.45 米，占地面积 71.05 平方米，共 43 级。其中有 2 个歇脚台。韶口古码头是当时水上交通、货运、客运的主要停靠码头，至今保存完好。1990 年，万安县人民政府将韶口古码头列为县级文物保护单位。

2. 蜜溪坑古驿道

蜜溪坑古驿道位于芙蓉镇芙蓉村赣江边的蜜溪坑，始建于秦代。驿道现存约 10 公里，宽 1.3 至 1.5 米。起点在赣江边的鱼梁城，依山开凿。驿道用石块铺成，经天缘山蜜溪坑到达宝山五里隘，通往赣南的兴国、于都、广东高州等地。至今仍有多段驿道保存完好。《陈书·本纪第一·高祖上》云："大宝元年(550年)正月，高祖发自始兴。次大庾岭，路养出军顿南野""六月，高祖修崎头古城，徙居焉。高州刺史李迁仕据大皋，遣主帅杜平虏率千人入赣石鱼梁。高祖命周文育将兵击走之"。此战役就发生在万安古鱼梁城。

3. 灵溪古驿道

灵溪村古驿道位于潞田镇下石村灵溪村小组，建于宋代，呈西南—东北走向。驿道长 150 米，宽 1.2 米，占地面积 180 平方米，由石灰和鹅卵石砌成。此驿道经过村庄后通往潞田镇下石灵溪石拱桥。

4. 下街古驿道

下街古驿道位于罗塘乡村背村。清代时此驿道上商贾往来频繁，十分繁华。具体建设年代尚未找到确切史料，但据民间流传，应当始于汉朝。此驿道呈东西走向，宽 2.8 米，长 46 米，占地面积 129 平方米。此驿道为鹅卵石结构，铺贴的鹅卵石平整、美观。

下街古驿道

5. 岭下古驿道

岭下古驿道位于枧头镇龙头村岭下村小组，建于清代。该驿道呈南北走向，呈T形，宽1米，长50米，占地面积50平方米。此驿道用鹅卵石铺面，为研究当时道路发展提供了实物标本。

6. 前排古驿道

前排古驿道位于枧头镇兰田村前排村小组。该驿道呈南北走向，宽1米，长约150米，占地面积150平方米。此驿道用鹅卵石铺面，在村中纵横交错，保存完好。

塘背古道

7. 塘背古道

塘背古道位于顺峰乡高坪村塘背村，建于清代。该古道呈东西走向，宽1.5米，长90米，占地面积135平方米。此古道用鹅卵石和条石砌成，顺着村子由西向东，缓缓上坡，采用台阶形式垒砌。古道古朴坚实，为研究客家风俗与建筑提供了实物依据。

（县博物馆供稿）

遗 址

鱼 梁 城

赣江从县境南涧田乡猪婆潭(赣江东岸)入境,由南向北纵贯县境,于境北窑头乡刁子角出境,流入泰和。万安境内流程 90 公里,赣江是万安县的主干流,境内有九个险滩。特别是惶恐滩(黄公滩),怪石林立如铁骑,错峙波面,水性湍险,俗称赣石,现已成为地名。1986 年版的《辞源》有关条目记载:“高凉冼夫人与陈武帝(陈霸先)会于此。”

一、具体位置

县境内江河、溪水密布,先民充分利用这一自然条件造梁捕鱼。“用土石横截水流,留缺口,以笱承之,鱼随水流入笱中,不得复出。”通过这种设施进行捕鱼,这就是鱼梁。还有人造鱼梁,又称围水捕鱼的渔场。先民通过这种设施,在江河里进行捕鱼作业。

清同治版《万安县志》对鱼梁城做了记载:“在县南五里,惶恐滩(即黄公滩)之上。”《江西古志考》记载:“鱼梁城,在万安县南五里,近龙溪,临大江黄公滩。”《江西古志考》引《方舆记》云:“每于其地造梁采鱼,近前溪俯临大江,今土人云城头是也。”这些史料充分说明鱼梁城的具体位置是在城南蜜溪坑口与赣江交汇处,俗称“城头”。

二、修筑时间

南朝梁末筑城鱼梁。《辞源》有关鱼梁的条目称:“城名,在今江西省万安县南十里。南朝梁末李迁仕遣其将入赣石城鱼梁,即此。”清同治版《万安县志》记载:“昔李迁仕遣其将军杜平虏入赣石鱼梁作城。”《南史·卷六十六·列传第五十六》云:“李迁仕之据大皋,遣其将军杜平虏入赣石鱼梁作城。武帝命文育击之,平虏弃城走,文育据其城。”那么李迁仕是什么时候占据大皋的?《辞源》大皋条目称:“大皋,城名,在今江西省吉安县东南。南朝梁大宝元年(550 年)高州刺史李迁仕据大皋,陈霸先命周文育率兵击走之,即此城。”这表明,南北朝时期李迁仕于大宝元年(550 年)占据了大皋。梁大宝元年(550 年),李迁仕即遣将军杜平虏入赣石筑鱼梁城。《南史 · 卷六十六 · 列传第五十六》所记载的周文育击走杜平虏,占据鱼梁城又是哪年发生的事呢?据史料载,陈霸先于梁绍泰年间(555—556 年)击败北齐的进攻,受封陈王。梁太平二年(557 年),陈霸先代梁自立,改元永定,国号陈,为陈武帝,在位三年(557—559)。这就说明,在永定元年(557 年),陈武帝又命周文育击走杜平虏,周文育占据了鱼梁城。

综上所述,梁大宝元年(550 年),李迁仕遣其将杜平虏入赣石作鱼梁城,陈武帝永定元年(557 年)命周文育击走杜平虏,周文育占据了鱼梁城。

(许诗蕊)

黄塘狮岩

黄岩遗迹在县城东南部约50公里的宝山乡江背村东侧的狮子山上。这座独立的条形矮山，长600余米，宽约300米，远望像一头昂首卧地的狮子，形态逼真，当地人称“狮岩”。山背有一口水塘，塘水四季泛黄，称黄塘。狮岩正处于黄塘边，因此又名“黄岩”。1985年，黄岩被列为县级文物保护单位。

黄岩为五云山水胜地，志传为八景之一。尤其是历代名士石刻，工整苍劲，具有一定的历史价值和艺术鉴赏价值。

狮岩由石灰石构成，坐西北向东南，“狮头”高约90米，“狮背”高40米。狮头后的“顶背”上矗立五根柱石，高约12米。柱石似颈项，“鬓毛”竖起，犹如五位老人悠然远眺，故称“五老峰”。峰底座中空有悬洞，当地群众称“石茶亭”。

据传，杨救贫（当地传说中的仙人）赶着麒麟、狮子、白象去赣县白露，路经黄塘时，对面掌牛坪村一位妇女正在扫地。她儿子见了杨救贫，惊奇地叫道：“妈妈，你看，对面几座山正在走。”妇女抬头一看，顺手用扫帚指着问：“是那座山吗？”她正好指中狮山，此山就停留于此处不走了。杨救贫只好前去询问：“大嫂，你们这里的老表看起来生活都蛮苦，想不想寻些钱把日子过好些？”妇女答：“想也是空的。”杨又问：“你们是想整钱用还是想经常有点零花钱用？”妇女答：“常有零花钱用才好。”于是，杨伸手在狮山肚里抓了一把内脏丢在山背，成了甄盖岭。当地老表就在甄盖岭烧石灰换零用钱，贴补家用。而狮子山肚内空了，便形成了奇形怪状的溶洞、岩壁。

黄岩的孔洞里、岩缝间生长着四大天王、天门冬、姜石、麦冬、天冬等中药材，栖息着多种野生动物，如果子貍、猫狸、野兔。黄岩有大小溶洞六个，相互连通，大的可容千余人，小的也可以容纳上百人。离奇的石笋组成“孔子教书”“观音坐殿”“千层梯田”等景观。洞内清泉终年不绝，四季如春，气候宜人，气温常年保持在18℃左右。

黄岩以天造地设的奇姿异态而闻名遐迩。在狮山南半山腰的洞口岩壁上，并排横刻“飞云岩”“云崖仙躅”七个大字，为明朝邑人轸塘贡士张鸣鹤所留。对面崖壁上竖刻“何日起舞”。岩口有流觞曲水，清洌甘甜。岩门高数丈，壁立奇削。进洞后，是高达五十米左右的岩洞，洞顶垂下无数钟乳石，如宝盖、幡幢之状，不停地滴着泉水，用石一击，响如洪钟。岩洞左侧是岩腰的另一洞口，正中巨大的钟乳石上镌刻“天柱峰”三字。每字一米见方，笔力雄健似柳体，下刻“重九日首阳赵时朴宗同邑人何谦逊可来游”。洞右为石鼓洞，岩壁上刻“大鼓”二字。笔力粗壮似颜体。由大岩洞向右行（狮头方向），洞逐渐变小并向高处伸展。来到“孔子设帐处”，石像森列，四贤侍侧，夫子居上。左右分四贤，中有石案，案著石砚。石壁水沁入砚池，瑟瑟有声。向东前行十米，便到了古代道士炼丹的石洞，岩壁上“丹炉”历历在目，右竖刻“万历丁酉孟冬”六小字。洞中炼丹炉，高二尺余，炉旁有仙人迹，貌长面癯，似与四贤对峙着。岩顶具石钟鼓，举石投击，各如其声。其上一岩，则积水深邃，从壁虚中著观音石像，屹如莲座，膝拥童子，左有白鹭，势如飞鸣。再进，洞中左狮右象，尊威如生，"紫霄岩"三字呈现于眼前，每字两米长宽，左角刻有"张鸣鹤题"。洞内壁间石纹，或如鸟羽，或如龟文，或如大谷深林，或如幽人仙侣，形类不一。

在狮头处有上、下两洞，洞口外宽内窄。岩前有僧舍，旧名通天右室，宋宁宗赐名"智胜禅寺"，今荡然无存，现为宝山小学校址。

黄岩以它特有的风姿吸引四方来客，历代文人墨客乃至帝王将相作记吟诗。传说文天祥从赣州去南昌，特意在良口下船，慕名游览黄岩，留下诗句：大洞藏小洞，洞洞互通；大国吞小国，国国互拼。

清同治十二年（1873 年）版《万安县志》引录了文人政客记述黄塘狮岩的诗词。如清代知县胡枢诗：

玉洞千门万壑奇，乳泉和露两相宜。
岩通曲磴凌清汉，地匝方塘卧老螭。
白杵不鸣仙珮举，鼓钟欲动梵音贻。
天番满经秋阴薄，绝胜南山对酒迷。

（谢基樑）

万安八景九滩

一、八景

1. 芙蓉叠巘

此景坐落在县城河西岸边，对着芙蓉门，纵目远眺，重重叠叠的山，形状像芙蓉花。清人胡枢诗曰：

芙蓉萃地一峰高，俯瞰群山涌翠涛。

怪石寒烟奔大壑，清江柔橹下轻舠。

2. 仙坛霁雪

此景坐落在县城东门外的蕉源山，山形尖峭，树木茂盛，上有仙坛。每当雪后初晴，晨曦初露，苍山负雪，明烛西天，颇为壮观。胡枢有诗为证：

晓开雪色霁凝芳，碾就仙坛白玉光。

川练萦回澄镜彻，林翳寂寞素峰藏。

冲宵元鹤留无迹，扫径残梅伴有香。

莫谓高寒清沁骨，春风得意水流长。

3. 凤冈朝阳

凤冈，原名云冈，因“山势若飞凤”，故名。凤冈在县城东北，系夫子庙故址，宋庆元年间（1195—1200 年）迁儒学于冈前（早毁），迎迓朝暾，文峰远映，真是“云门日出海潮红，曙色初开耀碧瞳”。学宫（即儒学）前有泮池。清诗人黄图昌有诗曰：

状如惊起餐朝露，势欲飞来护泮宫。

愿借弦歌清吏治，长迎旭日播薰风。

4. 粤台远眺

史载，赵佗，今河北省正定县人，秦二世时为南海郡龙川令。南海尉任嚣死，赵佗行南海尉事。不久，秦灭，赵佗自立为南越王。汉高祖刘邦称帝，于十一年（前 196 年）遣陆贾出使南越，立佗为南越王，赵佗受封为南越王。到吕后的时候，赵佗又自尊为南越武帝。文帝立（前 179 年），复使陆贾责佗。陆贾两度出使南越，招谕尉佗。赵佗上书自称“蛮夷大长老臣佗”，去帝号称臣。景帝时（前 156—前 141 年），赵佗附于汉。一次，赵佗朝汉，沿赣江而下，经过近渡头村的地方，在临赣江边的丘陵冈地上筑台观望，以瞻汉室尊严。

粤（越）王台建于明代成化年间（1465—1487 年），修筑在今百嘉乡庄头村与崇文塔之间的丘陵冈地上。庄头村、粤王台、崇文塔三点在一条线上。高 29.7 米的崇文塔与粤（越）王台相距 400 米左右。

清康熙年间（1662—1722 年），县令黄图昌赋诗纪其事，云：

凭高览古意悠哉，汉代声名动八垓。
昔日尉陀曾献贽，今时江畔尚留台。
漫怜风雨催春去，长有烟霞送客来。
幸遇升平多乐事，登临作赋拟鸿才。

5. 黄岩遗迹

黄岩遗迹即黄塘狮子岩，在今宝山乡境内，因山后有塘，塘水色黄，故名“黄塘”，岩里有洞，碧空玲珑，上通天光，名为通天石室。下有玉乳泉，其流可溉田千亩。又有飞云岩、石鼓洞、紫霄岩、观音岩，形状不一，别有洞天，为旅游胜地。黄图昌有诗为证：

别是武陵一洞天，常时谁费买山钱。
纵劳疏凿工难就，何以嵌空妙自然。
有石生来皆绘像，无人到此可言诠。
多般点缀真堪爱，钟鼓常悬亿万年。

6. 金滩晴波

金滩，又名滩头，在县城北面 60 里的江中，窑头附近。中列三洲，滩多石碛，“水向江心分八字，沙从洲尾篆回文”。秋冬江水碧波涟漪，素湍绿潭，回清倒影，景色艳丽。真是“龙文叠叠漾洄波，仿佛晴川景色多，金射蓼滩红日濯，银浮砂碛白云摩”。

7. 云洲回澜

因洲上五色云起，古名云洲，在遂川江和赣江汇合处，环匝十里，石碛堆垛，回狂澜而东逝，故有诗云：

十里彩云满地春，洲横石路水逡巡。
天风不卷沧波阔，地脉能回浩气轮。
点作龙文鸥泳细，翻开虹彩鉴光新。
有时缘涨江头湿，添得飞花几笔真。

8. 龙溪夜月

龙溪，在县东出龙头山，至南门桥，合惶恐滩，水涵月影，滉漾清沁。龙头山口有黄龙潭，溪山俱石，夜有光耀照见潭石。中有三潭，皆石涡。每当月夜，清影沉璧，蔚为奇观，故有“清映龙溪月，幽深凤岭云”之颂。

二、九滩

万安境内，赣江破县而过。赣江自赣州市流入县境，蜿蜒曲折，自南而北，经良口、武术、棉津、县城、百嘉、窑头到刁子角流入泰和县境，全长九十多公里，水急多滩，素有“九曲十八滩”之称。在万安境内只有九滩（另八滩在赣县境内）。

1. 惶恐滩

在县城南门外一里处，滩中有屏风石，嶙峋峭拔。宋代民族英雄文天祥《过零丁洋》一诗中“惶恐滩头说惶恐，零丁洋里叹零丁”的“惶恐滩”即指此，原名黄公滩。宋代大文学家苏轼于宋绍圣年间（1094—1098 年），贬赴广东惠州，路过万安，寓五云阁，题有《八月七日初入赣过惶恐滩》一诗，诗中有“地名惶恐泣孤臣”一句，把“黄公”误叫“惶恐”，从此，黄公滩叫作“惶恐滩”。它是十八滩中的头一滩，激流汹涌，暗礁险恶，历来舟船视其为畏途。

2. 漂神滩

在县城十五里处，因地处漂神，故名。滩中有鸟儿石，像兽角突兀水面，滩下数里处有神潭。潭水清深，观鱼辄见。潭之两岸，多种茶株，味甚香美，故俗

谚云“蜜溪水，神潭茶”。

3. 棉津滩

在县城二十里处，因地处棉津，故名。滩中多沙碛，冬涸时，舟行易搁浅。

4. 大蓼滩

在县城四十里处，因地处大蓼，故名。滩中有鹅鼻石，石峭鳞列，易触舟。滩下有郭公潭，清深缥碧，延至化思。

5. 小蓼滩

在县城五十里处，因地处小蓼，故名。滩中有曲尺石，峭石弯曲，行舟须迂回。匡坊（在武术以下）有猪兜石，俱能坏舟。

6. 武术滩

在县城六十里处，因地处武术（索），故名。滩中有五排横伸至江心的礁石，形如五条绳索，故武术原名五索。江水激越，形势险峻。

7. 晓滩

在县城七十里，坐落在检田岗附近江中。

8. 昆仑滩

距县城八十里，因地处昆仑，故名。附近有黄金洲，滩多沙石。

9. 良口滩

在县城一百里处，因地处良口，故名。滩中有等船洲，多巨石，水湍急。

（许诗蕊　刘盛瑞）

器 物

万安水库淹没区发掘的珍贵文物

根据《中华人民共和国文物保护法》的规定，县文物办于1987年对水库淹没区的古墓及其他文物古迹进行调查，发现古墓60余座，古建筑5处，并逐级上报省文物局。经过国家文化部批准，由省移民办公室拨出专款，江西省文物工作队于1987年12月底至1988年2月初，对万安县涧田乡良富淹没区明、清古墓进行了抢救性发掘。

经发掘出土的文物有：

1. 青花龙纹盘四件。

第一件，散口，圆唇，弧腹，矮圈足。胎白泛黄，釉汁匀净，底足露胎处显现棕眼并黏结有沙粒。内壁近口沿处和底腹交接处各饰双线弦纹。底部勾绘一行龙纹。腹壁环饰三行龙。绘画采用“分水”技法，先以浅淡色青料勾出龙体轮廓，再用可蓄水的画笔在轮廓内绿染，浓淡并施。外底足内刻有“承口孙大银，康熙甲申年（1704年）六月十八日未时生，显妣郭母庄老孺人之灵体，乾隆丙午年（1786年）十二月廿九丑时，孝男远赴泣血立”。高3.6厘米，口径19.7厘米，底径22.3厘米。

第二件，斜折唇，浅弧腹，内底宽平，矮圈足。盘内底用单线勾勒头尾反向对称的双龙。在两龙之间衬饰一朵莲瓣花。龙体四周绘以缠枝萝草，然后再用青料大面积平涂晕染，形似在波涛中游弋的海水龙。外壁绘四朵对称的缠枝卷草，内外满釉，底足边露胎。高3.2厘米，口径12.2厘米。底足饰青料双圈押款，并镌刻“乾隆丙寅年（1746年）十二月初十丑时生，显考郭养锋□□，乾隆庚戌（1790年）正月□时殁，孝男锡江淮立”。

第三件，敞口，浅弧腹，矮圈足。胎质细柔。釉白泛青。内底勾绘一龙，怒目张牙做飞腾状，衬托以云雾。图案之外环两圈弦纹。口沿内外均饰双线弦纹，外壁等距离绘三株灵芝。底足为双圈花押款。青料色泽鲜艳，画风古雅清新。高4厘米，口径16厘米，底径10厘米。外底镌刻“乾隆×文七月合墓”等字样。墓主人葬于公元1784年。

第四件，直口微侈，浅弧腹，矮圈足。胎质细腻，釉汁明净。器身内外绘四爪云龙一条，头伸盘内，尾延外壁，怒目舞爪做腾飞状。绘画采用勾勒轮廓、晕染填色技法，层次清晰，浓淡并施。底足内镌刻“乾×文七月重修，中席显祖丽照公妣萧氏父及诹，孝孙大享等立”。墓主人系二次葬于公元1784年。

2. 秋葵六出纹盘一件。

葵口，唇外侈，浅腹。内底宽平，矮圈足。内底用官料勾绘六出秋葵花纹样。葵瓣内饰三组对称灵芝、茶花。瓣蕊用单线画成螺旋纹，外环饰莲瓣图案。近口沿饰四组灵芝和茶花图案。古朴典雅，富有民族气息。内底镌刻“镇川”二字，外底镌刻有“大清乾隆戊午年(1738年)正月十日生，显祖妣母冯老孺人坟，乾隆乙卯年(1795年)三月初，孝孙锡汉等立。”

3. 五福捧寿盘共两件。

两件饰纹相同。敞口，浅腹。内底宽平微下凹，矮圈足。内底腹壁间饰双线弦纹。圈内绘五福捧寿图案，腹壁衬饰变体口纹一周。外壁饰双线弦纹并三只蝙蝠。盘内外施白釉，开冰裂细片。底足为双圆花押款，内镌刻有铭文，记载墓主生殁年月、何人立碑等信息。

4. 满文图案盘三件。

第一件，圆唇，鼓腹，内底宽平，矮圈足。胎质细白。釉汁白中微泛黄。青料呈色鲜艳。内底中心以单线勾勒满文图案，内壁环饰三行满文字，每圈有六十余字。近口沿内外及底足各施一道双线弦纹。器外壁以写意笔触勾绘瑞草三株，做等距离分布。底足为双圈无花押款。底足镌刻“雍正乙卯(1735年)九月十三戌时生，显妣郭母曾孺人灵体，乾隆乙巳(1785年)初四未时殁，孝男大镛泣血立”。内底心镌刻一“圊”字。外壁用青料饰对称异体“寿”字。高4.7

厘米,口径 19.5 厘米,底径 12.5 厘米。

第二件,形制与纹饰同上,底足内镌刻"大清道光戊子(1828 年)首夏月吉旦,生于乾隆丁亥(1767 年)十二月初十寅时,显考郭公位南甫君之金,殁于嘉庆丙辰(1796 年)八月初七戌时,考男锡琇立"。高 4.5 厘米,口径 20 厘米,底径 12 厘米。

第三件,方唇,弧壁,矮圈足。图案装饰同上。唯近口沿处轻抹两笔,形成"×"纹。底足内镌刻有"大清道光戊子年(1828 年)五月吉旦,乾隆丁亥年(1767 年)正月十三日未时生,显妣郭母许老孺人之金位,嘉庆庚辰年(1820 年)四月初一日卯时殁,孝男××立"。高 4 厘米,口径 19.5 厘米,底径 12.5 厘米。

5. 岁寒三友纹盘一件。

口微敛,弧腹,矮圈足。胎洁白细腻。釉汁莹润。内底、口沿和外底腹交接处各饰一道双线弦纹,底中心勾绘松竹梅花卉图案。图案纤细工整。器外壁绘两根对称的细竹,竹叶用单线勾画轮廓。底足款镌刻"雍正甲寅(1734 年)二月二十三寅时生,考郭公远起字口府君灵体,乾隆甲辰(1784 年)正月二十三寅时殁,孝男大錩泣血立"。高 3.4 厘米,口径 20.5 厘米,底径 13 厘米。

6. 花卉纹盘四件。

第一件,平折沿,浅腹,内底宽平,矮四足。釉汁莹亮,白中泛青。盘沿饰两道双线弦纹夹衬水波纹。内底绘双线弦纹一道。圈内主题为石榴花,工整对称。圈外衬绘三朵对称的枝干横向展开的石榴花。底足双圈花押款。镌刻有"大清道光戊子(1828 年)首夏月吉旦,生于乾隆丁丑(1757 年)二月二十五酉时,郭母黄老孺人之墓,卒于道光丁亥(1827 年)十一月二十二寅时,孝男锡琚孙口立"。高 3 厘米,口径 19 厘米,底径 11 厘米。

第二件,方唇。浅弧腹,矮圈足。胎白体薄。釉汁白中泛青。内壁近口沿饰两道双线弦纹。其间绘对称四开窗,窗内以青料涂一圆点,夹衬斜方格纹,形成一条花边。底腹连接处有双线弦纹一道,内底主题为菊花间牡丹图案。外壁饰弦纹、菊花。底足为双圈花押款。底足内镌刻有"本圹上楮土斋公妣庐氏,中格瑞妻庐氏,下附葬作鹏血厝”。高4厘米,口径20厘米,底径13厘米。

第三件,圆唇,弧腹,矮圈足。胎质坚致。釉汁洁白。器内满绘卷叶花卉。底心有对称带枝牡丹两朵。腹壁绘牡丹五朵。图案均双线勾勒,平涂填色,图案化色彩浓厚。口沿内外均饰双线弦纹。外壁环绘三株等距牡丹。底足为双圈花押款。高4厘米,口径6厘米,底径9.5厘米。底足镌刻有“乾×文七月合葬,右席叔父饮祖洪烈,周五京和孝侄大亨立”。

第四件,宽折沿,浅腹,矮圈足。胎质坚致。釉色白中泛黄。折沿部分和底部绘双、单线弦纹三道。宽沿部分勾勒花草轮廓,其余部分用灰青料平涂渲染。内底绘一个花篮,内盛枝叶花朵,外壁勾有几笔缠枝花草。底足有双圈纹,内书“国”字款。内底镌刻“生于雍正庚戌年(1730年)十二月二十三日亥时,殁于嘉庆壬申年(1812年)九月二十八戌时,葬于嘉庆丁丑年(1817年)十二月十六日酉时,涧田黄溪丁母匡老孺人坟墓亥山已向”。

除上述文物外,发掘出土的文物还有陶瓷、铜器共三十余件,具有浓厚的地方特色,为我们研究明、清时期赣中南的政治、经济、文化、风土人情提供了实物资料。这些文物现保存在江西省博物馆。

(谢基梁)

国宝青铜俑、方形狮状温酒器

1978 年春，县城东门外石桥村出土了一批青铜器，有祭祀器、生活用器、炊具、酒器等。其数量之多、造型之美、铸工之精，在省内也是罕见的。其珍品当数一对青铜俑和方形狮状温酒器。青铜俑，单身立像，通高 26.8 厘米，脸方圆饱满，微微含笑。面额前垂，束腰带。双足立于覆莲花座上。一人手托一只酒爵，一人手托一顶梦帽，形象逼真，栩栩如生。方形狮状温酒器为长方形，两端各有一提梁。底部四角各有狮形足。正面下方狮口为通风口。狮口周围有眼、鼻、耳、狮须。狮头顶中央有一炉口，口呈长方形，作放燃料加热用。两侧各有放酒具的圆形口子。整个方形狮状温酒器长 32.8 厘米，宽 14.2 厘米，高 19.5 厘米，重量为 2000 克。它制作精巧，节省燃料，易于加热，形象高贵典雅，是温酒器具中之珍品。青铜俑和方形狮状温酒器为明仿宋青铜器，属国家一级文物。

（蔡建萍）

第二辑　古　树

万安县是“竹树连山、山明水秀、物产丰殷之地”。县志里描写蕉源“山形尖削，树木深茂”，芦源“山高木茂，诸峰积翠如屏”，“龙溪之山秀而时，龙溪之水清无底”。棉津历史上盛产毛竹，故县志中又有“千丛野竹连湘浦”之赞叹。

丰富的森林资源成就了万安县现存的古树名木。据县林业局 2018 年 12 月统计，全县古树名木共有 3461 株。主要树种有香樟、枫香、木荷、杉木、银杏、桂花、楠木、榕树等。古树按照树龄分三级：100 年龄至 300 年龄为三级，300 年龄至 500 年龄为二级，500 年龄以上为一级。万安的 3461 株古树名木中，国家一级保护 131 株，二级保护 432 株，三级保护 2898 株。

万安的古树名木的分布因树种不同而呈现出不同的特点。这既是自然选择的结果，也说明人工栽培的成功。

万安的古树名木以香樟居多，它遍布房前屋后、溪流河边、山窝田角。全县共有古樟 1887 株，占古树总数的 54.5%。窑头圩镇赣江边的古樟，胸径达 392 厘米，树龄达 2000 年以上，号称全县的“古树之王”。宝山乡黄塘村水口阁古樟，胸径 262 厘米，树龄千年以上，至今仍枝繁叶茂，生机勃勃。枫香是我县主要的阔叶用材树种和彩叶观赏树种，古树广泛分布于全县各地，数量仅次于古樟树。沙坪镇里加古枫香最具观赏价值。作为重要的用材树种，杉木分布广、面积大，是一种速生用材。涧田乡小溪村的古杉，胸径 11 厘米，树龄 1000 多年，是我县杉树之王，这也许是我县唯一的一株古杉。

有些古树，以群落的独特形式集中分布，为人们开展乡村旅游观景提供了一个很好的去处。如五丰镇西元高岭自然村的古银杏群、潞田镇大坑的古木

荷林。

万安县城观澜门赣江边的古榕树、高陂镇泗源村的古柏树、五丰镇路口村五斗坑的四株牡荆古树、弹前乡新桥村里龙古罗汉松、武术乡社田村良境古楠木、宝山乡星田背的古桂花等古树,数量稀少,历史悠久,树形奇特,甚至充满传奇色彩,从而显得尤为珍贵。

历史上,人祸天灾频发,一次次的森林大劫难爆发,那些古树名木自然无法独善其身,很多古树名木在森林的毁灭中永远消失了。

尽管如此,一大批万安古树名木历尽沧桑,保存了下来。因为,万安人民真正懂得"金山银山不如绿水青山",真正懂得保护我们的古树名木,就是保护我们的历史文化。

涧田良井古楠木

棉津西元古银杏群

群山环抱的棉津西元村高岭，山峦叠翠，溪水长清，置身于这山清水秀的大自然中，顿觉心旷神怡。更令人称奇的是，一棵棵银杏古树，有的站立村旁，成为人们休憩的好去处；有的挺立山坡，阅尽人间春色；有的独树成林；有的相依相靠。这些古银杏，散落在房前屋后，形成了蔚为壮观的银杏古树群景观，可谓“万安一绝，高岭古杏”。

银杏村一角

银杏群共有银杏 100 多株，其中，古树 35 株。高岭自然村郭宗梁屋前有一株胸围最大、年数最久的古银杏王：胸径 229 厘米，高约 30 米，冠幅 160 平方米左右，枝叶繁茂，绿荫如盖。银杏王一年能产 200 多千克干果。2018 年，银杏王结果特别多，产量达到 300 千克，密密麻麻的果实把一根 10 厘米粗的枝条都压断了。这些古银杏平均每年有 25 棵单株开花结果，年产白果 4 吨左右，成交额

16 万元，是高岭村的一个重要的经济来源。每年中秋节前后，广东人来到西元村坐等收购高岭银杏白果。白果又大又均匀，170～180 个大果就有 500 克，完全符合优良品种的果实要求。

游人参观

高岭银杏古树群，只有雌株，没有雄株。据说，以前曾经有过雄株，但被砍伐了。在双坑有两株雄株，最大的一棵直径约为 100 厘米，离这群银杏古树直线距离 4 千米左右。在遂川县碧洲镇枫林村马迹自然村有一株雄树，离高岭这群银杏古树直线距离也有 2 千米。这群古银杏雌株的天然授粉可能来源于这两个方向的雄株。在这群银杏古树中，结果多的不是最大的一棵树，而是位于高岭坡谷豁口处一棵胸围 241 厘米的雌株。白果挂满了枝头，一串一串的果实把枝条都压弯了，下面不得不用木棍来支撑，满树白果，煞是喜人。这棵树为什么结这么多果呢？细心观察后发现，原来，此树位置恰好处在高岭山谷空气对流线上，授粉多，结果自然也多。而位于山坡两面或溪谷深处的树，授粉就少，结果也就少。基于此，有人向村民建议尽早栽种雄株，或在雌株上嫁接雄枝、进行人工授粉等措施。如果这样的分析推断是正确的话,采取上述措施后,高岭这群银杏古树就会结更多的果,经济效益会更好。

当地居民介绍道,这群银杏古树是人工栽培的。万安县的《重点野生植物资源调查报告》也这样记载。据传,高岭村村民全部为郭姓,是唐朝大将郭子仪后裔的一个分支,五百多年前由定南县洪州村迁移于此垦荒定居,并带了银杏树来此栽种,通过几百年的自然繁殖,在村里繁衍出一个古银杏群落。这一说法好像经不起推敲。高岭村郭姓移民至今,虽有五百多年的历史,而在这一群银杏古树中,最大的一棵银杏树龄,据推测,应在一千年左右,不可能是郭姓先民所栽,高岭又非佛教圣地(在千年前是不是佛教圣地,有待考证),所以这群银杏古树是自然萌发所生,似乎更合情理。

古银杏群落之所以能够完整地、原汁原味地保护下来,是因为高岭自然村村民、县林业部门以及五丰镇西元村委会具有强烈的自然环境保护意识,出台了得力的举措。

游人留影

当地村民对古银杏树有特殊的感情,在困难年代,村民就靠这些银杏树上结的银杏果换回日常用度,把古银杏树当作“神树”敬仰,爱护有加,不伤一枝一叶,并给一些长势较差的古银杏施农家肥,所以高岭村的古银杏到目前为止无一株死亡。

2002 年与 2012 年,全县两次古树名木普查时对该古银杏群落的全部银杏进行了实地调查,相关信息登记入册,建立档案,悬挂保护牌;第二次普查时还拍摄了照片,并录入了全省古树名木电子信息系统。

在林业“三定”时期,林业部门和乡村又将这些古银杏管护责任落实到各家各户,村民对古银杏的保护意识更加强烈了。

(罗宏金 郭志锋)

赣江之滨的古榕树

榕树以树形奇特,枝叶繁茂,树冠巨大著称。枝条上生长的为“气生根”,向下伸入土壤形成新的树干称之为“支柱根”。榕树可高达30米以上,可向四面无限伸展。其支柱根和枝干交织在一起,形似稠密的丛林,因此被称为“独木成林”。榕树四季常青,姿态十分优美。

县城沿江路古城墙观澜门的赣江边就有这样一株古榕树。古榕枝繁叶茂、绿意盎然。其根系发达,延伸至古城墙。它冠幅达27米,像把巨大的遮阳伞,荫蔽大地近800平方米。古榕树树干粗壮,树高约14米,胸径2.26米。

据县有关部门考证,这株古榕树是住在西门口的姓罗的护船滩师栽种的,距今已两百多年。

榕树是热带植物,而万安是榕树地理分布的北缘,植物界有“榕不过吉”之说。所以,在万安成功栽种榕树并不容易。当初,罗滩师在现榕树所在位置,再往赣江边五米处,成排栽下五株榕树。一场大水冲毁了河岸,树也被连根冲走。第二年,罗滩师又寻得三株幼苗,用铜钱串过树根栽下,最后只成活一株。

站在树下,我们分明感觉到一种来自母亲的温暖。是的,生活在小城里的每个人,都是这棵古树的儿女。在我们的眼中,树的叶子依然浓绿如黛,但它沧桑的身姿告诉我们,岁月已经让它略显疲惫。如今的古树,虽然不惧怕狂风暴雨的侵袭,但它向往的是以母亲的姿态,静静地抱着自己的孩子晒太阳,安心栖息。古树的儿女是懂得母亲的心思的,即使在声势浩大的现代城市规划过程中,人们也一直把保护这棵母亲树的计划列为重中之重。修建沿江路时,人们让它在沿江路上居中而立,并且还小心翼翼地为古榕树垒起了防护栏,生怕让它受了惊吓,伤着了身子。

古榕树

从历史中蹒跚而来的古榕树已经安定下来。每天,她迎着晨曦第一个醒来,深情地注视着身下这座小城,感受着小城日新月异的变化。她尽情地舒展繁密的枝叶,为美丽的小城增光添彩。现在,古榕树已经成为县城亮丽的一景。

(罗宏金 梁亮评)

洄田杉树王

在洄田乡小溪村委会驻地的大路旁，有一棵号称“杉王”的古杉。

说它是“杉王”，一是因为它“古”，据林业专业人员推测，“杉王”的树龄有1000多年；二是因为它高大，生长茂盛，十分罕见，令人称奇。

洄田杉树王

“杉王”树高约27米，胸径1.25米，树冠投影面积达172平方米。站在树下仰视，只见从主干上生发出来的枝条密密麻麻，许多参观的人都试图数清主干上的分枝，竟无一成功。“杉王”虽已进入古稀之年，却枝叶繁茂，青春焕发。即使在晴朗的午时，强烈的日光直射树冠，也没有一丝的阳光能够透射下来。

据了解，小溪村范屋村小组为钟氏家族，自古对“杉王”顶礼膜拜，十分敬畏，都说它是一棵神灵之树，能够护佑范屋村民世代平安，人丁兴旺。为了表示

对“杉王”的虔诚敬仰，范屋村民先人就在“杉王”旁边立一座神庙，请来“社公”坐镇，意在请“社公”时刻守护“杉王”不受任何侵犯。现在，仍有村民为庙中的“社公”和“杉王”祭拜香火。

小溪村的老人向我们讲述了村民护“杉王”的两个小插曲。“杉王”生长之地土层较浅，也不肥沃。为了给“杉王”增加营养，范屋村民自发地贡献自己生产的大豆，埋豆数百公斤积肥，表明范屋村民十分爱护“杉王”。为了证明这一点，老人特别引我们来到“杉王”树下，指着“杉王”主干最下面的三根树枝的残留，给我们讲了另外一个真实的故事。那是20世纪60年代，外村一后生，为了炉灶中的柴火，居然砍下“杉王”最下面的三根分枝。后生的无知之举触犯了众怒。在受到众人重重的谴责后，后生认识到自己的鲁莽，就以罚“做功夫”（劳动）来赎罪。他虔诚地围着“杉王”自觉地劳动了三天，或锄杂草，或挑来一担担肥料和河水，或清除树上的虫和虫卵等。

“杉王”历经千年风雨，只有三根分枝遭到人为损伤，可以说保存得非常完好。除上述原因，是否还有其他更深层次的原因呢？

“杉王”所在地为涧田乡小溪村与上陈村的交界处，当地人称“杉树坳”。一条宽阔的村道穿过杉树坳口，西南一侧为小溪村，东北一侧为上陈村。从小溪村再往西南可直达商贾云集的良口码头，在那儿坐船沿赣江可达四方。而从上陈村往东北则可通兴国、泰和和县城等地。“杉王”正好生长在坳口，即村道东南一侧的山坎上。“杉王”的旁边还生长着一棵枝叶茂密的柞树。在村道西北一侧，正好有一座凉亭与“杉王”相对。“杉王”投下的浓荫不仅铺满了几十米道路，还与凉亭互补。显然，在古代，这是一条商旅往来的驿道。许多货物和人流，通过此道到达赣江，再从良口码头通往各地。

因此，“杉树坳”是商贾旅人以及村民纳凉休憩的理想之地。这是“杉王”得以保护完好的又一重要原因。

2008年，县林业部门把“杉王”列为一级保护树种，并在树下立碑。

（罗宏金　郭志锋）

黄塘古樟

万峰公路经过宝山黄塘村时，公路左侧有一棵巨大的伞状古樟。古樟胸径近三米，枝叶十分茂盛，分布极其均匀。枝叶向四周发散，开阔舒展，覆盖面积约有三亩地。阳光须艰难地寻找枝叶间的空隙，才能投射些许到地面。所以，树下十分阴凉，是玩耍、休憩、纳凉的理想之地。

万安不乏千年以上的古樟，如窑头镇赣江旁的“古树之王”——古樟树，树龄号称2000年以上，胸径也达到惊人的4米，但现已逐渐老化枯萎，在高约3米处的两个大分枝已完全干枯。罗塘乡嵩阳村、五丰镇西塘村等地也有好几棵古樟，树龄都在千年以上，但都老态龙钟，缺少应有的活力。与这些古樟相比，黄塘古樟，历经千年，还如此生机勃勃，确实是奇迹。

出于好奇，我们特地拜访了黄塘村郭家77岁高龄的郭弟秀。他非常热情地向我们讲述了关于这棵古樟许多不为人知的故事。

宝山黄塘古樟

黄塘村旁有一条从兴国方向流过来的小河,姑且称它“涧田河”,因为这条河几乎流经涧田全境。涧田河虽大致流向为由北向南,然中途九曲十八弯,在经过黄塘村的前一段,折向西北,直冲黄塘村。但在流经黄塘村时,涧田河又突然来了一个大拐弯,由西北流向变成了正南方向,直奔南面的涧田乡而去。而那棵古樟就生长在河边的拐弯处。每年汛期,涧田河湍急的水流把一路上积蓄的巨大能量,在黄塘的拐弯处疯狂地发泄出来,冲击着河岸的古樟与沙石。古樟在洪水中岿然不动,它用硕大的身躯和强大的根系保护着河岸,以及百姓的生命和财产安全。

黄塘村现居住着王、郭、唐、魏、杨、钟、郑、曾、许、刘、陈等十二大姓氏村民,共计2000余人。其实,原来还有胡氏村民。至解放初期,胡姓只有一户人家,且为一个孤老头。胡老头去世后,黄塘胡氏就再无后人了。历史上,黄塘胡姓可谓人丁兴旺,人才辈出。而涧田河边的那棵古樟,就是守护一方平安的神灵。郭弟秀老人告诉我们,这棵古樟并非自然诞生,而是他们的先人特意种植的,原有三棵。后为抵御洪水,三棵樟树团结一心,长在了一块儿,就成了现在的这棵大树。

有趣的是,就在公路的右侧,与古樟相对的地方建有寺庙,名水口阁,又叫文昌阁。水口阁何年修建,已无记载。现在看到的水口阁是2007年在原址上按原比例重建的。水口阁为四合院布局,南面为神台,供奉康王,一年四季,香火不断。北面为戏台,专为庙会唱戏而搭建。每年正月或七月,或祭祀,或庆祝,当地民众捐献丰收的粮食举办庙会。晴好的白天,全村人就在古樟下大摆宴席,开怀畅饮,晚上就请来兴国县的“三角班”戏班在水口阁戏台上表演采茶戏,为庙会助兴,以七日为限,连续数日,尽兴而散。

黄塘古樟居然爱憎分明,对善良的村民竭力护佑,而对作恶者却绝不姑息。在古樟树下,有一柱状石墩,为樟树特赐村民惩办恶人之器。解放前,凡作奸犯科的村民,都在古樟下的石墩上行砍手、锤手之刑。所以,千百年来,黄塘村民风淳朴,村民热情善良,和睦共处,偷盗、伤人之事鲜有发生。

当地还流传着这样一个情节。有一年,不知何故,古樟上的所有树叶枯黄脱落。村民焦急万分,紧急商讨救治办法,后来请来一位得道法僧,在古樟下作虔诚祷告文书。古樟终于重发新叶,死而复生。

多少年来,黄塘村民的繁衍生息就这样与古樟息息相关:古樟保一方平安,村民敬一方神灵。在科学不发达的年代,当地的百姓视古樟为神灵,对它敬畏爱护有加。黄塘村民敬畏自然、保护自然的举措,福荫古樟与人民,更是人与自然和谐相处的典范之作。

(罗宏金)

第三辑 名 人

万安人杰地灵，彪炳千古的人物不计其数。

据江西高校出版社《万安人物》：有确切史料记载的尚书，全县就有 12 位，罗淼、陈霖、陈廷光、萧令贵、许贵、刘广衡、刘玉、刘孜、朱衡、张鸣冈、郭宗皋、刘士祯，他们大都官居一、二品，参理国政，整治朝纲；另有张宗周、萧廪、刘乔、刘壵、王从顺、周贤宣、朱维京、萧乾元、萧自开、张衡、罗良、周铎、王时柯、赖之承、张敏德、张雨、黄绍杰等都是誉满当时的栋梁之材。

其实，除了一"考"（科考）成名与一"仕"成名，还有一"事"成名者。他们或孝心感天，或善心动地，或慧心耀世，等等。

许贵以忠报国

弹前乡上洛村湾内有一座建筑别致的古坟，碑刻曰“虎踞高阳地，龙蟠上洛峰”。这就是著名的宋朝礼部尚书许贵之墓。

许贵，字公和，生于宋神宗熙宁己酉年（1069 年），卒于宋孝宗乙酉年（1165 年），享寿九十有六。

许贵出身于官宦之家，高祖许吉成曾任湖广宪司副使，先祖许详曾任奉政大夫，父亲许俊明曾任光禄大夫，母亲彭氏被赠以一品夫人。受家庭熏陶，许贵从小酷爱书画，才气过人，天资聪慧，气度豁达；长大后更是法业宏博，文武扬烈，“为人敦行谊谨于规，为文深究古今典籍”，有硕儒之称。

史料称其“年少登第，久容京师”。在哲宗绍圣丙子年科举于乡，中了举人，丁丑年（1097 年）中了进士，“当朝名公巨卿咸推重荐，授秘书省校书郎”“天子召见，迁兵部侍郎”，磊落自恣，不遗余力，供职不倦。

钦宗靖康丙午年（1126 年），金人入侵，蹂躏边陲。很快，长安幽燕同时被陷，宫廷蒙尘，洒血为池，积骸为城。许贵急国家之难，率兵一千余人，出入于枪林弹雨，“摄弓而弛，荷戈而走”，转战山陕，进攻淮南，出奇制胜，收复名城。天子嘉其勤王有功，赐以恩礼，超迁礼部尚书、资政殿大学士，赐紫金鱼袋，诰授光禄大夫，并封赠三代。

许贵育有八子一女。后裔分徙各地，人文繁衍，代有仕进，且在国难深重之际，智者决谋，勇者奋力。

许贵任朝廷要职三十余年，恪恭尽职，忠心为国，勋业显赫。高宗绍兴十一年（1141 年），秦桧奸妄，致李纲、岳飞等忠臣被杀。许贵忧患难解，弃官返归故里。从此，课子孙，修族谱，竭力公益于济贫寒、兴义渡、举贤人，且施田二百五十石给黄坑寺院，促其耕耘，自食其力。

许贵病逝后，高宗敕命御葬、御祭，可谓隆矣。

许贵之仕绩，在《吉安府志》《万安县志》中均有记载，在赣州还存有《许贵传》。

（许沂春）

刘庆元英勇抗元

打开清同治年间万安县城图即可看见，县城南门有一座庆元庙、一座庆元桥、一个忠义湖、一扇表忠门。

这是怎么回事？这跟一个非同寻常的人有关。

这个人就是刘庆元。

刘庆元出生于惶恐滩头的南门坛上，从小崇尚忠烈，苦练武艺，有报国之志。当年，元军侵犯中原，跨江过湖，威逼京都临安。宋太后在京都发布《哀痛诏》，文天祥在赣州发布讨元檄文。刘庆元听闻甚是振奋，认为抗元时机已到，便联合各方志士和乡勇义民，组成义军，加紧训练。集会时，他诉说心声："正如父母病危，做子女的不能不医。现在国难当头，我们应高举义旗，加入文天祥的勤王抗元军。"

抗元英雄刘庆元

文天祥率领五万义军，沿赣江而下，经过万安，奔赴临安。刘庆元跟随文天祥勤王的一支义军在吉州集训，然后转战赣浙，伐凶斩顽。元军占领江西后，他们又战于都、走兴国、下东固、攻吉州、转永新。战至只剩下三百多人，寡不敌众，只得且战且退，退回万安，准备招兵扩员以重整旗鼓。

此时，有一支队伍如幽灵似的跟踪其后。原来是叛将刘盘率匪尾随。到了万安，于老南门将刘庆元团团包围。刘庆元眼见西为滔滔赣江而东为浩浩东湖，自知难逃敌人的魔掌，便在血战一阵之后令部下向南面突围，自己则单枪匹马周旋以牵制敌人。谁知敌人把守严密，除少数人突围出去外，大部分人和刘庆元一样被掳。敌人软硬兼施，封官许愿，进行诱降。刘庆元目光炯炯，大义凛然："不怕杀头不要官，抗元浩气冲九天，杀了庆元无所畏，年过十八又好汉。"说罢，他纵身跳入东湖。其英勇壮烈之举和豪语如雷的亡命诗，吓得敌人胆战心惊，同时深深感动了战友，战友们一个个跳湖殉国。

后人为了纪念他们，便在老南门建了一座元庆庙，又在龙溪河建了一座庆元桥，并把东湖洲命名为忠义湖，把城墙南门命名为表忠门。

（海　帆）

朱与文拜月救母

元朝末年，天下动荡。造反的和乱打枪的到处都有，加上贪官污吏欺压百姓，让那些有良知的读书人极其心寒。

西塘村才子朱与文就是心寒者之一。

他决意不去蹚官场的浑水，而是在家尽心孝敬寡母。

可是不知什么原因，有一天，母亲突然双目失明，无法煮饭洗衣了，给儿子添了不少麻烦。她知道儿子不愿出去当官，但他是很有才华的人，因此不想拖累儿子，误了他的前程。想到这些，朱与文母亲泪流不止。

朱与文见状心如刀绞。父亲早逝，全靠守寡多年的母亲省吃俭用，辛苦劳作，延师教授，才把自己培养成人。现在他挑起了养家的担子，本应让母亲享福，可母亲却什么也看不见了。这一定是过度辛劳造成的，一定是过于省吃俭用、营养不良造成的，一定是……朱与文越想越感觉对不起母亲，因此就照顾得更加细心。

村里人见朱与文对母亲这么孝顺，就将老辈流传下来的祈求神灵保佑的做法告诉了他。朱与文熟读诗书，知道这多半是迷信，但又想："为了表达一个人的诚心，或许还真有点作用。"于是他砍来竹子，在屋前土岗上搭起竹楼，天天晚上虔诚拜月，乞求王母娘娘、观音菩萨、嫦娥仙子救助母亲。母亲听到这件事后，更加感念儿子的一片孝心，同时也更加担心儿子的身体，眼泪就流得更多了。朱与文白天抱着母亲，不断用自己的舌头舐母亲的双眼。不知是拜月求神果然显灵，还是母亲的眼泪和儿子的唾液有解毒消炎的作用，一个多月后，母亲竟真的复明了。那天，母亲睁开双眼，看清了消瘦的儿子，既高兴又难过，一把抱住儿子，痛哭一场。

"朱与文拜月舐眼使失明母亲重见光明"的事迹，很快传遍了桂江乡、万安县，乃至吉安府、江西省。这时，农民起义领袖朱元璋打下天下，建立明朝，振兴有望。朝廷为了选拔人才，正在各地遍访孝廉（即从孝子廉能之士中选拔官员），乡民向各级官府极力推荐朱与文。朝廷得报后，皇上朱元璋都被感动了：“这样的孝子真有良心，能如此善待母亲，也该会如此善待国家和国民。但不知其人才能如何？”招到皇宫一试，朱与文一气呵成万言策论，尽表治国方略。皇上大喜，随即任命他为东昌郡守。

朱与文带着母亲赴任，不负众望。他在东昌郡守任上一干就是九年，尽心尽职为振兴地方经济和教化乡民费尽心血，最后竟劳累过度而“卒于官”（死在工作岗位上）。噩耗传来，满郡工商士民“哀之”。大家为朱与文的德操和勤于职守的精神所感动，纷纷捐资为朱与文建起祠庙，绘其画像以祭祀，朝廷也敕准将其牌位安放在名宦祠之中。

（耿艳鹏）

萧柯为民惩恶

萧柯，字升荣，窑头镇人，明代弘治癸丑年（1493 年）进士。

萧柯在翰林院任职数年后，授云南御史，做出了成绩。朝廷见他是一个能办事的人，就把他调往陕西任马政。当时朝廷和军队年年都需要大量马匹，大西北数省输马任务甚重，矛盾迭生，因此朝廷特在这些地区设置马政，主管此事。马政官员只知道奉朝廷之命办差，不顾实际向下索马，自己还要从中捞一把，致使养马户负担沉重，怨怒难言。萧柯到任后，在各地走了一圈，了解到养马户的生活状况以及从马驹到训出成马的过程，发现有的养马户为了完成岁交马匹的任务，竟然变相卖儿卖女筹钱，真是“岁马之赋猛如虎”。萧柯决心为民张言，改变这种状况。他向朝廷上奏疏章，痛陈岁征一驹之弊，要求朝廷颁旨予以更改，以三年为一周期，向养马户征一驹为宜。由于摆出了大量事例，所提建议有理有据，兼顾朝廷与马户的利益，而且从长计议，因而得到不少大臣的赞同。皇上因此予以批准，“遂为定制”。

不久，萧柯奉命巡按西蜀和贵州。西南之地富庶而又天高皇帝远，一些朝廷部司和地方官员互相勾结，贪赃枉法，侵扰地方，盘剥百姓，甚至逼得穷民起来造反，朝廷深忧此事。萧柯一路明察暗访，握有实据，依法查办了几个案件，对重要人犯上报朝廷予以黜免，对镇抚这样的地方高官违规涉足军务的做法予以纠正。这些举措在当地影响很大。显然，案件盘根错节，查处时阻力很大，但萧柯秉公办事，态度坚决。有一件案子，朝廷“大臣有纵子盗公帑金者”，萧柯同样一查到底。大臣千方百计地予以包庇、阻挠，萧柯干脆将这幕后黑手向皇上举报，以一并查办。

后来，萧柯担任济南郡守，成了一方大权统握的地方官，仍坚守情操，不贪图私利，而且“兴利除害，事无疑狱”（见清同治版《万安县志・人物志・仕绩》）。

萧柯后来还担任过浙江参议。因疾告归后，他心境坦然，寄情于山水，撰写了不少忆事、叙谊、咏物、赞景之诗文，有《松鹤轩集》传世。

（耿艳鹏）

匡思尧草野上疏

匡思尧，剡溪村人。出身贫寒，世代以耕稼为业。他知诗书，但一直躬耕于陇亩，尤对农田水利深谙其术。

匡思尧像

剡溪，古属六都，上接五都兰田、芦源，下暨南洲、学堂、八斗等地，一望数十里。有数百顷可耕之地，紧靠通津河（自天府山发源，流经南洲观，合芦源溪，从两江口至通津桥入赣江），却缺乏水利设施，故遇春涝或夏旱即秋收无望，致使村民无所安息，比比皆然。

匡思尧熟视而忧之，以至殚精竭虑，于是亲自详察地形。他认为宜乘上流横江汇水之源，接下流通圳分水之利。具体策略是：首先，在兰田开陂立圳，引灌大湖丘、塘北、南洲、剡溪、楼下、学堂、八斗诸地，则自东一带可资灌溉；其次，在塘边建陂立圳，引灌观背、桥头、栋下、中陂、下洲等地，则自西一带可资灌溉。

匡思尧根据自己的观察和测量结果，积极筹划，填图画形，于明洪武甲戌年（1394年）以民情得失写成《通水利疏》奏章，并附实迹图形一幅，面奏京师。奏疏里陈述水利要害，深情曰："普天之下，宁无壤土袤延未尽开垦，而委膏腴为萑苇者乎？率土之滨，宁无阡陌连亘未通沟洫而委陇亩为黄埃者乎！"他还对开筑陂圳做出保证："若有犯沿途田塘，臣愿收粮入户，承应差徭国赋时供。"因辞理恺切，此奏疏深为洪武帝嘉许。洪武帝当即派命官邓南一、易祥可专理疏凿，征集民力夫役，叩石垦壤，开圳建陂。匡思尧则率儿子匡崇善等发踪指视，并随民工实地劳作。

陂圳次第完成。至今，从蕉源彭家凹开始，到枧头、剡溪出窑头，沿溪道一座座圳陂依然如故，其造福于后世子孙可谓大矣。

同时，皇上命令各府州县，凡民间沟渎川渠，有障碍淤塞者，一律开浚疏通，以利于田亩灌溉，希冀稻粱粟菽丰收在望。正是水利之兴乃福斯民而泽天下，非一乡一邑也。匡思尧之议之行，功于社稷，由此以草莽臣（未进功名）而被授予工部虞衡司主事。

宰相解晋特地写下《疏源记》和《赠义士匡思尧》，赞扬匡思尧“专利国家而不为身谋”的高贵品质。其诗云：

一封奏书罢，万里尽疏通。
泽及长沮稼，名成大禹功。
渊源无昼夜，歌咏遍西东。
足慰三农望，从兹乐岁丰。

（刘盛瑞）

刘孜赈灾有方

赣中南有条遂川江，又称泉江，从遂川县发源，流入万安县境。在一处河湾边，有一个秀丽的村庄，它就是邓林村，村里出了个如雷贯耳的人物——刘孜。

刘孜，字显孜。明代正统至成化年间著名监察御史、刑部尚书。他为官廉洁谨慎，治事精密，持法严厉，政声显著。

刘孜像

早在南宋时期，刘姓从庐陵分迁到邓林开基创业。到明代，已形成几十户数百人聚居的大村了。刘姓祖辈重视耕读，在村中设有义学，延请名师教育子弟。英宗朝正统十年(1445 年)，刘孜考中进士，一时全村喜气洋洋。

刘孜在进士考试中的策论很有见地。出于忧国忧民之心，他直言时弊，并大胆建言治国方略，得到考官和皇上的嘉许。中仕后，他立即被委任为御史。明代御史是执行监察、建言任务的官员，一要忠诚，二要不怕得罪人，敢于监督官员和大胆建言献策。能当御史，是朝廷的信任。

当时东北疆土经常受到辽金等国侵扰，朝廷派重兵抵御。但官员中有对外敌是战是和两种截然不同的意见，争论不休。朝廷对此很是忧虑，就派刘孜出按辽东(今辽宁东部)，予以督军。不几年，英宗(朱祁镇)去世，代宗(朱祁钰)即位，改年号为景泰。有人见换了新皇上，又重提放弃抵抗，并有人提到大明京城本来在南京，是成祖(朱棣)皇帝把京城迁到北京的，离北疆战区太近了，很危险，迁都是错误的，要求把京城迁回南京。刘孜坚决反对。他上疏提出，“南迁所议，动摇军心民心，南迁议者当斩”。此语一出，满朝肃然。这正合新皇帝的心意：一个国家怎么能不抵抗外敌入侵呢？怎么能放弃国土呢？国都迁来迁去成何体统？皇上支持刘孜的奏章，人心军心得以稳定。为保证国家安定，关键时刻刘孜立了大功。

不久，朝廷提拔刘孜出任山东按察使。这是省一级官员了。刘孜兢兢业业，勤政爱民，卓有政绩。

天顺四年（1460 年），吏部（中央政府主管官员的机构）主持全国官员考核。全国那么多按察使，“治行卓异”者唯有刘孜一人，于是刘孜又迁为左布政司。第二年，皇上任命刘孜为右副都御史（相当于今国家监察部副部长），巡抚江南十府。那时，本是天下粮仓的苏淞杭平原连年水旱灾害，朝廷颁令各地减免岁赋，但各地仍然饿殍遍野，民不聊生。刘孜出巡后，发现各地灾情不轻，但地方官员死守粮仓不放赈。按当时规定，开仓放粮得经朝廷批准，各地层层上报，竟推来推去，总说上面未批下来。刘孜调查后，发现地方官员不放赈救灾，为的是与黑粮商暗中勾结，哄抬粮价，以谋私利。“你们这样办事，等朝廷批下来时，饥民也早饿死了。”刘孜怒不可遏。既是朝廷钦差，就勇敢地担当责任，他令各地一边尽快开仓放粮赈济灾民，一边往上报告，同时查办勾结黑粮商的官员。后来，他又发现数年灾害导致各地濒江官田久废，许多灾民无田可作。于是他上报奏章，建议朝廷颁发优惠政策，鼓励灾民开垦荒田以增加粮食。

刘孜办事精明，很快发现不少官员借天灾中饱私囊，方式很简单，就是不把朝廷减免岁赋的公文告诉老百姓，仍然照常征收各种税赋，有的甚至还有加码。刘孜铁腕发力，果断查办了这些贪官污吏，江南百姓一片欢呼。朝廷对刘孜甚为满意，“召拜南京刑部尚书”。

《明史》有刘孜传。《中国人名大辞典》评价“孜居官廉慎，治事精密，号称能臣”。

（耿艳鹏）

萧作揖义修南门桥

古时，县城南门外有一座桥，横跨于龙溪上，是县城通往赣州府唯一的一条车马道上的车马桥。

明宪宗成化十二年(1476 年)，南门桥塌毁。县衙贴出招贤榜，招揽仁人贤士捐资重修。其时，兰田村松林有一个乡贤慷慨揭榜。

这个乡贤就是萧作揖。

萧作揖(1397—1477)，字济甫。其先祖萧蓝辟基兰田，经十余代发祥而人文兴起，衍分出松林房。其父萧本翀，从来都是教育子女仁义礼智信、耕读忠厚之类，取名作揖、取字济甫，便是寄寓“仁义礼让，济世济人”之意。

萧作揖兄弟五人秉承父训，耕读不辍。大弟萧作宣，字德卿。明英宗正统六年(1141 年)进士及第，受职无为州判。五弟萧作瓒精通诗书琴棋，因号“四爱”，享年近百岁，荐为寿官。兄弟皆有出息，这跟萧作揖身为长兄的表率作用颇有关系。萧作揖尊老爱幼，辛勤劳作，乐善好施，不仅是家庭梁柱，而且是族邻楷模，声名鹊起之际仍德高望重。

县衙为复修南门桥而张榜招贤，萧作揖于第一时间做出反应。他召集弟弟与子侄商议：“兰田萧氏为万安望族，我们又是朝廷官员的家属，这等善事义举，自当奋勇争先，不为人后。”全家无不称是，一致表示：必须出大力，独资捐修南门桥。

萧作揖揭榜独资修桥的消息传出后，全县震动。这南门桥说大不大，说小也不小，桥长八九丈，桥高三四丈，可通车马，为确保人车安全必须修石桥，桥面窄了还不行。这得花多少钱啊？竟然一家独修！

萧作揖“一言既出，驷马难追”，明知困难重重，偏偏痴心不改。

县令张瑛甚是感动，登门拜访，议定萧作揖任总理负责筹资，萧作瓒任协理负责监督，县衙负责设计与组织施工，萧作瓒之子萧体素担任联络。

为修南门桥而投入巨资，使原本殷实的家道随之入不敷出，但萧作揖连眉头都不皱，还四处奔波、日夜兼程，千方百计地筹资，以至于积劳成疾。

所谓开弓没有回头箭，说做就做，做就要做好。

从择定吉日开工的那天起，萧作揖便不顾病体而躬行其事，经常泡在工地现场，直至病情加重而卧床不起。

经一年多艰苦拼搏，南门桥圆满竣工。

举邑感奋。

县衙于桥头立碑，建碑亭，县令张瑛亲自撰写碑文，颂赞萧作揖之赫赫义举。

成化十三年（1477 年）八月十六日，南门桥通行庆典的喜报送达松林，为修桥耗尽家财和心力的萧作揖在报喜的鞭炮声中含笑逝去。

清乾隆十二年（1747 年），南门桥再次塌毁，重修之后立新碑，旧碑移竖桥畔庆元庙内。萧作揖义修南门桥竣工到 1747 年再次塌毁，271 年间，南门桥带给了无数行人畅通之便。

作为乡贤之典范，兰田村松林族谱对萧作揖做了特别记载："作揖（本翀长子），讳济甫，明洪武丁丑（1397 年）十月初六生，平生乐善好施，时成化丙申（1476 年）邑城南桥圮，捐资独修，当立碑亭，至清乾隆丁卯（1747 年），因新是桥，邑人并新是碑。"又《长卿派济甫公修南门桥碑记》曰："兰田济甫萧君，明之乐善好施士也。成化丙申（1476 年）间，邑城南桥圮，邑侯张公讳瑛劝公倡修，立石纪盛……迩因重新是桥并新是碑焉。凡以彰前业、劝后嗣云尔。竖立桥边庆元庙内。"

（肖家坤）

萧乾元弹劾阉官

萧乾元，号石岩，百嘉石坑村人。明代弘治己未(1499年)举进士。官至滇南宪副。台省交章(考核官员评语)称其“古貌古心，不事外求，有守有为，宜居优等”。

萧乾元从小苦读诗书，景仰文天祥等庐陵先贤，立志做浩然正气之人。入仕后，他更注意品德修行。一次，他奉旨出使安南(今越南)。刚到那里，就有人送来当地很出名的物产，萧乾元予以谢绝。安南地处西南边陲，常与朝廷闹些矛盾，这次皇上派萧乾元来，就是来处理问题的。对此，萧乾元胸中有数。他对属下说:“我母亲常常告诫我‘吃人家的嘴软，拿人家的手短’，我们作为朝廷使臣，岂能贪图一点私利，放弃原则而去做买椟还珠的事呢?”安南人不死心，还没见过不受财礼的官员呢，就反复多次送来不同的礼品，但都被拒绝了。最后实在烦得没法，萧乾元就松口说:“到这里的人真的一定得接受一份礼物?”来人见有门了，高兴得直点头:“当然，这是起码的礼数。”“那好吧，入乡随俗，就给我送五枝黄香吧。”萧乾元无奈地说。他来到寺庙，燃着黄香，对天、对地、对菩萨说:“惭愧啊，我还比不上石坑老家的刘老先生呀(他一直景仰的虽清贫但德高望重的人)。”由于萧乾元一身正气，以大局为重，协调各方，较好地处理了棘手的问题。他回朝复命后，皇上甚赞其人格与才能，即擢他为山东道御史。

明弘治十八年(1505年)，明孝宗朱祐樘去世，其长子朱厚照继位，是为明武宗。一群服侍他的人飞黄腾达，其中尤以宦官刘瑾为最。刘瑾，陕西兴平人，自宫做太监后，一直服侍朱厚照，常出主意带着朱厚照去吃喝玩乐，深得朱的喜欢，朱视他为心腹。朱厚照当皇帝后，刘瑾不仅成了后宫太监之首，而且还纵引皇上沉湎享乐，使朝政荒废。他借机安插私人与同党，后来甚至代皇上传言、批阅公文，把持朝政，搞得朝廷乌烟瘴气。萧乾元实在看不下去，先后七次上疏，列举刘瑾的罪状，要求罢免他。昏君怎能听得进去？疏章一次又一次被驳回，但萧乾元一次又一次地上疏，唱响正气歌。然而，恶人当道，萧乾元竟被廷杖二十，关入大牢。后来众官联名俱保，皇上也怕激起众怒，才答应把萧乾元放出来，贬他到外地当个小差。据《中国通史》（戴逸等主编）记述：直到正德五年（1510 年）八月，另一宦官刘永向朱厚照密报刘瑾谋反，皇上出一身冷汗后，才急忙调兵将刘瑾抓获，抄其家，不但查出黄金白银无数，还抄出蟒服四件和大量兵器。明武宗警醒，将刘瑾处决，并清查其同党，为反刘瑾而蒙冤的官员平反，萧乾元得以官复原职。

（耿艳鹏）

刘焘抗击倭寇

明隆庆五年(1571 年)正月二十五日,南京工部右侍郎刘焘原本赴京城受诏,却在途中病倒了,一卧不起。他临终时,儿子们都没赶到,只有妻子曾氏在旁边哭泣。曾氏问他有什么遗言,刘焘两眼直视,想说什么却说不出来了。时人都推测,刘焘弥留之际要说的肯定是国家大事啊。

刘焘像

刘焘,字致卿,号唐岩。祖籍是河南祥符(今开封)。宋南渡时,其先祖刘功甫来万安任县丞,做了许多有益于老百姓的好事,广受老百姓爱戴。他干脆就加入万安籍并在县城横街(今建国路)定居下来。自宋历元至明,其子孙个个成才,皆仕宦公卿。刘氏遂成为县城里的名门望族。

刘焘的祖父为湖广左布政使刘乔,其父刘玉则声名闻于三朝(弘治、正德、嘉靖)。明嘉靖初,刘玉官至刑部左侍郎,因执法得罪权臣而落职。朝廷内外都敬仰他的高风亮节。公元 1567 年,隆庆帝登位,特追赠他为尚书,赐端毅。刘焘是刘玉的第二个儿子,生于明正德戊辰年(1508 年)。他自幼性情纯厚,四岁时就懂得孝敬长辈,每次看见父亲外出都跑上前去跪送。长大后他于塾馆读书,读到“志士不忘在沟壑”(《孟子》),即拿起笔来大书特书,置于座右;读到史书中马援、岳飞的忠义之事时,即感慨“忠烈的大丈夫应该这样啊”。后来他跟着父亲去京城,与四方豪杰相接触、相砥砺,读书求学更得要领。

嘉靖甲辰(1544 年),刘焘参加进士考试。殿试时,其对答皆为正直雄辩之语。皇上看了考卷很满意,列他为上等。刘焘被委任为虞衡主事(属工部,掌山泽之官)。任职期间,他主张降低物价,第二年出任荆广总监,淘汰一切不必要的苛捐杂税。后升任虞衡郎中,为保证国库不匮乏,他向皇上奏疏“裁汰冗员”,

得罪一大批人。

嘉靖庚戌(1550年),有外虏侵犯京都。皇上大怒,各司部则一片惊恐。当时,咸宁侯仇鸾因受皇上恩宠,与前任宰相华亭很亲昵。他俩厌恶刘悫做事不按常例。华亭因刘悫是其门生,便写信告诫,而刘悫将信扔在一旁,不屑置辩。后来,仇鸾连出两个馊主意:把兵仗库建在京城外面,兵卒则于城南驻扎,由战士自取兵器使用。刘悫一眼看透其谋私之企图,即向皇上奏疏:"按照祖制,家里不能私藏兵器,兵仗不能擅自离开京城禁区。这都是深谋远虑的,不可轻易易制啊!请皇上远隔仇鸾这种人!"皇上准了奏。然而,华亭仗着仇鸾的威势,傲视朝廷。朝廷人士皆不敢非议,独有刘悫迎风斗浪。于是,华亭之流奸诈使计,使刘悫被调出京城,任嘉兴知府。

嘉兴位于浙江杭州湾海岸,和日本隔海相望。日本海盗经常来沿海一带骚扰。刘悫策马来到海盐、平湖等地视察,见百姓一贫如洗,叫苦连天,被无恶不作的海盗抢劫一空。刘悫再到内陆城市嘉善、海宁等地视察,看见那里的百姓同样遭到日本海盗的蹂躏。

回到嘉兴,刘悫找到官位比他高的巡抚和监军,问他们为什么不发兵歼灭倭寇,保卫郡城。巡抚说:"日本强盛厉害,惹不起啊!"监军也说:"兵不强,马不壮,确实难以胜敌。"刘悫道:"强词夺理。大敌当前,身为统揽军事、吏狱的朝廷重臣却不竭力抗敌,好意思吗?"监军怒而回应:"小小知府,口出狂言!你拨款劳军就是,无权过问军事。"刘悫严正驳斥:"你们作为驻军,不安邦保国,那就是玩忽职守!"

回到府里,刘悫心情久久不能平静。一个手握重兵却贪生怕死,一个贪财骄横以恣睢暴戾。要对付这两个人,就要先礼后兵,软硬兼施。于是,他特意宴请巡抚、监军。酒过三杯,他唉声叹道:"唉,内修不治,何以胜敌?宁失上心,无携下志。"巡抚道:"知府大人,这是何意?"刘悫意味深长地说道:"倭寇大肆侵扰,你们不发兵抗敌,百姓深受其害,那就只有据实上疏以待皇上发落了。今天这里欢聚,下次恐怕就在狱中相聚了!"巡抚听罢心头猛地一震,知道刘悫是敢于直言、惯于上疏的人，万一真的一纸奏章送上去，那就要吃不了兜着走。而监军呢，他正打着如意算盘，诱使知府“拨款劳军，增购武器”以便从中牟利。刘悫强硬以对，说：“要钱没有，要人有千千万万，可以发动群众开凿水井，储备粮食，加固工事，坚壁清野，一起参战。”监军见“算盘”彻底无望，便唆使巡抚设陷阱除掉他。巡抚倒还存有良心，已被知府感动，不做恶事。

刘悫顺风借势，灵活周旋，把巡抚争取过来了。随即，他严肃军纪，加紧练兵；下令属邑，凿井筑堡；洞开城门，收容难民以一致对敌。他还告诫家人要积极参战，如战事不利则全家殉难，以死破贼。监军目睹备战热潮，也对刘悫刮目相看了。

忽一日，大批倭寇从海道而来、自沿海登陆，横冲直撞，直逼嘉兴，危及省城。严阵以待的嘉兴守军早已在莺湖至王江一带摆开战场，堵截来犯之敌；沿海民众亦斗志昂扬，奋起保卫郡城。刘悫身先士卒，一马当先，大呼杀贼，直冲敌阵。顿时，吼声震天，枪炮齐鸣。激战一昼夜，杀敌两千余人，给了倭寇以毁灭性打击。这就是史载颇为有名的抗击外侮的江泾大捷。

郡境得以安宁。

刘悫主嘉兴之政五年，声誉赫然，由此一往直前，步步登高。他先后升任工部侍郎，曾任虞衡司郎中、云南按察使、浙江右布政使、湖广巡抚、嘉兴知府、中令大夫、大理寺正卿等要职。

（刘盛瑞）

朱衡豪气治水

朱衡，字士南、惟平，号镇山。西塘村人。

明武宗正德七年(1512 年)正月二十日出生。

朱衡像

朱衡从小颖异绝人，被人称为“神童”。明世宗嘉靖十一年(1532 年)21 岁中进士，授龙溪令，后改婺源令。嘉靖十三年(1534 年)，擢刑部主事，迁员外郎，转郎中，任福建提学副使，升山东按察使、晋布政使。1560 年，进都察院右副都御史，又召工部右侍郎，后改吏部右侍郎。1565 年，晋升南京刑部尚书。

就在那年秋天，黄河泛滥，微山湖猛涨，江苏沛县飞云桥河堤决口，滔滔洪水令数百里河道淤塞，使南北漕运断绝。粮食无法运转，沿途百姓苦不堪言。皇帝随即令朱衡为工部尚书兼副都御史，总理河漕，抗洪救灾，改善水利。朱衡沿途实地察看，见旧河已成陆地，便提出能疏则疏，能改则改，能挖则挖，以开辟新的河道，却遭到一些人反对。他们状告他“虐民邀功”。朱衡心系苍生，不顾一切地力排诽谤，加紧施工。工程尚未全部完工时，江苏、山东山洪暴发，黄河洪水再次暴涨，新河被冲坏，马家桥又决口。工程越来越大，资金越来越紧，困难也越来越多，以至朝野连番讽刺打击他。所幸，打击越大，志越坚。朱衡将个人官职与安危置之度外，顶风冒雨，驾舟穿行于波峰浪尖，亲临工地，关心民工生活并督饬施工，撤换不尽职的官吏。同时，他上疏皇帝停建殿阁以节省国库开支，支持水利建设。

经过几年整治，终于筑成大堤，并疏浚旧河数十公里，修通南阳至境山新河九十七公里，新挖支河四条，新开渠道百余公里。从此，河道畅通，漕运无阻，遇涝可分洪，遇旱可引灌。

朱衡深受百姓拥戴，被人们敬称为“水神”“河神”。他并未因此陶醉，而是更进一步，大刀阔斧地裁减浮费，裁汰闸官五人、夫役六千余人，将节约下来的钱用于河道、堤堰的长期维修，确保无恙。他政绩卓然，穆崇赞誉他为“治水名臣”，加封太子少保，食俸正一品。

1572 年，穆宗谢世。朝廷召回朱衡主持穆宗陵墓工程。之后，因得罪朝廷首辅张居正而在神宗万历二年（1574 年）遭弹劾报复，朱衡于是上疏乞休，以兵部尚书致仕归家。回到西塘的十年里，他做了许多好事。万历十二年（1584 年）七月初四逝世，享年 73 岁。留下《东抚奏议》《河渠奏议》《司空奏议》《道南原委录》及诗文集多卷。

明代著名学者胡应麟撰写的《太子少保、兵部尚书、食正一品俸、万安朱公墓志铭》，称颂他“历事三朝，为帝股肱；勋德词章，泰山北斗；治水功绩，泽垂永世；景钟汗青，万古全名”。

（海　帆）

刘士祯铁面办案

刘士祯(1577—1649),字吉侯,号须弥,良方村人。明天启二年(1622 年)进士,官至应天府尹、兵部左侍郎、刑部尚书。

刘士祯像

刘士祯刚中进士就任广东韶州推官,这是勘问刑狱的小官。但初生牛犊不怕虎,他竟敢勘问魏忠贤部下的案子。魏忠贤何许人也?鼎鼎有名、位高权重的阉宦,自称九千岁。他下有五虎、五彪、十狗,从内阁六部到四方督抚,私党遍布,内外官僚奔走门下,结党营私,陷害异己,大兴牢狱。其株连之甚,令人惊恐。在小小的韶州,他就把十余个正直的官员和善良的百姓打入牢狱。刘士祯上任后,深入民众细寻详查,打开监狱,勘问实情,奔走四方,穷追党羽,硬是把十余个无辜的官员和百姓释放,一洗冤屈。

尽管,刘士祯受魏忠贤党羽排斥而被调出韶州,但还是先后任广西道御史、浙江巡抚、福建右藩、湖广左藩。

每个地方都有魏忠贤的私党,他们贪赃枉法,百姓怨声载道。刘士祯大胆上奏,疏言五事:一是审势,二是虚衷,三是核饷,四是课绩,五是安民。也就是说,要审时度势,虚心纳谏,调查税赋,核查军饷,考查官吏工作实绩以奖罚,安良除暴以使国家兴旺发达、人民安居乐业。崇祯元年(1628 年),皇帝看了奏章,认为独具见地,即全部采纳。一时间,刘士祯的"五事"像一簇利箭射向各地。全国上下严惩贪官,打击枉法,还把专断国政的魏忠贤撤职查办,将他安置于凤阳(途中畏罪自缢)。朝廷上下,议论鼎沸,盛赞刘士祯胆识过人,疏言有功;贪官污吏则闻风丧胆,魏忠贤党羽更是惶惶不可终日。

担任浙江巡按时,刘士祯查党羽、追穷寇、平流匪,铁面无情,给那些贪赃枉法的官吏和危害社会秩序的流寇以沉重打击。有一个地方官吏，游手好闲，荒淫无度，只管贪财，不管政务，海塘被湖水冲决也不管，造成大批店屋倒塌、大片农田被淹。刘士祯迅即查办，牵出了一批积案与惯恶，逐一进行了惩处。他来到被冲决的海塘，组织群众抢修，安定民心。故有民谚曰："海不横，怕代巡；一日来，万户宁。"

刘士桢秉公执法，威名远播，因而八次受封，御赐斗牛服，恩荫二子。在当时尚书级的官员中，只有他一人获此殊荣。

（锦　华）

郭仕道上“特榜”

郭仕道(1366—1405),名理,号万里,字仕道,现潞田镇读堂村人,唐代著名将领郭子仪二十一世孙。

郭仕道“生而聪敏,豁达不事群儿嬉戏,稍长即知读书为文”,十六岁中秀才。因“貌古而峭厉”,同窗曾取笑他,但他有“忠厚之心、明达之才、刚毅之气”,故同学敬他如师。

明洪武二十九年(1396 年),郭仕道赴应天府参加乡试,“以诗魁第三名”中举人。次年,他参加会试,其文章深得考官的赏识,考官认为他是“百鸟之中的孤凤”,但适逢主考官因罪下狱,故仕道受牵连未准殿试。发榜之后,皇上始审此案,命仕道当场作文,仕道一挥而就,“文词益善”;“上读而喜”,称好不迭,当即提问,对答如流。但时已发榜,于是皇上特钦点仕道一人为进士再发榜,故谓之“特榜进士”。此确属“古之所无”。

仕道历任开封府襄城县县丞、淮庆府通判,因性耿直,仕宦并不得志。

永乐二年(1404 年),仕道因“廉能”有“才干”而升任顺天府府尹,当时其师友、同乡解缙、杨士奇、胡俨、梁潜、欧阳俊、高佩等人皆作诗文赠勉,至今家谱犹存。

仕道任府尹期间,“国家内难初平,事务丛集,君一一自理”。不数月,他把顺天府治理得秩序井然,“吏畏其威,民怀其德,赫赫之声闻于遐迩”。而他自己却因操劳过度,于永乐三年(1405 年)五月病卒,年仅四十。

后人建“特榜进士牌坊”和“府尹堂”以纪之,遗迹至今犹存。

仕道一生“禀性刚介,慷慨有大节,刻意读书,历览子史”“其自作手稿《万里集》”,因“遭火散乱,百无一二”。家谱中只存九首,其中《唐溪八景诗》八首,一景一咏,或写景或抒怀,清新隽永;《送兄仕政从军辽东诗》是一首四十行的歌行体送别诗,写得慷慨豪放,感人肺腑。现谨录《唐溪八景诗》之一《南桥早春》

于后：

东风吹浮云，南桥觉春晓，
溪鸣调清音，野花发林杪。
居民事东郊，荷耒出南亩，
把酒问新春，新春亦知否？

（戈璧雨）

虞守愚知万安

虞守愚(1483—1569),字惟明,号东崖,义乌华溪村人。自幼勤奋好学,做人循规蹈矩。明正德八年(1513 年),虞守愚以《礼记》领乡荐。嘉靖二年(1523 年),中三甲进士,授湖北嘉鱼县令;嘉靖四年(1525 年),改任江西万安知县。

明嘉靖年间(1522—1566 年),地处赣江边的万安商贾云集,南来北往的客人必经此地。此时,万安县城仅有四口水井,已经不能满足城内居民的生活用水需求。许多百姓须绕道经城门到远处的赣江河滩去挑水,很是不便,遇上洪水季节,河水浑浊还不能饮用,“吃水难”问题十分突出。虞守愚体察民情,关注民生,上任后做的第一件事,便是组织人员勘察地形,探测水源,查验水质,在县城南北合适地段新凿水井三口,让人们能够就近取水,缓解了县城居民喝水难的问题。从此,万安县城共有七口水井,直到解放初期,县城百姓还依靠这七口水井解决生活用水问题。虞守愚的凿井之举惠及万安子孙后代。

虞守愚一生嗜好读书,是浙江历史上著名的藏书家。政务之余,他经常与县学诸生谈经义、论人物,以劝学教化为己任。一天,他来到位于县治东北的学宫云兴书院(原老锅炉厂厂址)视察,见学宫年久失修,破旧凋敝,就对随行的人说:“如果现在不抓紧时间予以维修,将来不但耽搁学子的学业,还将成倍地增加修缮成本。”回到县衙后,虞守愚带头捐俸,并找来万安富民彭南龄,动员他出资维修学宫。彭南龄认为捐资助学历来是仁义慈善之举,加上有知县主动召见,面子十足,于是欣然答应捐赠白银二百两。虞守愚随即将维修学宫之事书面报告提学监司和郡守,得以批准。不久,虞守愚选择黄道吉日开工维修学宫,并选派朱廷望和周轸两位公平正义的官员督工。一班人马修门窗的修门窗,换梁柱的换梁柱,盖瓦片的盖瓦片,粉墙壁的粉墙壁,刷油漆的刷油漆,经过十个月的努力,将学宫修葺一新,通往学宫的道路也拓宽了,百姓无不交口称赞。

虞守愚爱民如子,善政多端。在万安任知县三年,平诉讼、均赋税、兴集市、修城墙、建义塚，做任何事情“皆委之能者”，使万安之政蔚然一新，其突出的政绩和卓越的才能不但受到广大绅民的赞扬，还受到上司甚至朝廷的赏识。嘉靖七年(1528 年)，适逢届满考核，虞守愚荣升江西道监察御史。消息传开，万安百姓不分老幼集于衙门，呼号挽留。朝廷知道这一情况后指出：“考绩而留之者，一邑之私不侯；考绩而征之者，天下之尚贤也！”意思是，挽留官员不让他上任，是一个地方注重私利的表现；官员政绩突出被朝廷提拔重用，是崇尚贤能的表现。于是朝廷再次下诏，虞守愚才得以上任。成行之日，万安绅士和民众依依不舍地提鸡携蛋，夹道送行。时县籍名宦、曾任刑部左侍郎的刘玉受众人之托，撰写《虞侯荣征赠行序》，以表敬意。《序》中写道，“侯之为政，度越于寻常”“侯告道者，诚而已矣”，评价虞守愚为政之道在于诚，并对此大加赞赏。《序》中还写道：“诚者，存储心为忠，出诸口为信，加诸人为实惠，措诸天下为实功，一以贯之之道也。”

（张应兵）

第四辑 歌舞戏剧

万安民间舞蹈撷珍

万安自古“物产殷、人文盛”，文化交流比较发达，民间舞蹈蕴藏丰富。从民舞普查所掌握的资料来看，万安民间舞蹈除了“灯彩舞”（详见“万安民俗”），还有戏曲舞、祭祀舞等几种。

一、戏曲舞蹈

万安县的戏曲舞蹈相当丰富，有《上广东》《下南京》《花鼓过关》《哨妹子》《哨表哥》《哨老庚》《打猪草》《种麦子》《大拜年》《小拜年》《小送妹》《金莲采桑》《补皮鞋》《大补缸》《九龙山摘茶》《花园相会》等。这些戏曲舞蹈与灯彩一样，在万安县甚为流行。民间专门成立了采茶班子，称“茶灯仔”（外地叫“三脚班”）。在婚嫁节日，采茶班子时常被请去演出，农闲时也常到各村和邻县去演出。其中《花鼓过关》是演出较多和群众最喜欢的节目之一。

1957年，万安县举办了挖掘民间传统节目调演，枧头乡农村业余剧团的《花鼓过关》获得好评。会演结束后，县采茶剧团对节目进行了加工整理并进行排练，参加了1958年吉安地区戏剧会演，获演出奖。同年9月，万安采茶剧团与吉安地区采茶剧团联合排练，参加了江西省第二届戏剧会演，并由省电台和上海唱片公司灌制了唱片。

《花鼓过关》说的是两个以唱花鼓为生的女子在开关（即逢墟）之日进城唱花鼓的事。她们为免交过关税（每逢这天，税官便在关卡乘机敲诈勒索），机警地与税官周旋，表面上奉承应酬一番，实际上讽刺挖苦了税官一顿，最后在衙役的帮助下顺利过关。剧中有四个角色，两花嫂载歌载舞。她们的基本步伐为“碎步”“碎踩步”“女花步”，脚步细密平稳，行如流云，动作柔和大方，脚随手指，身随手动。衙役的基本步伐是“中桩步”“矮桩步”“中矮桩踮步”，走时“上身端直且放松，双腿微膝靠拢”，动作刚健潇洒，神态诙谐幽默。税官是个驼背、瘸子，猥琐的动作与眼神显出他贪婪、淫威的本性。

扇子是剧中人的主要道具。只见它时上时下、时开时合，转动连贯，娴熟自如，变幻出许多优美多姿的扇子花。

乡土味极浓的乡间小调，配以土气十足的本地方言，让人听起来既亲切又形象。随着演员载歌载舞，气氛热烈活跃，使人百看不厌。

万安采茶戏《三凤求凰》

二、祭祀舞

万安县的祭祀舞主要有《八宝》《舞颂》等。《舞颂》为学校典礼祭祀舞，其乐谱、舞蹈动作图均在《万安县志·学校志》有记载。《八宝》为高陂乡符竹村独有的一种宗教祭祀舞。从明朝开始到1950年，每年正月十五日，符竹村民必打“八宝”，一则表示喜庆，二则求菩萨保佑，驱邪避灾。

关于“八宝”，符竹村有个传说：郭瞿（唐代进士）的后裔郭良于万历二十五年(1597年)丁酉乡试中举(《万安县志·选举志》记载),他从朝中买回八宝,在家乡符竹大庆一番。从此,村里人丁兴旺,喜事频传。村民便把“八宝”视为驱邪避灾之物,年年正月十五必打“八宝”,形成了风俗。

“八宝”是指书、笔、墨、砚、笔架、关刀、云帚、鉴驾上掌扇,每宝成双,尺把高,用锡铸成。此外还有帅旗、船桨、四角旗、小旗、划板、竹扫骨、木柱等道具。参加表演的人数少则几十人,多则上百人,列众在祠堂围着柱子转篆体“万”字,意为“万事如意”。演出场面浩大,气氛热烈,甚为壮观。

三、其他舞蹈

除了上述舞蹈,万安还有《老汉背妻》《花棍舞》《车仂灯》《花船》《跑马灯》《高跷》等。

《车仂灯》是以小彩车为道具的民间舞蹈。它的形成与灯彩密切相关。车头的两个角上各安装一只明亮的彩灯。传统的《车仂灯》就是表演夫妻观灯的内容。新中国成立后,经过加工整理,《车仂灯》既保持和发展了原来的风格,又赋予了新的内容:有表演夫妻双双回娘家时对沿路新气象的观感,也有表演丈夫推车送妻子上夜校学习的动人情景。《车仂灯》的道具是:用木板做一个长方形的车架,用长木杆做车把,长方形框中做一个小圆框,外面蒙着布。两面画成车轮,中间小圆框前扎两只妇女脚。女演员立于框中,用绸带把框背在身上,做坐车状。男演员肩挎红色彩带,手执车把做推车状。舞蹈时,演员通过各种扭法表现推车上山、下山、过河、陷车和赶路等情节,形象逼真,气氛活跃,格外幽默风趣。

《花棍舞》主要靠道具——花棍起舞。花棍由二至三尺长的竹棍制成,左、右留二至三个小孔,中间穿铜钱数个,两端系花丝条。主要动作是以棍的两端击肩、背、腿、脚、手和地等,互相穿花变换位置,并展示各种舞姿,如旋转和跳跃等动作,载歌载舞。伴着清脆的铜钱响声,旋律悦耳动听,情绪热烈奔放。

《彩莲船》又叫《花船》,一般都是逢年过节伴随龙灯即兴表演,有时只舞无歌,但一般是又歌又舞,比如流行于枧头的彩船调《等妹把橹摇》。该舞乡土气息浓郁，舞情活泼风趣，伴奏热烈欢快，歌声优美动听，是万安县最流行、群众最喜爱的民舞之一。船形多用木竹扎成，外蒙彩布，旦角站于船中，用绸带将船背系于腰中，做坐船状。持桨或撑篙者由老汉或男青年扮演。该舞的基本动作多为“碎步”“撑篙”“十字步摇船”“十字步摇桨”“波浪行船”“弓步撑篙”“坐船”。

以上仅就万安县民舞的内容、形式、风格特点等做简单的介绍。新中国成立后，通过广大民间艺人的耐心传授，全县文艺工作者以极大的热情，努力从事民间舞蹈艺术的抢救工作，并取得了可喜的成绩。1984年，在挖掘民舞的基础上，经过加工提高，创作排练出民舞《茅山乐》（萧人翔词、朱冠生曲）。该舞蹈参加了1986年全区民间音乐舞蹈调演，获优秀创作奖和优秀表演奖。改编排练后的《麒麟狮象灯》搬上了舞台，先后参加了1986年的全区、全省民间音乐舞蹈调演并获奖，同时还参加了1986年“江西省首届庐山艺术博览会”的演出。1988年编纂出《中国民族民间舞蹈集成》，其中《麒麟狮象灯》被选入《中国民族民间舞蹈集成：江西卷》。

（刘倩文）

赣江十八滩滩歌

从万安县城南的惶恐滩往上至赣州城北外龟角尾下的桃源滩止，全程120公里。整段河流进入山地峡谷，世称“赣江十八滩”。古人称“赣江十八滩，滩滩鬼门关，十船经过九船翻，一船虽过吓破胆”。

第一滩　桃源滩（又名储滩）

虔州城内美十景，奇特美妙世难寻
三山五岭八景台，十个铜钱买得来
章贡清流如兄弟，龟尾合手拜钟山
赣江名闻从此起，七百四十四里程
桃源滩住虔州北，赣河头上而传名
河心红岩似如花，锦织航路弯曲飘
东有下沙黄金墩，西有白塔高云峰
白塔寺内观世音，慈航普度显灵通
河中三尊红岩石，名称三国刘关张
晨昏朝拜观世音，此滩而称桃源名
舟夫起航燃香烛，叩拜恳求保安乐
第一滩头真心愿，十八滩上安全行
顺风顺水启程路，平平安安到终程

注：钟山指湖口县的石钟山。

第二滩　白涧滩（又名鳖滩）

白涧滩头关帝君，滩末仙女岩云洞
滩旁三柱将印石，镇守邪恶盛世宁
打铁道河凶险恶，河底乱石如铁铜

顺水如织布穿梭，上水如攀岩尖峰
水急浪花卷卷白，竹篙落水飘荡动
漂泊水柱银光闪，心稍不坚生惊恐
洋桥面上阳间世，洋桥底下阴曹司
心中闪有疏忽意，定去阴司见阎君
若是篙篙能撑稳，技能赛过师肖公

第三滩　龙爪滩（又名横弦滩）

滩中顽石乱如麻，三条航路往西斜
东对朱家山峰顶，西斜华姓石角下
河床宽度仅三丈，两边石尖似狗牙
石峰就像利刀咀，船板接触向内挖
船行滩头无别路，只有仔细对付他
家长前观高注意，老板撑舵不敢差
伙计撑篙像扶拐，篙篙下水像绣花
航行学走蚂蚁步，慢慢移动向前爬
船出滩口当得儿下世，大家高兴口儿笑哈哈

第四滩　天柱滩

天柱滩靠西山脚，西山展示一条龙
山头有座龙王庙，龙角直升利刀锋
滩路弯曲龙身转，四处礁石龙爪形
前爪划水往上行，水花飞扬像散银
龙口直吞三官洞，龙尾摆动小湖州
船进龙咀波浪起，三湾九曲路难寻
船工摇浆汗满颊，家长点篙胆心惊

上水拉纤头顶地，慢步爬行似蚁动
三官洞航横西东，航路只有七尺量
小心翼翼船移动，水中行走冲洞门
出了天柱心安定，从头又惊过罗门

第五滩　罗门滩(又名小湖滩)

罗门滩水如油流，水势像似箭身梭
航路浪花漂泊滚，洁白水珠四处飞
浪头直冲数尺高，水深无法探到底
黑色礁石遍河起，密密麻麻堆嘞围
下水当似云中飘，上水拉纤像牛耕
十八滩中险中险，人称罗门鬼门关
航行倘若不慎重，碰上礁石沉到底
船货均会全毁灭，人也会去归西天
集中思想细操作，不得出现半毫差
安全渡过这一关，人货两全笑开颜

第六滩　铜盆滩

铜盆滩形曲尺湾，紧靠锡州嘞旁边
滩头有块青岗石，高长宽大鲸鱼形
两边礁石如鸬鹚，东游西钻抓鱼群
上直下横险航路，下排礁石像狼群
头升滩口吐银浪，水珠漂泊划银河
浪花卷卷串山峡，水声狂叫震云霄
锡州形像航母舰，远视正像慢航行
州上松柏高参天，桃李遍州味香甜

油麻瓜豆丰满地，勤收细打日夜忙
风和日丽健康地，自然风光寿年长

第七滩　濂溪滩（又名狗脚滩、阴滩）

濂溪滩中故事多，河岸脚下蛤蟆座
蛤蟆石头作用大，可报航道水高矮
水过蛤蟆脑，街坪航路可乱跑
蛤蟆咀角叭呀叭，街坪水位二尺八
蛤蟆水面督发督，街坪水位二尺六
蛤蟆的脚跷呀跷，街坪航道干枯燥
街坪坑风不留情，遭风的船非要沉
滩岸有座莲潭庙，庙内菩萨显灵通
南来北往商船客，个个都要去敬神
上水过船免遭风，下水的船保安宁
水下礁石如鲤鱼，摇头摆尾游戏行
河内两条航行路，上下船行如穿针
细心慢走无差错，船货安全人安宁
接下进入夏府滩，礁石如麻更难行

第八滩　夏府滩（又名阳滩）

夏府滩石堆打堆，像似鸬鸟戏水游
滩中有块雁鹰石，斜横航路水花飞
石下航路宽丈八，三沟对着西岭沟
红砂州外蚂蚁石，高高矮矮满河堆
若要寻得正航道，神仙下凡都难分
夏府滩路湾九曲，蛇路扭去往前路

往前航路水凶猛，三篙丰点出滩停
其中一篙没撑中，船上石头断两股
船货全损无迹影，性命还会见阎王
滩旁住人心蛮棍，把住滩口不准送
旁人若是擅自送，身上痛苦实难忍
放船价钱如圣肯，每船下滩叁块五
一定不得少分文，如数清点双手交
看过钱票无差错，然后才会开船行
安全下滩船靠停，丢了竹篙便走人
连句招呼都不打，你说这是什么人

第九滩　金沙滩(又名会神滩)

金沙对西猪婆潭，上连铜盆下潭坑
河中礁石赛猪崽，满江密麻往上爬
斜横航路端曲尺，船进航路心恐惊
东对金沙尖峰崃，西对观音庙屋角
滩中有个猪婆洞，礁石尖尖吓死人
干枯航路的水道，六尺八宽单慢行
稍若疏忽不留意，船烂货损泪双流
东是绿田尧口村，西边高峰观音山
大慈大悲观世音，慈航普度救世人
四方乡民不辞苦，岁岁朝拜生日晨
南来北往商船客，到此停航朝拜敬
愿求菩萨消灾难，一路航程保安宁

第十滩　良口滩

良口滩名原有三，良江良口三门滩
禾桶石下至克潭，全滩礁石乱如麻
良江口有大石板，洁白如玉赛银牙
清水日照如明镜，四尺见方棋盘平
石大如像八仙桌，他是良滩正航路
大湾子下三门滩，河下乌石路鱼爬
三根横石如门杠，过江升向下居坪
每条航线有大小，东边航路二丈二
西边也有二丈八，中间路宽三丈三
航路进出有对口，上下都有熟地名
上口对向大湾角，下口对着仙人呕酒山
良滩礁石似狗，麻乱交错满天星
船进滩口细秒路，心惊胆战慢步行
古代老人有句话，日烂三船还是好头工
你说滩中险不险，直听古语在其中

第十一滩　昆仑滩

昆仑滩路曲尺湾，整个滩段深水潭
高大礁石偏西地，自然生成鱼娘舍
天生繁殖地，鱼群数不清
航路东边走，不怕雨和风
上水拉牵移，下水摇橹行
水流慢悠悠，甚似湖中游
若是君不懈，可问阁老人

第十二滩　晓滩(原名晓林滩)

晓滩路漫漫，滩跨大角湾

头顶马子坳，尾对德阳神

满河乌礁石，密麻像群兵

高矮石尖像战刀，滩场形像练兵场

航路三百米，篙探礁石群

航旁礁石鱼尾摆，悠悠往上冲

航行疏忽意，秒误遭惊沉

钻进鱼群无出路，非搬货物不得动

只有找正路，才免灾难临

正航遍西壁，沿着西岸任舟行

第十三滩　武术滩(原名五索滩)

武术滩路长又长，天生飘带粟寒江

上至朝座天子港，下至慈航观音阁

河中礁石如鱼鳞，迎来飞鹤伴舞群

河床生有五条白筋石，五索地名出世众

头靠东岸德阳庙，尾绞银练锁蛟龙

航道有巷横直口，水流急跳快如梭

上口三处鸬鹚石，下口十八鲤鱼靠东游

竹篙笃石钉当呐，慢步悠行也胆寒

十八滩中三恶险，他在惶恐天柱中间行

第十四滩　小蓼滩(包括画眉笼)

小蓼滩路秤勺湾，船进滩路心胆寒

冬笋礁石遍河段，像似天上座河星

上水进口有对秤匀石，像似夫妻伴君行
航路宽度不算阔，枯水只有六尺八
进口慢步移得去，稍微疏忽船破烂
下水进口更加是，滩名称叫画眉笼
上下船只都靠岸，都去大王庙敬拜神
愿求菩萨显灵应，保佑安全过滩行
高站棚山致细察，看准航路慢起航
稍若疏忽不注意，钻进笼内四无门
礁石就像利锋剑，插进船内难脱身
钻破船板水进舱，船货必定往下沉
倘若抢救不及时，人船货物遭灾凶
十八滩算他复杂，古人称之是鬼门

第十五滩　大蓼滩

大蓼滩路镰刀湾，冬天水枯石淋淋
滩路全段不算远，整个滩长五里程
上至黎家湾坑口，下至优美兰棋坪
河中礁石像鲤鱼，摇头摆尾戏玩游
滩有两段险恶地，不是风翻就是石撞沉
村口河中有条门杠石，横跨连头东西岸
形象展示大龙门，两边礁石像鲤鱼
摆设像似跳龙门，十八滩中一奇迹
船到此处极留意，免船撞石遭灾凶
黎家湾口有股下山风，像似恶虎捕食不留情
岸上树摇恶风临，马上就要放矮帆
若是一下疏忽意，必遭恶风船翻沉

船行大蓼两点要注意，上水预防黎家风
下水严慎鲤鱼跳龙门，这是前辈的总结
后辈就要永远记在心，船在滩中就太平

第十六滩　棉津滩

棉津滩路斜中直，航道另叫狐狸洞
航路两边礁石堆，鱼群生存好处地
航行岸上的标记，古人总结有两地
上水对着龙王庙，下水直冲韩家村
航路水深深无底，微风可吹白莲蓬
水缓无法掌航向，船横必碰礁石墩
船过棉津停不得，靠在岸边都讨草
早晨迷雾白茫茫，中午狂浪展满江
夕阳鱼郎高歌唱，金钓下水布满江
要想航行安全过，只有靠东避开航

第十七滩　漂神滩(原名隘前滩)

漂神滩中礁石多，像似鲫鱼满江游
滩中有处大青石，就像棋盘河中搁
古人称他算盘石，圆石行行挂四角
航路形成斗角尺，东西两边有标峰
东对丁脑尖峰顶，西斜看准茶坑上角窝
这是船行唯一道，绝无他路可以行
上下船行谨慎步，若偏他行船心沉
奉劝船工警行使，避免灾祸安全程

第十八滩　惶恐滩(原名湾弓滩,后名黄公滩)

五云脚下一礁滩,奇水怪石凶恶顽
赣江南行第一滩,古人称名惶恐滩
礁石碟碟满河段,青面獠牙惊吓人
航路甚似蟒蛇走,波浪瀑花白茫茫
滩口竖块旗鼓石,擂鼓激励战栗寒
头工九篙点偏路,艄公掌舵侥险航
航路标志两头显,牢记心头切莫忘
两边向望龟形咀,东对田螺岭石角
西华山下急转向,绕航直奔田螺背
进滩舱门紧关闭,防止浪花扑舱间
打开天窗观滩景,全体船工激战忙
船进滩中惊胆战,穿过田螺笑开颜

（谢芳桂）

万安客家山歌

一

万安客家山歌历史悠久。自秦以来，客家先民从中原多次大规模南迁，遍布赣、闽、粤、桂等地。客家山歌伴随着客家民系的形成而诞生，伴随着客家民系的迁徙而远播。相传，秦始皇为建造阿房宫，驱使数万中原“木客”往赣南兴国伐木，伐木工人劳动、助兴、解乏所唱的歌谣就是最早的客家山歌。这些伐木工人后来留在当地，成了赣江十八滩流域最早的客家先民。迁徙至万安的客家先民带来了客家民谣，在万安涧田、宝山、夏造、弹前等山区扎根开花，与当地文化不断融合，不断改造演化，形成了万安客家山歌。

在20世纪初期，万安客家山歌作为战斗的号角在建立和巩固红色政权方面发挥了一定的作用。20世纪30年代初，江西苏区军民在极其艰苦的条件下进行了五次反围剿斗争。万安县的妇女在欢送亲人上前线时，送上自己新编的草鞋和新编的山歌。1996年出版的《万安县志》记载了那时的万安客家山歌：

哎呀嘞，
革命世界不比先，
劳动妇女学犁田，
犁田耙田都学到，
增加生产笑连连，
门门功夫艾（我）都会，
英勇哥哥前方去。
心肝哥，
鼓足干劲杀敌人。

改革开放后，万安县文化宣传部门非常重视客家山歌的保护和传承，意在为人们保护、传承好这一珍贵的精神食粮,在搜集、整理、传承万安客家山歌方面做了许多有益的工作。

二

万安客家山歌既具客家山歌的共性,又有鲜明的地域特色。

客家山歌是中国民歌体裁中山歌的一种,被称为有《诗经》遗风的天籁之音,同时,又吸取了南方各地民歌的优秀成分,千百年来,广泛流传,经久不衰。

客家山歌包括客家山歌文学(即歌词)和客家山歌音乐(腔调)两部分。它们相互联系,又彼此独立。

客家山歌有劳动歌、劝世歌、行业歌、耍歌、逞歌、拉翻歌等十多种。歌词结构大致相同,每首四句,每句七字,逢一、二、四句多押平声韵。客家山歌曲调丰富,大致有号子山歌、正板山歌、四句八节山歌、快板山歌、叠板山歌等。

就表演形式来分,万安客家山歌大体有以下几种:

山野田间唱和,因情、因景、因人而异,内容涵盖男欢女爱、生产、生活、时政等方方面面。

跳觋,分南河山歌和东河山歌。南河山歌又分情歌和插科打诨的搞笑歌,由觋公、觋婆装扮演唱。东河山歌即祝赞山歌。

民俗歌,在庙会、婚丧嫁娶、祝寿、建房、小孩满月等场合演唱,演唱者多为职业歌师。

叙事山歌多为群众场合中一问一答、一正一反的对唱山歌,有较强的故事性,常常围绕某一主题展开。

赛歌,是一种特殊的形式,即歌手聚会打擂台,考"肚才",比机敏,高潮迭起,决定胜负后诞生擂主。

万安客家山歌按其主要特点——"即兴演唱",又分为遥唱体山歌和室内山歌。遥唱体山歌即在山野田间相互唱和的山歌,其基本格式为七言四句体。室内山歌,也就是跳觋,它是演唱性质的山歌。室内山歌主要是叙事山歌,它由歌头、歌腹、歌尾三部分组成,具有典型的凤头、猪肚、豹尾的传统特色。歌头,通常是一句或两句比兴句,用于起兴、定韵。歌尾,是简短有力的一句话,画龙点睛,揭示主题。而整首歌的核心部分是歌腹,歌腹内容可无限制地扩张,少则三五句,多则一两百句,视歌手和故事情节发展需要而定。不管是遥唱体山歌还是室内山歌,皆即兴演唱。即情即景,临时编纂,出口成章。因此,客家山歌水平的高低,主要取决于歌手即兴编纂的能力。好的歌手,往往妙语连珠,收到高潮迭起的效果。

万安客家山歌由独唱、对唱,发展到联唱、合唱、小演唱。在演唱形式上,万安山歌有个不同于其他山歌的特点:每首歌开头一句“哎呀嘞”,具有强烈的音乐旋律感,随着激动的感情迸发出来,其歌声有如大水抛浪,奔腾激荡,大有一泻千里之势。中间的歌腹部分起伏跌宕,不同的歌手形成各自不同的演唱风格,或高亢激越,或低回婉转。而唱到结尾句,有一个呼应语“心肝哥”,与开头的“哎呀嘞”相呼应,形成万安山歌完整独特的演唱风格。

万安客家山歌所唱内容十分广泛,包括历史故事、男女情爱、传说新闻等。有时即兴编唱,有时长篇叙事,形式多样。这些客家山歌是生活的镜子,折射出万安客家人生活的多姿多彩,情人传情、斟茶待客、祈吉禳灾、红白好事祝赞都囊括其中。尤其是情歌运用比兴、暗喻、双关等手法,情趣盎然。万安客家山歌之所以能经久不衰、广为流传,就是因为有乡土情、泥巴味,唱的都是老百姓的喜怒哀乐,可以信手拈来,出口成歌。这些山歌是劳动的号子,在田野山林中飘着,在压弯的扁担上颤着,在飞转的纺车上缠着,既激发干劲,又消除疲劳。

三

万安客家山歌根植于客家的深厚土壤中,涵盖了客家生活的方方面面,饱含着丰厚的客家文化信息。从某种意义上说,万安客家山歌是客家人繁衍生息的一幅历史画卷。所以,传承万安客家山歌,就是传承万安客家人的历史。

万安宝山乡狮岩村,有位谢氏老妇,擅唱客家山歌,劳动间隙、茶余饭后、休闲时光，总喜欢即兴唱上几曲。谢氏老人虽于21世纪初去世，但已有几位当地老妇得其真传，演唱水平虽不及谢氏老人，但唱得还算有模有样。

生活在赣江十八滩两岸的众多客家人当中，有一位叫谢芳桂的老人。他从小跟着父辈在赣江十八滩跑船，新中国成立后进入航运公司工作。退休后，他收集了很多万安客家山歌，集成《十八滩号子》，此处截取一小段。

哎呀嘞，
十指尖尖奉一杯。
口问新郎几时回，
门外野花郎莫采。
可怜家中淑娇妻，
待到三更并半夜。
心肝哥，
白马上鞍任郎骑。

“待到三更并半夜，白马上鞍任郎骑”这么生动风骚的民间山歌，比云南民谣神曲《老司机带带我》好很多。可惜的是，《十八滩号子》仅有歌词，并无曲调（谱）。

《万安县志》收录了《男女相见歌》《弹前情歌》《嫁郎要嫁作田郎》《木梓开花白连连》等十来首万安客家山歌，也只有歌词，没有曲谱。

1984年，由江西省吉安地区文化广播电视局出版的《中国民间歌曲集成·江西卷·吉安地区分卷》收录了十几首完整的万安客家山歌，歌词、曲谱俱全，其文化史料价值不言而喻，更重要的是提供了一个极好的学习传唱范本。

县采茶剧团卢山海、雷绍英老师，身为客家后代，对客家山歌情有独钟。多年来，他们遍访宝山、涧田、弹前、棉津等客家人聚居地，致力于客家山歌的搜集、整理工作，录制保存了许多万安客家山歌的音像视频资料，在此基础上创作了极具客家山歌韵味的音乐情景剧《柑子跌到井中心》。该剧集客家情趣唱词、明亮优美的唱腔、诙谐幽默的表演为一体，令人领略客家山歌的无穷魅力。

由于种种原因，万安客家山歌已日渐消亡，濒临失传。其主要表现为：一是人才断层。万安山歌主要特色之一是即兴演唱，这需要靠歌手的长期积累和大量实践才能锻炼出来。一方面，随着生活环境的改变，群众中隔山隔岽唱和山歌的人越来越少。另一方面，职业歌手靠以师带徒的方式来传承技艺，现在的青年鲜有以唱歌为职业者。二是受众日益减少。过去山歌锣子一响，万人空巷。而今，听者寥寥。这些都需要文化部门进一步做好客家山歌的保护和传承工作，让客家山歌在新时代的巅峰唱响。

（罗宏金）

客家山歌选粹

之一

一

哎呀嘞，
万安客家打山歌，
山上山下乐呵呵。
谈情说爱情谊浓，
劝化人和比较多，
内容丰富语精彩，
我的妹，
也是客家文化的一角。

二

哎呀嘞，
大锣小锣也是锣，
东搭西搭就是歌。
只要不涉是非事，
我的亲妹妹，
就算是一支好山歌。

三

哎呀嘞，
唱歌就要锣鼓伴，

唱起就好来跌段，
两种声音相一起，
我的亲情郎，
大家听了喜笑欢。

四

哎呀嘞，
要个（我）唱歌唱你听，
你妹（莫）笑哎（我）作烂衫，
你妹（莫）笑哎（我）作烂裤，
我的心肝妹，
笑哩哎（我）来唱鱼（不）敌（赞）。

五

哎呀嘞，
山歌好唱口难开，
槟榔好食树难栽，
白饭好食田难作，
我的亲妹妹，
花边（银圆）好用银难寻得来。

六

哎呀嘞，
山歌一唱也心宽，
井水一舀又有来，
拉开嗓子歌几只哟，
我的心肝妹，

知情老妹就会和得来。

七

哎呀嘞，

爷爱（娘）仨（生）我性本善，

进奶哺养千辛万苦牵。

求神拜佛来保佑，

要我有病痛来长大。

呕心沥血精抚养，

细心指教做人缘，

正直艰苦办事业，

我的亲哥哥，

为祖公争气荣耀显。

八

哎呀嘞，

爷爱（娘）给我一个脑，

喊爱做事要多思考。

做事莫去生奸巧，

奸巧歪事通介恨。

前面向你吐口水（呸），

过后手指点后脑。

这个人做事太缺德，

恶果最后自得报。

先想后做操心少，

我的情郎歌，

散（省）得事后讨烦恼。

九

哎呀嘞，

爷爱(娘)给我一颗慈善心，

喊爱(我)做事要守本分。

事前就要先细心想，

散(省)得事后来烦心。

想事做事先就要问问什(自)加(己)心，

这样就能和人心。

街上买卖要忠心，

借人家的钱物要凭良心。

哇里几时还守信用，

损人利己的事莫起心，

我的亲哥哥，

这样才能算是命爱(娘)交的心。

之二

十二月恋妹(12 首)

正月恋妹是新年，心中想起嫩娇莲；

好比天上蛾眉月，样得两人来团圆。

二月恋妹是花朝，三头四路想得高；

清早想妹想到夜，夜甫想妹到明朝。

三月恋妹三月三，老妹生得是蛮精；

哥哥想妹千百日，细妹想郎一时间。

四月恋妹四四方，老妹生得是排场；
老妹正当十七八，十七十八好恋郎。

五月恋妹是端阳，划只龙船累坏郎；
老妹好比一篮梨，亚哥食里心更凉。

六月恋妹大半年，心中想起嫩娇莲；
又想同妹交情义，又怕老妹有弃嫌。

七月恋妹正立秋，两人婚姻前世修；
两人情义有敢好，阎王扣簿把情丢。

八月恋妹桂花香，好比日头对月光；
好比金童对玉女，两人情义勇敢长。

九月恋妹菊花开，十分难舍有情妹；
有情吾怕路头远，路头再远也会来。

十月恋妹小阳春，细妹好比穆桂英；
亚哥好比杨宗保，两人合意来交情。

十一月恋妹正立冬，哥哥想妹又一冬；
哥哥想妹又一日，勿晓那久来相逢。

十二月恋妹又一年，打只金钗妹过年；
金钗面上七个字，两人情义万万年。

（谢芳桂　刘汉兴）

祭 祀 歌

祭章是孝子、孝媳、孝孙、孝侄等孝顺的家人对亡者的一种哀思之词，在灵前跪着唱读，如十二月哀悼歌。

正月

柳梯鸡粥尽生机，不料芳辰薤露稀。参尾中时来鹤雁，杏梅开处落旌旗。惊闻吉士黄泉去，泪送伊人蒿里归。此日素帷送君去，他时何处觅芳徽。

二月

杜娟啼矣唳东风，为泪先生禄不终。柳絮当阳头带白，花枝着露泪流红。从此阴阳生死隔，怎得幽冥信息通？泪把玉杯斟几盏，涕如泉涌恨无从。

三月

荷花开放清明天，忽闻极（婺）星落江边。花因作吊齐脱落，人缘悲痛实可怜。清风吹动旌旗舞，绿草含悲泪涟涟。今日哀歌唱不尽，尚望阴灵来鉴旃。

四月

梓树新花发满丛，忽闻凶信恨重重。鹭因作吊齐身白，花亦含悲齐落红。麦熟顿惊成祭饭，客来何处觅清风。铺遥哭奠行三献，尚望阴灵感寸衷。

五月

五月蝈螳嘒嘒鸣，因君去世作哀声，仁人自尔增高寿，木槿胡为不久荣？容听歌心断绝，我闻梵（云）语泪纵横。寻常分别犹难舍，况是离踪隔死生。

六月

日奎昏火正当中，画烛焜煌熄烈风。腐草为萤增别恨，莎鸡振翼助哀衷。泉台势隔音容杳，蒿里情暌信莫通。灵爽于今犹苑在，泪陈不腆恨无穷。

七月

烹菽烹葵味正香，新稻不见吉（孺）人尝。虫声唧唧添离恨，叶落声声助感伤。鹤叫金风悲鸣去，火流西极悼人亡。重泉白白嗟长德，哭奠三杯欲断肠。

八月

鸿雁哀鸣叫夕阳，声声都是悼人亡。朝花白露双垂泪，夜叫秋声欲断肠。麦熟不能轮玉屑，桂开无意尚寒香。音容欲与重相接，天上人间尚杳茫。

九月

几行宾雁叫哀哀，为痛风前玉树催。菊放东篱懒作赋，霜飞露湿不卸杯。从此一旦骑鲸去，何日三宵驾鹤来？一束生刍酬大德，聊将不腆鉴之哉。

十月

岭梅树树暗香稠，为伤先生（孺人）尽白头。山各含悲石骨现，虹霓抱恨彩梁收。素帷萧瑟情何报，丹桃飘扬痛不休。此后无缘瞻道（闺）范，谨呈薄奠泪交流。

十一月

一日呼呼响北风，惊闻彩烛影框红。天心已复人何在，地圻初开恨不穷。冰雪无心气皎质，梅开有意尚芳丛。高情大惠言相报，只在区区三奠中。

十二月

凛冽生寒岁欲终，忽闻凶信恨无穷。凿冰声里星归汉，大腊时闻烛天红。为孝高人梅带白，因悲老人泪流红。深恩重重无以报，聊具菲仪表哀衷。

（许庆华、许诗蕊等）

万安采茶戏

采茶戏俗称“茶灯戏”“灯戏”，源于赣南，至今在万安的历史舞台上走过约130年的历程。采茶戏独具艺术魅力，深受群众欢迎，因此传承至今。

自赣南采茶三角班形成以后，以其顽强的生命力迅速发展。清乾隆至道光年间（1736—1850年），采茶戏在赣南各地兴起。乾隆年间（1736—1795年），陈文瑞的《南安竹枝词》确切地记录了当时的盛况：“淫哇小唱数营前，妆点风流美少年。长日演来三脚戏，采茶歌到试茶天。”清同治版《崇义县志》的风俗篇也有记载：“近复有少年弟子，结束登场，妖娆便环，手戏目挑，口唱淫词，谓之采茶，亦谓闹花鼓。”由此可见，赣南采茶戏当时的社会影响力之大。其间，由于采茶戏里经常夹带一些低级粗俗的内容吸引观众，一度遭到地方绅士的强烈反对，因此采茶戏被诬为“淫戏”而屡遭官府禁演。但民间艺人组织的“自乐班”依然时有活动，他们为了谋生走出家门。采茶戏因此分路流传至闽西、粤北、赣中、桂东、桂南及台湾等地。清朝光绪十七年（1891年）前后，南康、赣县等地的“自乐班”常在良口、涧田、武术、柏岩、沙坪、棉津等地演出。由于“自乐班”使用的声腔语言（客家土语）与这些乡村的方言相近，且演出的节目又多是世俗民情之类的东西，为乡民喜闻乐见，因此吸引了一批万安艺人拜师学艺，并组班演出。赣南采茶戏就这样在万安落地生根，枝繁叶茂。

据记载，1919年前后，万安民间艺人巫继灿、曾宪迩等求艺于南康、泰和等地的“灯戏”艺人，学成后在窑头、百嘉、潞田、高陂等乡收徒传艺，组班演出。1923年，潞田乡东村组建了“东村采茶班”四处演出，从此掀起了万安民间艺人学习采茶戏的高潮。1940年之后的十年，迎来了万安采茶戏组团演出的鼎盛时期。窑头的“中塘采茶班”“汾阳相府三角班”，百嘉的“嘉乐三角班”、枧头的“茅坪三角班”、兰田的花灯班等戏班相继成立，活跃在大街小巷、田间地头、庙宇宗祠。县城西门城隍庙戏台、南门的天后宫戏台、百嘉圩镇的万寿富戏台、高陂乡村背村的界冈庙戏台、涧田乡上陈村的光相寺戏台、良富村的水府庙戏台、良口村的朝庙戏台等各地戏台留下了他们演出的足迹。戏班一般由九至十人组成,农忙时务农,农闲时演出。在管理方法上,每个戏班都有一整套规矩。戏班的演出酬金大都由聘请方包场议价。一般,采茶戏每场一担或三箩稻谷,祁剧三至五担稻谷。班内成员的报酬是在按演出任务和质量评定等级后,按季度或逐月摊分工钱的。班内都有明确规定:不准赌博,不准抽鸦片烟,不准调戏妇女和乱搞两性关系;演员在开演前半小时须到场,开演时未到场者罚跪示众,少则半小时,多则一小时。当时演出的剧目有《卖花线》《盘杂货》《睄表妹》《卖细茶》《王氏劝夫》等。

采茶戏班演出时也会根据当地的民风民俗做调整,一年内不同的月份有不同的名称。如农历正月称"花灯戏",剧目多是《大拜年》《小拜年》《睄表妹》《睄表哥》之类的喜庆剧;二、三月春茶成熟,称"茶灯戏",演出的剧目及唱段多以茶为主题,如《姐妹摘茶》《大摘茶》;村民建房、乔迁请戏班演出,称"开厅",意为"驱邪、庆祥",一般演《金花报喜》《仙姬送子》等剧目。农闲时,大部分人无所事事,在公祠聚赌。此时的节目不求形式和内容,只要热闹,其剧目大都是《卖杂货》《花姑过关》《上广东》《下南京》之类。

万安采茶戏的早期表演依旧延续赣南民间"自乐班"的风格。其表演形式多是对劳动过程、生活动作的模拟,角色多是一旦二丑或二旦一丑的生活小戏,演唱节奏明快、热烈。起板时,演员多用摆腰、云步表演,没有固定的台词和唱词。演员按照中心大意安排主要情节,视观众的情绪随意演唱,吐词粗俗、动作淫邪,大多属调情骂俏之类。

19 世纪 30 年代,百嘉圩镇的福兴园祁剧团把湖南祁剧引进万安。由于受祁剧的影响,观众欣赏水平有所提高,"灯戏"的粗俗歌舞已满足不了观众的需要。各采茶戏班从祁剧的剧目中移植了《上京求名》《文武高升》《打洞结拜》等一批观众喜闻乐见的剧目,充实了采茶戏的表演内容,极大地丰富了采茶戏的节目内容,提高了采茶戏的艺术水准。在表演形式上,丑、旦角在继续保持和运用原采茶戏的基本表演手法的同时，小生和须生则完全或大部分借鉴祁剧的表演手法。在唱腔方面，从祁剧声腔中吸收了西皮、二黄、昆腔、滚板等板腔。创新后，内容更丰富，形式更新颖。

万安采茶戏演出时，矮子步、扇子花、单袖筒为表演三大主要元素。伴奏乐器包括勾筒（竹制二胡，后被二胡代替）、锣、鼓、钹、木鱼、唢呐、笛子等。音乐由唱腔、间奏曲牌、打击乐三部分组成。声腔分“采茶调”“路调”“灯歌”“花鼓小调”四大类。在声腔、曲调、演奏方面还借鉴了京剧、越剧、黄梅戏的一些板式和演奏方法，所以它既有茶腔风格，又有新的弹法和板式，具有旋律流畅优美、节奏明快活泼、地方色彩浓厚、风格统一、表现力强的特点。

1956 年 3 月，万安县成立唯一的一个专业采茶剧团，并一直延续至今。剧团在演出大、中型古典戏时，借鉴京剧的表演手法，移植京剧中的锣鼓经牌，配于采茶戏声腔曲调中，形成“京锣土调、京土结合”的万安地方采茶戏。数十年来，采茶剧团不断创新，积极创作，打造了一批富有时代气息、群众喜闻乐见的精品节目，创作大、中型采茶戏剧目 16 个，如《红旗插在朝阳》（1958 年）、《渡口新兵》（1972 年）、《红梅》（1964 年）等，整理大、中型传统采茶戏剧目 8 个，移植京剧、越剧、赣剧、汉剧、豫剧、评剧、歌舞剧、莆仙戏、花鼓戏、川剧、扬州淮剧、高甲戏、话剧、黄梅戏、晋剧等大、中型古装、现代采茶戏剧目 115 个。

2005 年江西省启动农村文化建设工程后，每年演出 220 多场，受益群众达 18 万人次以上。一批立得住、叫得响的优秀作品应运而生，如《红色农家乐》《随礼》《赔禾记》《爸爸妈妈回来了》《雷雨过后》《半边门》《赌博的苦果》《烂钵头》《良心》《板凳龙》等。其中《赔禾记》被评为 2016 年国家艺术基金资助项目，获首届“汤显祖戏剧奖·小戏小品奖”大赛演出一等奖，第六届江西艺术节·第十届江西玉茗花戏剧节小型剧目演出一等奖；《红色农家乐》在 2018 年“茶香中国”首届全国采茶戏会演开幕式上展演，获江西省第三届“汤显祖戏剧奖·优秀小戏小品曲艺大展”剧目演出二等奖；《随礼》获第六届江西艺术节·第十届江西玉茗花戏剧节小型剧目演出二等奖；《雷雨过后》获江西省“创新创业共建和谐”小戏小品调演剧目二等奖和第四届江西艺术节(第八届江西玉茗花戏剧节)优秀剧目奖;戏曲小品《鸭缘》获第十届中国艺术节戏剧门类作品“群星奖”、第十届华东六省一市戏剧小品大赛金奖;等等。

2012 年,万安采茶戏被列为市级代表性非物质文化遗产。

(刘卫东)

第五辑　诗　　词

万安是中原大地曾经的交通要道，围绕万安以及赣江黄金水道，无数先贤曾留下一篇篇千古佳作，或吟诵大好河山，或抒发个人感慨，或借景抒情，或托物言志。一大批历史文化巨匠都曾在万安这块土地上留下足迹，其中最著名的莫过于文天祥、辛弃疾、苏轼、杨万里等。当然，也包括从万安走出去的成功人士、在万安为官从商者留下的诗词。经历了时光的冲洗，现在这些诗词都成了光辉的篇章。

经历赣江十八滩险情的名家大腕，何止唐宋两朝的。据现有的文字记载，往前有南北朝的郦道元，往后有元、明、清、民国时期的才俊豪杰，仅留下传世诗作的就有69位。大明奇才、哲学家、反清勇士方以智非常仰慕文天祥，曾在庐陵隐居多年。1671年的一天夜晚，当他乘船路过惶恐滩时，竟趁着皓月当空，赣水奔腾之际，纵身一跃，飞入滩中，以死明志。值得一提的还有宋朝一个叫王阮的诗人。虽然他在历史上不是很知名，可他的《黄公滩》一首，却很有些意思。诗曰："水溯安流舟不难，人心自畏石头顽。黄公误听作惶恐，玉局先生盖谓滩。"诗里戏称苏东坡错把"黄公误听作惶恐"，同时他认为船过惶恐滩，并不可怕。相反，人们害怕的根源，实际是"人心自畏"，故而"石头顽"。曾任万安知县的清代诗人胡万年为了宽慰自己，宽慰远方的客人，写下了《惶恐滩》二首，第二首写道："吉州南上水环湾，惶恐滩头是万安。来客莫言万安恶，万安无数好青山。"但清代的袁枚却不这样看，他在《过十八滩诗》里写道："一滩已觉险，况乃滩十八。何年修罗王，留此众罗刹。"一个滩就足够危险，何况有十八个呢。当然，这个感叹或许隐含着诗人某种人生况味。

文天祥和惶恐滩

“惶恐滩，惶恐滩，十船过滩九船翻。”此言非虚。赣江十八滩，滩滩鬼门关。特别是第十八滩——惶恐滩，更有“惶恐滩，阎王滩，船到滩前吓破胆”之说。

惶恐滩，暗礁嶙峋，状如剑戟，奔波激浪，怒若雷鸣，许多过往船只惨遭覆舟之祸。奇怪的是，这样一个激流险滩竟吸引了许多商贾游人和文人墨客，或览胜探奇，或赋诗作画，充满了传奇色彩，真是“行客尽言滩路险，谁教君向险中来”。

其中就有民族英雄文天祥。文天祥是从庐陵走出来的状元郎，不但一表人才、才华横溢，而且正气凛然、忠君爱国。不知为何，他也和惶恐滩结下了不解之缘，以至惶恐滩凭借他的一首千古名诗而名声大噪，代代相传。

文天祥像

年轻时，文天祥曾沿着赣江逆流而上，经惶恐滩去赣州会友。他与万安韶口乡的南乾学士赖俊叔、诗人赖伯玉酬和诗词。他也曾兴致勃勃地来到万安的百嘉渡口秘书阁，会见曾任南宋秘书的张宗周，并为他题写“晚翠楼”的牌匾。他还曾在百嘉段家村义士段奎斋创办的学舍讲学，并题“昂溪书堂”牌匾。他曾游万安的三穗寺，寺院的光山长老以“蜜溪水、神潭茶”热情地招待他。

宋理宗开庆元年（1259 年），元军气势汹汹，设重兵于边界，入侵东北边陲，蹂躏华北大地。至宋咸淳十年（1274 年），元军已大举南下，饮马长江，威胁京都临安，朝廷一片慌乱。德祐元年（1275 年）正月，宋太后下《哀痛诏》，并给江西提刑兼知赣州的文天祥一道专旨，要求他招募兵员，迅速发兵，奔赴京都。

文天祥接到诏书，立即商讨起兵方略，发出“讨元檄文”，联络赣州、吉州、广东、湖南等四方义士，招募将士五万余人，浩浩荡荡地从赣州而下，来到惶恐滩头。

这一回，他又来到芙蓉寺，受到僧侣们的欢迎。月波禅师曰：“小僧见大人抗元檄文，十分感动，已筹银三千，贡献义军。集俗僧三千，虽是野老村夫，但人人有降魔之志，个个有报国之心。只要大人一块令下，汝等不怕赴汤蹈火，粉身碎骨。”说完，他又奉上草诗一首：“时危聊作将，事定复为僧，生抛一腔血，死留千秋名。”文天祥感慨地说：“山林川泽之间，大庭广众之中，见义勇为者，赤心报国者，大有人在。此乃大宋之希望也。”

其间，文天祥在万安县令的陪同下，走向县衙。门口，突然有个壮年匆匆求见。该壮年豪情满怀地说：“门生张伯玱拜见大人。门生是本县梨岭人，闻大人勤王义军到此，愿倾家资万石，以资军饷。”文天祥连忙说：“谢谢，谢谢！”县令说：“刁民之言不可信。”张伯玱忙说：“禀大人，门生家产已变为白银，现置小船中，请大人查收。”文天祥白了知县一眼，便派书吏郑仁去船上验看。接着又有一青年拜见文天祥，原来是刘庆元组织的人马要加入文天祥的勤王义军。文天祥喜不自禁地说：“欢迎，欢迎。在国难当头之际，有人临阵脱逃，有人卖国求荣。可你们有钱出钱，有力出力，难得有你们这样忠勇爱国的义民。我们一定要枕戈达旦，以死报国。”说着，他写下了“拼死文天祥”五个大字。

接着，文天祥率领勤王抗元义军顺江而下。相传，在经过惶恐滩时，发生了一件很稀奇的事。就在滩师随船引渡，飞舟轻疾如箭之时，忽然一条大鱼跳入船头。只见那鱼银鳞闪闪，双目朱红。众人惊呼。而船工却齐声祝贺道：“好兆头，好兆头！这是赣江神龙所化，入舟大吉大利，过滩吉祥平安，大人可祈祷以勤王大事，有求必应，收复失地，屡战屡胜。”听罢船工的一席话，文天祥淡淡一笑，叫人依俗微剪鱼尾，再将鱼投入江中，并正色道：“三慧寺里，天意难测，我不畏苍天；惶恐滩头，神龙化鱼，我不求神灵；奸妄之徒，造谣中伤，我不惧人言。”说完，船队顺利渡过险滩，一群鸥鹭迎风飞翔，好像在欢送义军。

德祐二年(1276年),文天祥被任命为右丞相兼枢密使,派往元营谈判,被元军扣留。在镇江脱险后,由海路南下,继续调集义军抗元救国。景炎三年(1278年)12月20日,文天祥不幸在海丰五坡岭被元军所俘。元将张弘范将他押上战舰,要他写招降书。在船过零丁洋时,文天祥百感交集,思绪万千,挥笔写下了《过零丁洋》一诗:

辛苦遭逢起一经,干戈寥落四周星。
山河破碎风飘絮,身世浮沉雨打萍。
惶恐滩头说惶恐,零丁洋里叹零丁。
人生自古谁无死?留取丹心照汗青。

此诗借惶恐滩和零丁洋两个地名,突出了作者眼看山河破碎、国破家亡的愁闷和痛楚,也抒发了忠贞不渝的爱国情怀。“人生自古谁无死?留取丹心照汗青”一语更是震撼人心,传诵一时。

至元十六年(1279年)三月十三日,元军将文天祥押至广州。四月二十二日,他们从广州出发,过梅关、至南关,顺赣江而下,再一次经过惶恐滩。船到万安县时,文天祥低首沉思片刻,再次挥笔,写下《过万安县》一诗:

青山曲折水天平,不是南征是北征。
举世更无巡远死,当年谁道甫申生。
遥知岭外相思处,不见滩头惶恐声。
传语故园猿鹤好,梦回江路月风清。

这是他最后一次经过万安县,也是最后一次经过惶恐滩。此后,元军押着他一路北上,直至大都,囚狱三年。至元十九年十二月初九(1283年1月9日),文天祥在北京柴市口终于被杀,年仅47岁,留下了不朽英名。

(郭志锋)

辛弃疾和造口壁

赣江“十八滩”，其中九滩在万安。而在武术滩、小蓼滩之间有条河叫造口河。造口河发源于上造、下造之间，流经柏岩、沙坪等村落，蜿蜒而下，注入滔滔赣江。因此造口河和赣江的交汇处就叫造口。造口本来是个鲜有人知的小地方，但是宋朝大诗人辛弃疾一首《菩萨蛮·书江西造口壁》，让它千古流传。

辛弃疾于1140年生于济南市历城县四风闸，从小受祖父辛赞的熏陶和名师刘瞻的指点，崇文尚武，聪慧过人。他是个“上马能杀敌”“下马能草檄”的卓越英才，曾率领两千多人马参加农民领袖耿京的义军，投入抗金战斗的洪流，为收复失地、统一祖国奋斗。然而，奸臣当道，他提出的许多抗金作战计划和收复失地的建议，却没被朝廷采纳，反遭主和派打击，导致他丢官降职，退隐江湖。1175年，经滁州留守叶衡雅力荐，辛弃疾出任江西提点刑狱，驻地虔州，也就是现在的赣州市。

1176年的一天，他途经十八滩，来到造口，站在一块巨大的岩石上，望着巍巍的千山万壑、滔滔的千里赣江，想起了被异族统治和蹂躏的家乡，想起了苦难中的中原大众，想起了四十多年前一支追赶元祐太后的金兵，深入造口，烧杀抢掠，屠杀百姓，浮尸赣江，惨不忍睹的情景。

这段历史，真是令人感叹。

宋靖康二年（1127年），金兵大举入侵中原，宋军大败，金兵乘势攻入大宋京都开封，掳走徽、钦二帝，北宋灭亡。一班宋室臣子拥戴康王赵构逃到南京（今河南商丘南），做了高宗皇帝，改元建炎，史称南宋。这高宗皇帝也是一个腐朽的人物，加上宋朝元气已丧，哪能抵挡金兵南侵。仅两年时间，金兵就冲破南宋的长江防线，建康（南宋新京都，即今江宁）、临安（今杭州）相继失陷，赵宋宗室纷纷南逃。高宗皇帝逃到了浙江。他见金兵紧追，就叫同行的元祐皇太后往洪州（南昌）逃去，以分散金兵的兵力。元祐皇太后原姓孟，洛州人，哲宗帝的皇后，因居元祐宫而名“元祐太后”。徽宗即位后，她被封为皇太后，元祐皇太后刚刚到南昌时，江西安抚制置使、洪州知事王子献害怕金兵，早已弃城逃往抚州，大家只好推举当地人朝请郎李积中代理洪州知事。谁料还没有等元祐皇太后好好地喘口气，金兵大队人马又杀将而来，李积中不战而降。元祐皇太后闻讯匆忙逃出南昌，决定先去吉州（今吉安），最后退居虔州（今赣州），无奈早有叛将告密。听说元祐皇太后在此，金兵更加紧追不舍。这下可真苦了逆赣江而上的皇太后。皇太后刚临吉州，金兵就追至城下，吉州守臣杨渊弃城而去。元祐皇太后不敢驻足，只好沿江而上，继续南行。刚到泰和县城，在陆路掩护元祐皇太后的部将都指挥使杨惟忠所领一万人，沿途都被金兵击溃，部将傅选、司全等九人逃走，宫人失去一百六十人，金银珠宝散失无数，只有使臣王公济等死死护卫着元祐皇太后，一路狂逃。

那时，赣江水浅，船难行，过了黄公、小蓼等险滩，将至万安县的造口时，金兵分二路追了上来：一路在赣江东岸，乱箭刷刷地射向御舟；一路在赣江西岸，战马飞腾，尘土飞扬，叫人心惊胆战。元祐皇太后见此阵势，心想难以逃脱了。正焦急之中，身边的太监指向造口壁处：“那儿不是一条小江吗？”没错，那就是发源于深山之中的造口河，河面约一百米宽，河水汇入赣江。元祐皇太后急忙指挥船只弯过造口壁，进入造口河。两岸的金兵万万没想到，凭空出现一条河。千军万马眼睁睁地看着船在河中远去，接着几个强壮的农夫背着元祐皇太后逃进了造口密林。

等元祐皇太后仓皇逃到一个小山村时，忽见一群人围在路边。她心里又猛然一惊，失色道：“刚从刀下脱身，想不到又遇见绿林强盗，命难保矣！”此刻，使臣王公济却上来禀报：“皇太后，礼部尚书许贵在此迎候多时了。”元祐皇太后闻声，睁开眼来，果见曾随宗泽勤王有功、由兵部侍郎加封礼部尚书的许贵，跪在地上叩拜。元祐皇太后忙唤“平身”，想不到天下大乱、自己落魄荒野的苦难之时，告老还乡的许贵竟然还会前来恭迎，真是忠臣难得啊。想到此，元祐皇太后不禁潸然泪下。

许贵像

许贵，号公和，系弹前乡上洛村人。宋绍圣丁丑年(1097 年)举进士，任秘书省校书郎，后迁兵部侍郎。靖康年间，许贵曾随宋军副元帅宗泽勤王抗金，引兵南下救援京师，立下大功，升迁为礼部尚书，后告老还乡。许贵虽然远居山野之间，仍然时时记挂着国家社稷的危亡，得知元祐皇太后在造口逃脱了金兵的追赶。他立马率领村民迎候在皇太后往虔州的必经路上。

忆及这段感人的往事，辛弃疾深为元祐太后的不幸而叹息，也为许贵的忠诚而感慨。百感交集之际，他情不自禁，诗兴大发，提笔在石壁上题写了一首词，这就是千古流芳的《菩萨蛮·书江西造口壁》：

郁孤台下清江水，中间多少行人泪。西北是长安，可怜无数山。

青山遮不住，毕竟东流去。江晚正愁余，山深闻鹧鸪。

这首词寓情于景，景中生情，不仅表达了对山河破碎、国事日非的痛惜，对金兵抢掠杀戮罪行的愤恨，寄托着对家乡和中原地区人民深切的怀念，同时揭露和批判了统治阶级的投降路线，表现了他高尚的爱国主义精神，反映了历史潮流滚滚向前、势不可挡这一千古不变的规律。

（郭志锋）

苏东坡与惶恐滩

1094 年仲秋,夕阳里,一艘官船溯江而行。船头立着一个头戴靛青斜角方巾、身穿玄色夹袍的老人,他就是苏东坡。

苏东坡要去的地方是遥远的惠州,职务是宁远节度副使。这一年,整个朝廷浊浪滔天,"新党"执政,"元祐"党人再度受挫。因苏东坡起草的制诰、诏令"语涉讥讪""讥斥先朝",于是苏东坡由定州知州调任英州知州,级别下降一级。未及到任,他又被贬到南方任职。数月内,他连连遭贬,官阶一次比一次低,地点一次比一次偏,最后安置于惠州,竟然还"不得签书公事",也就是说失去了个人自由。

当时的赣江,已是南北相连的交通要道。《史记》曰:"三十三年,发诸尝逋亡人、赘婿、贾人略取陆梁地,为桂林,象郡,南海,以适遣戍。"又云,"三十四年,适治狱吏不直者,筑长城及南越地。"说的是秦始皇时期,就已经开始选派罪犯流放到岭南地区,以开垦荒地,惩罚罪犯。《汉书》卷九十五记载:"元鼎五年秋,卫尉路博德为伏波将军,出桂阳,下湟水;主爵都尉杨仆为楼船将军,山豫章,下横浦;故归义粤侯二人为戈船,下濑将军,出零陵,或下漓水,或抵苍梧;使驰义侯因巴蜀罪人,发夜郎兵,下牂柯江;咸会番禺。"横浦即现在的大余县梅岭。著名史学家范文澜在《中国通史简编》里指出,从唐朝起,就有这样一条大通道:从长安出发,经洛阳、开封、商丘,再过徐州、寿县、丹阳后进入江西九江、南昌;沿赣江而上,至万安县、赣州,再弃船登岸,经南康、大余的横浦关(梅岭),最终到达岭南。

也正因为赣江地理位置重要,按胡铨在《厅壁记》里所说,就是"路当冲要,溯上则喉控交广,顺下则领带江湖,水陆之险阻,漕运之会通,事至繁也",流域经济十分发达,所以朝廷在 1071 年特批从龙泉(今遂川)县、泰和县、赣县等地划数乡合并到 943 年设立的万安镇,改镇为县,设立万安县。

虽然赣江水道“路当冲要”，但是水路十分艰险。从赣县沿江而下，到万安县，需经历十八个险滩。对于这些险滩，当年曾有歌谣流传：“赣江十八滩，个个鬼门关。”而其中的黄公滩更是凶险无比，“黄公滩，黄公滩，十船过滩九船翻；黄公滩，阎王滩，船到滩前吓破胆”。为确保安全过滩，往来客商都得在万安县聘请滩师（即现在的领航员），由滩师站在船头进行指挥，以防船身触礁或是驶入深潭旋涡。

此时，站立船头的苏东坡并不理会这些。他仰头望天，或许想到的是不久前离世的妻子。妻子王闰之，人称“二十七娘”，不但貌美如花，而且温顺贤惠，陪他度过了最艰难的黄州岁月。相伴二十五年的妻子，竟然在他离京前溘然离世，这令他痛苦不已。或许他想到的还有刚刚故去的太皇太后。这位高太后欣赏苏东坡的过人才华，欣赏苏东坡耿直刚强的性格，曾多次提拔他，是苏东坡名副其实的守护神。可是这一切的一切，都随着太后的离去，烟消云散。太后一离去，皇帝马上变了脸色，居然在苏东坡离京时勒令他不得面呈圣上！多少个夜晚，苏东坡围着皇宫，在月光下彷徨，泪流满面！多少个清晨，他守在皇宫前等待召见，等来的却是圣上以“本任阙官，迎接人众”为借口，不予召见的消息……

想起这些，苏东坡内心掀起一阵阵巨浪，和着赣江的浪花一起剧烈翻滚。

船渐渐地靠近黄公滩，小小船只如同一片树叶，飘进了汹涌的波浪中，在狼牙交错的礁石之间起伏、颠簸。随行的侍妾王朝云、小儿子苏过望着四周的山峦，都惊恐地瞪大了眼睛。苏东坡镇定地抻长袖子，替儿子抹了抹溅在脸上的江水，把他俩轻轻地推入低矮的船舱，自己却坚定地走上了船头，站在滩师的身后。

抬头，眺望的是西山上的夕阳；低头，看见的是赣江中的波浪，苏东坡有感而发，不禁向着天空大声地吟道：

七千里外二毛人，十八滩头一叶身。
山忆喜欢劳远梦，地名慌恐泣孤臣。
长风送客添帆腹，积雨浮舟减石鳞。
便合与官充水手，此生何止略知津！

这首名为《八月七日初入赣过惶恐滩》的诗作，前半部略显凄苦，后半部却开阔向上，不但表达了苏东坡此时此刻的心境，更显示了他豪放达观的性格。诗中，不知苏东坡是为了与上联"山忆喜欢劳远梦"的"喜欢"相对偶，还是确实感觉到了黄公滩的令人慌恐之处，在下联写下了"地名慌恐泣孤臣"。著名的黄公滩由此改名为"惶恐滩"，从此载入了中国的地理史和文学史。

经过了惶恐滩的苏东坡，即使还有十七个险滩需要经历，那也是大巫见小巫了。

（郭志锋）

杨万里做客万安

杨万里(1127—1206),字廷秀,号诚斋,南宋庐陵吉水县人。他出身农家,家境贫寒,几代没做官的。宋绍兴二十四年(1154 年)中进士后,始做赣州司户,后调任湖南零陵县丞。宋孝宗时(1163—1189)任临安府教授。不久,丁父忧,在家守服。服满,出知漳州,旋提升广东常平茶盐,后知筠州,又调知赣州。宋光宗时(1190—1194),历秘书监,出任江东转运副使,因韩侂胄当权,再召皆辞。宋宁宗时(1195—1224)以宝谟阁学士致仕,卒谥文节,有《诚斋录》行世。

诚斋淡于功名,以气节自高,忠义闻世。据《余冬序录》记载:“韩侂胄当国,欲网罗四方知名之士相羽翼,尝筑南园,属杨万里为之记,许以掖垣。万里曰:‘官可弃,记不可作。’”可见他当年不附逆权相,是真正的有气节之名士,与朱敦儒受知于秦桧(秦桧请朱敦儒教其子)。陆游为韩侂胄南园作记,益觉杨万里高风亮节,可钦可佩。

杨万里的诗构思新巧,语言通俗明畅,自成一家,当时称为“诚斋体”。存诗 4200 多首,以写景咏物见长。他的词虽不多见,但俏丽别致,有出尘拔俗之想,正如他高洁的人品一样。

宋淳熙十六年(1189 年),杨万里奉命迎接金使,写下《初入淮河四绝句》,表现了他对淮河两岸人民丧失交往自由的痛苦和无奈,以及希望恢复国家统一的心情。

杨万里对万安富有感情。万安有隐士曾三异,号竞秀,为宋元丰年间(1078—1085 年)忠节之士曾仔的嫡后裔。绍兴庚午(1150 年)中试国学。因无意仕途,寻归隐山麓,草篱野服,披读道书,喜曰:“吾所往还者惟白云耳,可执小品法华作孙登长啸矣。”便在县邑大蓼筑竞秀亭以自适。杨万里与之过往甚密,留有《寄题曾子与竞秀亭》一诗:“老夫上下蓼花滩,每过君家辄系船。尊酒灯前山入座,孤鸿月底水连天。暄凉书问二千里,场屋声名三十年。竞秀主人文似豹，不应雾隐万峰边。”足见他义节坚贞高尚，坦诚相见，不存污垢，不愧为南宋杰出的诗人。

据万安旧县志文翰志记载，杨万里咏万安诗有七首，其《过皂口》一诗颇具意境：“赣石三百里，春流十八滩。路从青壁绝，船到半江寒。不是春光好，谁供客子看？犹须一尊渌，并遣百忧宽。”

（刘盛瑞）

丁日昌知万安

近代中国,清廷腐败软弱,外寇逞凶侵略,国家处在危急之中,一批志士仁人勇敢地站了出来,或维新,或洋务……其中一位佼佼者,就是客家人杰丁日昌。

丁日昌,字禹生(一作雨生),广东丰顺县汤坑人,廪生出身,为清末名宦曾国藩著名幕僚。他痛恨外国侵略者,呼吁国人莫忘八国联军入侵的"戴天之仇",主张"急图自强""以御外为要",为此须"广为延致"各种人才。在他的促成下,中国第一批赴美留学生得以成行。他坚决主张中国要自己办工业,"购西洋之机器,师西洋之巧匠"。在李鸿章等人的支持下,他主持买下美商旗记铁厂,助李鸿章创建了清政府最大的军工企业——江南制造总局。他最早提出创建北洋、东洋、南洋三支军舰队,共守海疆。他卓有远见地提醒国人:日本必定侵略中国,而且"必先图台湾",建议"台湾尤当首办防务"。他关心黎民和华侨疾苦,兴修水利,勤赈救灾,敢于平反冤狱,惩治贪史,革除弊政……他是近代中国富有革新精神的爱国政治家、洋务运动的实干家和近代客家杰出人物。时势造英雄,他的官也越当越大,苏松太道、两淮盐运使、江苏布政使、江苏巡抚、福建巡抚兼督船政、南洋会办海防节度水师、兼理各国事务大臣……

丁日昌仕途辉煌,却是从江西万安县开始起步,登上政治舞台的。

清咸丰四年(1854 年),出身廪生的乡绅丁日昌在潮州府城保卫战的紧急关头,亲率乡勇三百增援,协助守军击败吴忠恕为首领的三合会,"以守城功"被提拔为琼州府学训导。清咸丰九年(1859 年),升任江西万安知县。

丁日昌上任之时,清兵与太平天国军队鏖战,给万安造成的满地痍伤还没有医治过来,贫苦民众到处流离失所,商旅不振。丁日昌到任后,首先贴出告示,安抚民众,劝耕劳作,复兴商业。他深入乡村倾听民众呼声,积极消除官衙积弊,使万安民众得到休养生息,社会秩序安定下来了,农商经济也开始活跃起来。丁日昌一生嗜好读书,是著名的藏书家。他发扬客家人重视教化的传统,对兴办教育特别感兴趣。在万安，他经常召集童生到县城考棚，亲自给他们讲学，鼓励学子们发奋苦读，立志成才。他到任才三个月，就带头捐俸，修复了毁于兵火的云兴书院和城隍庙，还资助困难童生读书。一些贫穷的童生赴考没有路费，他得知后，向他们赠送银钱，让他们及时赶考。当年乡试，他资助的考生中，有几人红榜告捷，丁日昌十分高兴。

当时，知县理讼断案是主要职责。丁日昌刚到任时，积案很多，每月还收到三四十份状纸，他均认真阅读，予以清理，秉公断案。由于他经常在乡间微服私访，而且及时办案，惩恶扬善，不法之徒和贪官劣绅听到他的名字即畏怯。到后来，每月收到的状子“仅四五纸矣”。他在民间访问时听到庠生刘廷燮的“义烈”事迹。刘廷燮，万安县城西横街人，咸丰六年(1856 年)太平天国石达开部队攻打万安时，他躲避到乡下，不料又遇见了太平军。太平军强行要他下跪，他一介书生，血气刚烈，不肯下跪，还傲烈地说：“我大丈夫岂为尔辈小丑屈膝!”被激怒的太平军杀了他，并剖尸抛入江中。丁日昌很感慨，认为刘廷燮言行符合孔孟之道，尤其应在士子中弘扬，以扶正统之气，于是特为其墓题写了挽联：“卫道作干城想见文山高弟子；招魂归里社至今滩水泣斯人。”此举在当时影响很大，为恢复社会秩序和教化、经贸起了促进作用。

丁日昌在万安当知县不到一年，其突出政绩和卓越才能不但受到广大绅民的赞扬，而且受到上司甚至朝廷的赏识，而于咸丰十年(1860 年)，从江西小县万安调任大县、州府所在地庐陵(今吉安)县任知县。万安绅士和民众闻讯知县丁大人荣升庐陵知县，纷纷前来祝贺，依依不舍地提鸡携蛋为他送行。丁日昌对勤劳纯朴的万安绅民同样有一种恋恋不舍的心情，对千里赣江滔滔不息的惶恐滩头也怀有特殊的情感。刚登上仕途，刚做出政绩，就要告别苏东坡、文天祥歌咏过的万安，丁日昌心情激动，举笔凝思，一挥而成，写下了《留别绅民八首》诗。

(一)

朔风吹雪一冬晴，谁画阳关意外声。

傍路堠嫌迎送苦，出山云笑往来轻。

四郊荼色春难遍，五夜鸿嗷梦屡惊。
满眼疮痍万行泪，忍听离笛遍江城。

（二）

截登留鞭两默然，简书催上路三千。
漫呼众母民何补，敢说从公我独贤。
短犊眼云原草湿，长鲸掉海浪花园。
如何谬擅屠龙技，未许烹鲜许割鲜。

（三）

回首黄岩隔几重，未曾亲去觅仙纵。
胡侯句好尘难浣，温令词高藓半封。
夕照易斜开宝塔，晓风犹送赤乌钟。
何时始遂追攀约，遥望烟岚荣短筇。

（四）

惶恐滩流日夜忙，芙蓉门外集舟航。
春深花放蛤蟆渡，秋老烟迷豸绣坊。
何处水山谐乐韵，至今输墨识泉香。
斗牛瑞应丰城剑，广厦重开望正长。

（五）

重遭兵燹景全非，太息流亡半未归。
敢信沿村消雀角，犹怜尽室卧牛衣。
田无可种凭半歉，俸纵能分有瘠肥。
欲救与薪愧怀水，监门图在泪频挥。

（六）

知否江山识大苏，桑前三宿等浮屠。
鸡听祖逖声非恶，扪尝中郎蚌已枯。
千里易行缘骥尾，九渊难觅是骊珠。
分明蜃气楼台现，敢为春风便忆鲈。

（七）

两月匆匆此发硎，欠留诗句写烟汀。

都无荒径营元亮，可有青山养伯龄。

懒得民怜稀积牒，瘠能向义渐穷经。

多惭父老临歧语，怅望侬如望岁星。

（八）

翻因捧檄遂晨昏，宦海光阴指漫抡。

别绪黯消南蒲草，政声悉负北堂萱。

翘翘车乘怀朋友，叠叠云山绕梦魂。

燕子重来春已老，苍茫何处认巢痕。

（附注：诗中"黄岩""惶恐滩""芙蓉门""蛤蟆渡"，均万安县境内地名。"大苏"指苏东坡。"文山"指文天祥。）

诗言志，字凝情，字里行间，透出客家才子、诗人实干家、政治家丁日昌对万安山水风光的留恋，对纯朴小县绅民的深情。从此，丁日昌离开万安，踏上了新的仕途。他在庐陵县当知县亦不足一年，就高升调往江苏，以后仕途一直鸿运高照。他从政几十年，一直没有忘记在江西万安任知县的这段难忘的经历，始终以自撰对联为勉——

官须呵出，干来若处处瞻顾因循，徒负刑章终造孽；

民要持平，待去看个个流离颠沛，忍将膏血入私？

在晚清的政坛上，客家丁日昌是不可多得的人杰。

（耿艳鹏）

古稀知府张成章

张成章，字万瑜，号简亭，谥醇正（后人称简亭公），福建省永定县太平里北山村人氏。他68岁时才出任万安知县，77岁时护理（代理）吉安知府事。乾隆十七年（1752年）的《汀州府志》和乾隆二十二年（1757年）的《永定县志》、道光十年（1830年）的《永定县志》、民国二十九年（1940年）的《永定县志》均有他的传记。

张成章生于清朝顺治八年（1651年），素性至孝，勤读好学，寒暑不辍。时人称其"质虽鲁而勤读，才虽钝而深思"。少年时，他就读于父亲羽苞公创办的本村私塾梧柏轩，日以读书为事，在晦明风雨之下，切磋琢磨，穷研苦究。曾在学舍内题联"不入儒林犹如天地弃物，少弛学业便是父母罪人"，后又题联"拼死留心不怕书源似海，舍生下手定教铁杵成针"，表达了自己非入仕林以慰亲心的雄心壮志。

康熙二十二年（1683年）癸亥科试，蒙学院丁蕙取进县学第三名，书题《阳货欲见孔子》，时年33岁。后又经岁试拔取优等，督抚月课观风第一名。

父母去世后，读《诗经》中《蓼莪》篇，为诗中"哀哀父母，生我劬劳""欲报之德，昊天罔极"所打动，仿作《九我哀歌》，决心继续发奋读书，以报答父母之恩。

康熙三十八年（1699年），张成章赴福州参加乡试，以《诗经》中试张远榜第五十名举人，于十月二十六日辰时在北山大宗祠竖石桅杆，时年49岁。

之后，他在各处讲学，后被上杭县大洋坝石门罗家敦请去执教讲学。春天的一个早晨，张成章推开窗户，见窗前发笋一对，灵感一动，偶得联句"窗前雨润生玉笋，户外春风报金魁"，认为时运将至，于是辞去教席，参加庚辰（1700年）科会试。结果，大挑一等，拣选知县候任，时年50岁。

康熙五十五年（1716年），张成章偕五弟五章（号仰林）往京师游历谋职。第二年五月二十五日朝见皇帝。以左手抽签，选授万安县任知县。康熙五十七年(1718年)五月,张成章赴任,时年68岁。同行者有张妻赖氏、二儿又英(号作霖,为张成章在万安的主要幕僚,雍正三年卒于万安县署)与媳陈氏、四儿媳赖氏等。

张成章莅任之初,正风俗,革陋规,省刑罚,薄赋敛,号令严,行法宽。粮减加耗,米除淋尖(禁止买者量米以三尖三踢的卑劣手段购米,立石斗为公斗于米市场)。日用所需,与民价取。讲圣谕,课士文。导化愚顽,诱掖奖劝。建漕仓于皂口,便民输纳,遂使皂下子民开邑以来顽梗不畏法者,皆知风感化,改过迁善。向之所谓秋粮不运、漕米不交者,至今咸踊跃争先矣。

张成章还极重视科举教育。到任不久,他就严格挑选县内俊彦之才课艺论文。科岁考试期间,安排文学贤士巷舞途歌,吟诗说礼。万安县重文的风气为之大振。

康熙五十九年庚子(1720年)江西省乡试,张成章为同考试官,入内帘,分房闱中。他参加阅卷,公正谨慎,所推荐者取中门生举人十名(陶思贤、毛日惠、胡志仁、钟文明、万上达、王允澄、汤奕浚、黄赐命、徐大梁、何大任),副榜三名(张允沆、陈国柱、彭翔)。张成章亦被江右称为"闽省宿儒、龙岗名士",以示五云皆得雅化。

面对水上交通要道之险要,张成章上任伊始便朝思暮想,立志蓄俸平险,却一直找不到施工的机会。康熙六十年(1721年)夏末秋初,恰遇天旱严重,江水干涸,险石突现,张成章首先自己捐俸百金,又汇集绅士客商题捐,先诚心斋戒,于中元节之良辰亲诣滩所,祝告天地河神,并督令全县各乡石匠不分昼夜,努力不辍,凿去滩中最险峻尖突的怪石。趁此数十年不遇之大旱之时,铲除了千百年来的险滩。德泽后世(《汀州府志》载"凿惶恐以便舟行")。万安县绅民为此勒碑纪念,赠诗赞扬。往来舟楫,歌功颂德。隆重的庆功典礼上,县教谕刘兆谦题写了《疏凿惶恐滩诗与序》:

十八滩舟行甚险,而惶恐滩为最。邑侯张令来宰万安亟欲平之。会辛丑秋,河干石现,不吝捐资兴工疏凿,不越二旬而险除矣。人颂其功德之远,吾服其识力之高,非分神禹大智之一得不及此,诗以纪之。

经纶孚地脉,河伯效灵通。水干石迹现,人巧夺天工。频用五丁力,忽成千载功。安澜快上下,并禹颂无穷。

县训导丁其时亦作诗曰:

惶恐滩声远,奔腾号若雷。天心厌大害,帝简出英才。欲播生民利,还除水土灾。命工凭众力,去险悉清裁。河患兹平矣,厥功实伟哉。掉歌声上下,过客任徘徊。

名士举人陶鹤书亦作《凿惶恐滩诗》以纪之:

天生俊杰非无意,智者愚心劳者利。若无经济福苍生,优游何以别利器。堪羡张公治五云,心平如水政无纷。道碑每出乡民口,琴韵多从月夜闻。偶探郊原山水趣,目击惶恐风雷怒。篙师客子两忙忙,欲进先却惊相顾。我公辄起济世心,命工立备锤与铖。募得五丁施猛力,昼昏凿去无岖嵚。今日帆樯通上下,无复当年哀湍泻。仁人用智未兼旬,力可回天忝造化。行人历此笑颜开,公绩于斯实伟哉。指日九重虚左待,知公原是济川才。

同年冬天,正逢张成章及妻七十一华诞并四代同堂,绅衿士庶门生制锦屏寿轴,造万民伞、万民衣,恭迎立靴迹于头门顶之左,举行隆重的祝寿活动。

康熙六十一年(1722 年),恩敕授张成章为文林郎。妻赖氏恩封为七品孺人。其父羽苞公(1617—1687),恩赠为文林郎,其母廖氏(1619—1645)、生母傅氏(1629—1694)均恩赠为七品孺人,并焚黄榜于先代墓道中。县里绅民又立靴迹于头门顶之右,并于县街中立简亭公生祠禄位。

雍正元年(1723 年)癸卯科江西乡试,张成章为外帘官,负责监考,管理考场事务。次年,为闽省之人居住万邑地方成家者,设立福兴户图册"闽中客籍",以便闽人承粮入籍赴考。秋夜,有一女身托梦妻赖氏,乞求太爷修庙安身。次日,公往龙泉县(现名遂川县)公务,由城下十里过河,在过渡对岸上岭头旁一泉水岩处觅得吉地,于是捐金数十两发簿题写,于当年冬天建立庙宇于泉水岩上(后人称娘娘庙)。张成章赐一块写有"吉井通灵"四字的匾额,柱联一对,赖氏赐通身镜一座钉于看梁之上。

雍正三年(1725 年)秋,张成章以俸金建立义冢。冬,于淦界修通津桥。

雍正四年(1726 年)春末夏初,米价腾贵,人心不安,粜米艰难,张成章于是开仓赈济,减价出售。然而旱情益甚,旧谷已完,新谷不继,张成章便率领绅民虔诚祷天。不久,时雨滂沱,民心方安。张成章考虑到自己年迈,血气衰弱,精神不足,且旧有痰涎之疾,害怕自己卧病难持,特将家眷先发还乡,夏初还里。六月廿二日,张成章以老病向知府呈辞。万安县士绅闻风挽留,并请龙泉翁县令从中斡旋,又委托举人萧翀等呈禀知府,表达士绅恳留之意。吴知府了解情况后批复云"张令抱恙已经痊愈""准其照旧供职,以慰舆情可也"。

雍正五年(1727 年)丁未岁考,张成章以卓越政绩护理吉安府事,即清理积案。不久,新到巡抚乱政江西。幕僚劝张成章以老迈呈辞。终于十二月廿五日领旨解任,共居官三任,计年十载,时年 77 岁。当时,张成章先退居公馆,等候新令到后交盘。谁知新令一到便与当地光棍发生严重的冲突,无法交盘,两年后才结案。直到雍正九年(1731 年)七月才回到家乡北山,此时他 81 岁。之前,妻赖氏已于雍正五年(1727 年)九月逝世,享寿七旬加七。

雍正十三年(1735 年)秋,张成章寿终正寝于北西门排故居,享寿八十有五。卒时孙十三,曾孙十八,后世子孙繁盛。夫妻原合葬于本里青坑马寨山(乾隆二十二年《永定县志》有载),乾隆三十六年(1771 年)迁葬于木坑桥子头唐姓回龙宫冈背坑内。

(廖永茂)

王士祯留诗十八滩

清初著名诗人王士祯(1634—1711),字贻上,号阮亭,别号渔洋山人,新城(今山东省桓台县)人。顺治时进士,官至刑部尚书。他在钱谦益、吴伟业之后,极负盛名,成为文坛领袖。

《十八滩三首》就是王士祯写下的大量景物诗中的三首力作。

其一

系舟万安城,已闻滩声恶。连峰造天关,疾雷殷地络。篙师理戚楫,直与惊湍薄。万山立积铁,其下临大壑。沉沉蛟龙宫,神物信所托。排空纷怪石,森林奋抟攫。潜虬动鳞甲,巨刃扬镡锷。地根在何处?坐觉坤轴弱。怅然念神禹,封泥此疏凿。长年聚群力,撇漩出寥廓。三复垂堂言,远游亦何乐!

其二

乱飙吹急雨,一折改奔峭。连山亘东南,瘴雾迷岭峤。榜人侵晓发,高卧失临眺。辊雷起何处?万夫迭呼啸。倏忽数滩过,到眼一票姚。武朔既崖柴,昆仑绝排奡,始蹈吕梁险,终成昆吾噪。四山方出云,吐纳亦殊妙。山木蓊然合,冥冥子规叫。

其三

半日过五滩,滩滩各殊状。怒流一喷薄,石角迷背向。激瀑散霜雪,倒洒石壁上。漩涡走风霆,喧豗裂层嶂。汹如奔万马,崩腾不相让。又如阊阖开,攙攙羽林仗。伤神既惨澹,快意倏悲壮。出坎在须臾,布帆幸无恙。探奇遘灵网,豪吟洗惆怅。

第一首作者运用铺张、排比、比拟、夸张等多种手法,描写了惶恐滩的汹涌、如铁"万山"、"大壑"、"怪石"和"疾雷"。诗人仿佛置身于巨龙翻腾、水怪怒吼、兵刃相见、银甲闪闪的龙宫里。在这种天旋地转、无所依靠的感觉中,诗人不由想起治水有方的大禹,希望大禹来开凿疏通,化险为夷。第二、三首,写过其他滩的情景。诗中采用倒叙的手法，先描写后过的武朔、昆仑等滩的情形，后描绘先过的“五滩”的情状。诗人既形象地描写了群山连亘、瘴雾迷漫、林木森森、杜鹃声声、石势狰狞、涛声如雷这些各滩的相同点，又生动地摹状了“滩滩各殊状”，或“怒流”“喷澈”，遮天盖江，使人不辨南北，或“激瀑”飞溅，散成“霜雪”，“倒洒石壁”，或狂风呼啸惊涛怒吼，撕裂“层嶂”，或浪涛汹涌，犹如万马狂奔嘶鸣，或如闯入水殿龙宫，卫士林立、挥刀舞剑，寒光闪闪。总之，在经历了这次既感“快意”又生“悲壮”的十八滩之行后，诗人禁不住高歌“豪吟”，以洗远离家乡之惆怅。

（欧阳汝环）

十八滩诗抄

历史上，很多文人骚客在经过赣江十八滩时留下了诗词，有的还是名篇佳作。

上 篇

明朝解缙，赴虔州（今赣州）会友，乘船路过白涧滩，观滩头关帝庙，又观两岸山岭杜鹃花开，作诗一首，曰："白浪滩滩跳雪珠，青山片片翠萦纡，杜鹃啼得花如血，正是行人在半途。"

南宋徐鹿卿，去虔州和广东会友，路过龙爪滩时见滩石林立，尖峰似犬牙，航路窄而险，感慨万千，随吟曰："滩声嘈杂怒轰雷，顽石参差拨不开，行客尽言滩路险，谁教君向险中来。"

清朝朱彝尊，经过罗门滩时观船工操作架势，即兴作诗一首："红霞深树岭云平，两桨戈船石罅行。浦口清猿催客泪，一时齐作断肠声。"经过天柱滩时，他又细察船工辛苦劳作，诗以述之："断壑阴崖百丈牵，斜风细雨万山连，长年三老愁无力，羡杀南来下濑船。"经过铜盆滩后则题诗曰："铜盆滩急水西东，西岸青山四面风。绝壁倒流巫峡雨，悬流直下吕梁洪。"

清朝金甡，路过昆仑滩，吟曰："赣石肖寒几千秋，渔洋谁足继风流。清滩一气同喷雾，杰作真堪写壮游。"

南宋徐鹿卿，路过五索滩（即武术滩），吟曰："王局诗中惶恐滩，闻之已为骨毛寒。那知武索并天柱，更向前头作怒澜。"

宋朝杨万里，路过小蓼滩，吟曰："赣石三百里，春流十八滩，路从青壁绝，船到半江寒。不是春光好，谁供客子看？犹须一尊渌，并遣百忧宽。"

清朝金甡偕好友陈云峰，顺赣江游玩，经过棉津滩时观峰之陡与滩之险，以诗兴叹："当年曾此放舟还，拔刺惊鱼血点殷。报我不须忧水危，棉津安稳度重山。"

清朝袁枚，赴虔州，路过十八滩的第十七滩漂神滩，落宿漂神驿驻阁，欣然写下了这首笔力雄浑的诗：“舟过万安县，悠然心目开。恍疑仙境入，只见好山来。树色千层锦，滩声四面雷。悬崖几茅屋，远望似楼台。”

南宋王阮，路过十八滩之最险滩惶恐滩，心潮澎湃，挥笔述怀：“水溯安流舟不难，人心自畏石头顽，黄公误听作惶恐，玉局先生盖谓滩。”

下　篇

唐代孟浩然(689—740)写了律诗《下赣石》；明崇祯七年(1634年)进士、官兵科给事中、太常寺少卿、左都御史、刑部尚书龚鼎孳写有律诗《晓发万安口号》《百嘉村见梅花》；清代词人徐釚(1636—1708)康熙十八年(1679年)举博学鸿辞、官翰林院检讨，亦以十八滩为题，写有律诗《十八滩》；清康熙四十二年(1703年)进士、授编修、工诗能词的查慎行亦以十八滩为题写有《十八滩绝句并序》。清同治版《万安县志》对此都未做收录。

下 赣 石

赣石三百里，沿洄千嶂间。
沸声常活活，洊势亦潺潺。
跳沫鱼龙沸，垂滕猿狖攀。
榜人苦奔峭，而我忘险艰。
放溜情弥惬，登舻目自闲。
暝帆何处宿，遥指落星湾。

注：赣石，地名。据《辞源》(1986年版)记载，从赣州至万安一段共有十八滩，怪石如铁骑，错峙波面，俗称赣石。落星湾，地名。处赣江东岸(今属武术乡)，与位于赣江西岸的皂口隔江相望。

晓发万安口号

急流喷沫斗雷霆，险过江平响亦停。
任说波涛千万迭，能移孤嶂插天青。

十 八 滩

万壑千峰送客舟，槎牙怪石水交流。

岭猿莫更啼深树，只听滩声已白头。

十八滩绝句并序

按志，自赣县至万安中有三百滩，孟襄阳所谓赣石三百里是也。然《陈书》云：赣水本二十四滩，武帝发虔州，水暴涨高数丈，三百里巨石皆没，止存十八滩耳，世称十八滩者当本此。明嘉靖朝湛甘泉，自南司马告归，过此作十八叹，今得诗亦如之，各取滩名中一字为韵，非云相袭亦劳者自言其情而已。

习坎险在前，何人不惶恐；

到此退已难，应思急流勇。

（惶恐滩）

巨石浮牛背，亭亭鹭足翘；

入鸥群不乱，爱汝好风标。

（漂神滩）

连日遇石邮，溯洄良苦辛；

滔滔天下是，不问久知津。

（绵津滩）

舟人连纸钱，例拜滩头庙；

来朝风顺逆，今夕谁能料。

（大蓼滩）

后滩接前滩，川脉互萦绕；

人间爪牙毒，为害长在小。

（小蓼滩）

向言洵有神，受命若酬酢；

借取方便风，泥行免郭索。

（武术滩）

侵晓上晓滩，我睡不觉晓；

向来坐有心，忧患亦不少。

（晓　滩）

万里黄河水，昆仑乃发源；

赣江源渐近，应号小昆仑。

（昆仑滩）

虔吉此分疆，滩声一倍长；

人家尽柴步，墟落半渔梁。

（梁滩　即良口滩）

雪少偏多雨，朝昏水气腥；

青洲洲畔草，腊月已青青。

（青洲滩　即会神滩）

大波深为渊，小波浅成濑；

安得并州刀，剪此青罗带。

（落濑滩　即阳滩）

长年生狎水，岂有不龟药；

幸自少层冰，可怜多赤脚。

（狗脚滩　即阴滩）

礓砾相摩荡，惊涛尽日喧；

直同雷奋地，不独雨翻盆。

（铜盆滩）

失势落江湖，中流赖一壶；

千金奚翅直，人有不赀躯。

（小壶滩　即小湖滩）

剑戟砺锋铓，森森两旁吐；

狂澜障不得，为欠中流柱。

（天柱滩）

石欲截江断，江流奋怒前；
来如弓挽强，去若箭释弦。

（横弦滩）

用尽滩师力，今朝过鳖滩；
我无牛酒犒，愧尔报平安。

（鳖　滩）

庄生工寓言，率以小况大；
必若魏王壶，人间能几个。

（大壶滩　即储滩）

（谢芳桂　许诗蕊）

第六辑　民　俗

万安县非纯正客家县，由汉族、畲族、满族、土家族、水族、回族、壮族等15个民族组成。其中，汉族人占全县人口的99%以上。纵观全县，万安民俗如饮食习俗、生活习俗、婚嫁习俗、生产习俗、祭祀习俗、寿礼习俗等方面的一些做法及流程，有其独特之处。

万安民间传统文化源远流长，至今保留了不少唐宋时期从中原地区移植过来的民间习俗，如元宵唱船、灯彩闹春、龙舟竞渡、民间绘画、宗教信仰。但也有很多优秀的习俗在历史的车轮不断向前的道路上丢失或淡化，如“做九皇”“做八宝”。浓厚的“寻根意识”和强烈的“神灵崇拜”观念是万安民俗的文化气质，默认的“时间意识”和坚定的“传承发展”理念是万安民俗的存世法宝。无论时间长短，无论它们存在与否，它们都是历代万安人追求物质文明和精神文明的伟大见证。

万安民俗来源于民众，传承于民众，规范着民众。这些民俗不仅丰富了人们的文化生活，还为“文化兴县”“文旅融合”“非遗保护”指引了方向。近十多年来，万安县始终遵循“保护为主、抢救第一、合理利用、传承发展”的原则，认真开展以民间传统文化为主导的非遗普查、挖掘、整理、分类、申报、传承等保护工作。2007至2019年，麒麟狮象灯、股子灯、元宵唱船、儿郎灯会、民间绘画、赣江十八滩号子、万安采茶戏、龙舟竞渡、窑头豆腐等一批具有万安特色的民间文化遗产列入省、市、县级代表性非物质文化遗产名录。同时，“中国唱船文化之乡”“中国农民画之乡”两张国字号传统文化名片已收入囊中。

灯彩习俗

万安,素有民间灯彩之乡的美称,民间广泛流传的灯彩有十几种之多,如“麒麟狮象灯”“股子灯”“太平灯”“龙灯”“板凳龙”“五股龙”“香火龙”“茶篮灯”“鲤鱼灯”“蚌壳灯”“花船”“车仂灯”“儿郎灯”“马头灯”。这些灯彩既有流行全国各地同类的灯种(如龙灯、花船),又有万安县独创的灯种(如股子灯、麒麟狮象灯)。即使是前者,经过一代代艺人的加工、修改,也具有与别地不同的独特风格。

“灯彩”的音乐多为民间小调和民间曲牌,如“花灯调”“小放牛”,配有锣鼓和唢呐。唱词大都是托物起兴、以物喻人,表达男女之间的爱情、新春佳节的祝愿和幸福生活的憧憬。新中国成立后,根据形势的需要,改编了唱词,达到了政治宣传的效果。

灯彩品种多,遍及全县各地,但根据地理状况的不同而有所偏重。比如在万安县的平原地区,“龙灯”最普遍;在山区尤其在上乡一带,则以“麒麟狮象灯”“股子灯”“跑马灯”“五股灯”最为盛行。下面择其几种具有独特风格的灯彩做个简介。

“麒麟狮象灯”简称“狮灯”,在万安县上乡最为流行,与之近邻的兴国均村、遂川也有它的踪迹。相传,唐朝中期某一年,万安的上乡河东一带天降灾星,久旱无雨,民不聊生。为了求得风调雨顺,山民们求助麒麟、狮子、象来帮助他们消灭灾星。古代有“麒坐屋顶——压邪,狮守大门——繁荣,大象进门——富贵”以及“牛生忘记猪生象,狗生狮子有各样——六畜兴旺”之说。所以,山民们便在屋顶的中央安上一只麒麟,曰“麒麟为王”;在祠堂门口两侧各安上一只狮子,曰“狮为卫”;在屋顶两角安上两只象,曰“象为伍”。恰好第二年,风调雨顺,五谷丰登,六畜兴旺。从此,这一带山民便在元宵时用篾子做成麒麟狮象彩灯,挂在厅堂里或在屋场舞玩,以寄托自己的良好愿望。

狮灯在制作上很讲究。最早的狮灯用竹篾做成简单的骨架，糊上白纸或黄纸，用墨画眼睛和鬃毛。后来发展到身子用许多篾圈做成，用细绳将篾圈连接，使之能够活动，在头、尾处各装一根竹柄用以操纵。狮麒的鬃毛用纸剪成，眼睛用蛋壳制作，中间还装上一干电池小灯泡，使之突兀有神，栩栩如生。狮灯注重色彩搭配：麒麟是紫色的，公狮是红色（或黄色）的，母狮是绿色的，象是白色的。有的地方（如武术乡）还加上两只瓶状彩灯，名曰“吉祥灯”。

麒麟狮象灯表演之一

麒麟狮象灯表演之二

“狮灯”除了供男子玩耍,也可由女子表演。

“狮灯”分四个层次表演:一是下村,即念颂“赞词”。赞词是随着时代、地点不同而变换的。二是四门大开,就是狮灯带来四方财宝,请大家打开四门,招财纳宝,迎新接福。三是朝潭,即请上苍为民消灾驱邪,赐福于民。四是缠柱(又称“黄龙缠柱”),在除灭灾邪之后,幸福降临,狮子将绣球,麒麟将玉皇大帝的“玉书”,白象将观音老母的“净水瓶”送给人间,像黄龙一样把幸福紧紧缠住。可以看出,“狮灯”比较广泛、细致地表现了山区人民祈求太平、渴望幸福和与邪恶进行勇敢斗争的精神面貌,这是它之所以能长期流传于民间的主要原因。

打狮灯要求动作轻松灵巧。舞蹈动作主要靠手、脚密切配合,手的动作以“八字花”“交手花”为主,还有“裹脑花”“摇头花”。它们的特点是:“八字”要求圆又滑,右手为主胸前甩,“裹脑”转身须利索,灵活细腻忌僵化;扫地花似八字花,手臂稍直幅度大。脚的步法有“脚掌落地跟稍提,急促轻快巧用力”的“小碎步”。这是“狮灯”最常用的舞步,有“要求全蹲直起腰,沉稳之中显活跃”的“矮桩步”,还有雄劲刚健,只有男子表演时才用的“左吸腿跳”和“狗牯跳”。

常用队形有“十字”“汇合”“穿篱笆花”等,队形变化丰富,急缓相间,动静结合,有合有散,形态逼真,引人入胜。

男、女在表演上稍有区别:男子动作刚健,粗犷有力,而且有弹跳动作;而女子则更讲究细腻、灵活、轻盈。

狮灯音乐是由打击乐和万安乡土小调(唢呐伴奏)组成的,节奏明快,情绪热烈,其间配以特殊乐器呐子号(万安民间丧事使用的伴奏乐器之一)吹奏。其高亢、明亮的音色,犹如麒麟狮象的声声长鸣,声形并茂。其威武雄壮的形象,越发活灵活现。

“股子灯”也是最为流行、深受群众欢迎、风格独特的灯彩之一。它源于上乡河西的柏岩乡。据传万安县曾流行过一种“黄瓜病”,死人、死畜甚多。百姓无奈,请来道士、地理先生究其原因。道士曰,此乃“黄瓜精”作祟。故当地百姓在当年的春节期间以禾草扎成灯舞之，并摆“天下太平”等字祈祷神灵保佑新年大吉大利。这年果然驱走“黄瓜精”，太平无事，因此取名为“太平灯”。自此，年年舞太平灯，很快遍及全县。柏岩乡艺人结合山区特点，以“太平灯”为基础，吸取“龙灯”“鲤鱼灯”的优点创造了一种独有的灯彩，因这种灯分成单独的一股股，故取名“股子灯”。它如龙灯善扭摆，回旋缠绕，且能分能合，随心所欲；像鲤鱼灯一样灵活多变，但气势更大，还能摆字。太平灯也是单独的一股股，但股子灯比太平灯美观、绚丽多姿。

“股子灯”的股数不定，有五、七、九、十二、十六股的，也有十九股的，按摆字的笔画而定。此外，还有一到四只灯笼，以备摆字时凑上去添笔加点。

“股子灯”共分“高山滴水”“对子上水”“篱笆花”“穿龙门”和“斗龙穿花”五大花节。每打完一个花就摆一个字，以前多摆“天下太平”“上上大吉”，现在摆“人寿年丰”“振兴中华”，赋予新的内容。股子灯的动作不多，表演者手做“顺转灯”“逆转灯”“八字灯花”等。脚走“小快步”或“半蹲步”，脚步细密轻巧，平稳矫键。整个灯主要靠队形来变化，当它按顺序排成行舞起来时，就像一条长龙在游动；当它散开后，又可摆出各种千姿百态的图画。“高山滴水”犹如一条团卷着的巨龙，跃身腾飞，忽高忽低，悠悠而动，格外逼真；“对子上水”俨然两条龙舟在波浪翻滚的江河中遨游，奋力拼搏，力争上游，令人振奋；“篱笆花”就像一条火龙在崎岖不平、弯弯曲曲的山道上缓缓而动，煞是好看；“穿龙门”好像远征归来的壮士，一个个列队绕柱进宫，神气活现；“斗龙穿花”更是栩栩如生，随着音乐节奏的变化，频率由慢到快，身子灵活自如，高矮随灯变化，动作矫健流畅。特别是夜间表演时，人们只见一条火龙忽高忽低，忽上忽下，腾跃翻滚，犹如游龙闪电，令人目不暇接。每当此时，鞭炮声和喝彩声总是不绝于耳。股子灯的音乐选用了万安县民间小调，伴以浑厚铿锵的打击乐，整个旋律高低起伏，刚柔相济，与舞蹈动作、队形变化十分吻合，起到了烘云托月的作用。

“跑马灯”的起源也和其他民间灯彩一样。民间艺人将这一艺术形式送到每个村庄，各村的男女老少纷纷赶到村头鸣爆相迎，以讨“马神”的喜欢，希望来

年“五谷丰登”“六畜兴旺”“家道平安”。跑马灯是由五匹颜色不同的马组成的，象征三国时五虎上将关羽、张飞、赵子龙、黄忠、马超。马的道具制作十分精巧，头和身子都是竹篾扎制，然后用颜色布包裹，马尾巴和马项部的毛，用麻扎成，飘飘洒洒；马眼和马鼻，一般经过美工人员夸张的加工，形神兼备，逼真诱人。表演时，演员把道具马套在自己的腰间，活像人骑在马背上。跑马灯的动作轻便灵活，矫健勇武。在表演时，左脚尖着地，右脚挫步。随着情节的进展，表演者时而紧张勒马，时而信马由缰，身子前俯后仰，步伐忽急忽缓，看上去酷似群马驰骋于疆场。

“板凳龙”主要流行于县城和罗塘、五丰、桂江等地。从前打龙灯之风日盛，大人们担心孩子会被爆竹炸伤或被踩倒，便将孩子锁在屋里。孩子们人在屋里，心在屋外，烦闷难耐，便自找乐趣，用板凳为龙，仿着大人舞龙的样子耍了起来。后来，人们见板凳简便，耍起来另有一番风味，便对板凳进行了加工美化。装饰有龙的板凳两条，龙珠一个。表演时，一男持龙珠，两条板凳龙各被三男三女把持。《万安县志》中所载的“擎而为龙”指的就是包括“板凳龙”在内的龙舞形式。

“板凳龙”的表演，一开场先是打龙珠者做几个干净、利索的“亮相”动作，配上几个高而飘的翻滚动作。他始终在“双龙”之间引逗，牵动全舞。“双龙”的基本动作有“前滚龙”“后滚龙”“双龙探珠”等。“滚龙”是由三个演员通过位置的快速变化，将板凳向前或向后翻来覆去地转动，使其宛如一条金龙在团团翻滚。“双龙探珠”只是起着承上启下的作用。

“板凳龙”用打击乐和唢呐伴奏，节奏分明，富于动态。

（刘倩文　余礼钰）

客家习俗

婚　嫁

万安客家旧式婚嫁，颇多仪式，体现庄重、喜庆的气氛，而且处处充满文化色彩，真可谓寓教于喜庆的仪式中，寓文化于喜庆的仪式中。

男女双方经媒人互相了解，定下了结婚日期后，便到了青年男女乃至双方家长、家族最庄重、最繁忙、最热闹的时刻——出阁与迎娶。

是日，男方派出花轿队、鼓乐队等组成的迎亲队，前往女家迎娶。其间重要的一节，就是把花轿装饰好。男方需请先生写好轿联和出轿告文，否则喜事难办，至少会让女方家看不起。可以说，花轿一抬，婚嫁仪式则进入了高潮。男方的花轿上只贴用红纸写好的上联，因为下联必须由女方司翰回。出联、回联要热闹喜庆，但难免有双方互考文风的味道在内。多数时候，对联很通俗，但有时有的人家故意刁难，也会编出一些一时难以续对的对联，届时喜庆的氛围中就夹有一丝尴尬，使气氛更热闹。现摘录一些轿联做参考。

男方出上联，女方回下联：

歌阳春亲迎淑女，咏孟冬许配才郎。（十月可用）

阳生谨具七香迎四德，二姓合敬陈百辆送三从。（十一月可用）

雪带梅花花带血，春逢腊月月逢春。（十二月可用）

序属三秋喜奏三星迎淑女，时维九月欣歌桃夭会才郎。

冬至一阳生生逢盛世迎淑女，时来三星会会遇良辰配才郎。

小阳春逢小雪欢迎咏雪佳人宜其家人，十年字届十月喜配步月才子允矣君子。

以上各种贴书，女方司翰都要回复，否则，司翰礼就不给或少给。可见，做司翰不是一件容易的事。

出轿时还要当众宣念告文：

惟

公元××××年岁次××月××日良辰

新婚嗣孙×××偕新妇×氏谨以香烛

不腆之仪敢昭告于

××邑×堂上历代高曾祖 考(妣)左昭(右穆)神位前而告曰

恭维我祖，源远流长，保我后生，德音不忘。

惟予小子，新婚正当，将驾銮舆，吹笙鼓簧。

小云其吉，敬拜祖堂，跪晋三爵，聊表衷肠。

伏祈祖灵，默佑无疆，一路福星，履道安康。

螽斯衍庆，麟趾呈祥，百年偕老，五世其昌。

谨告。

出轿也有一定的仪式。仪式毕，出轿前，司翰要高声赞曰：伏以天地开张，日吉时良，銮舆灿灿，喜气洋洋，吉星拥护，恶煞退藏，吾今赞后，一切皆祥，百无禁忌，世代荣昌。算作送行和祝福。此毕，花轿在鞭炮、鼓乐声中抬出厅堂大门，奔向女方家庭，迎娶新娘。

女家出轿也有一定的仪式。仪式毕，亦要宣读告文：

惟

公元××××年岁次××月××日良辰

嗣孙××为小女××许配×郎谨以香烛牲醂之仪致告于

××郡××堂上历代高曾祖 考(妣)左昭(右穆)神位前而告曰：

以男为家，重于五伦，仪合倡随，好结朱陈，之子于归，宜其家人，诗首好述，礼重亲迎，往送之门，敬于宗亲，福星一路，为不渠尘，佑启后人，家道昌明。

谨告。

三进爵，叩首，再叩首，三叩首，起，化财焚文，辞神一揖，礼毕退班，男方抬着新娘子高高兴兴返回。

接亲的花轿到了家门口，放炮手要放炮或放喜爆千响，花轿扛进厅堂上厅放下，先由厨师杀下轿鸡，并赞曰："新妇下銮舆，凶神恶杂除，雄鸡先抵敌，夫妇庆齐眉。"把鸡杀死后，绕花轿在地上撒一圈鸡血。接着，新郎站在花轿前面，司翰赞曰："赤未散茫茫，侍娘候两旁，新郎开锁匙，新妇到华堂。"新郎在花轿顶上撒三次食米，又用纸扇在花轿顶边敲三次，再开锁打开轿门，牵出新人到轿外。牵娘牵新人到大簸篮内坐在竹椅上。新郎理发，理发师傅还要致赞词，然后挂号牌。挂号礼式：新婚学士就位，对号鞠躬跪，叩首，再叩首，三叩首，再请号挂登位，向母舅鞠躬跪，叩首，再叩首，三叩首，再请母舅高陞。（如母舅无文化，可请人代理）母舅上楼梯挂号过程中要高声朗诵多首祝词：如"雅号挂华堂，蒙友喜赐光，光前兼裕后，立志报家邦""号牌位立喜洋洋，花烛良辰姓字香，异日名扬中外城，成推国士信无双""喜事重重节节高，一对鸳鸯海上飘，脚踏云梯连步上，手捧号牌上九霄""月吉时良，号挂中堂，龙生龙子，虎生虎郎，同偕到老，夫妻寿长，至今赞后，科甲联芳""日吉时良大吉昌，挂号时候正相当，一要堂前增福寿，二要子孙绍书香，三要粮田百万顷，四要儿孙入朝堂，五要五仔登科第，六要高陞扶君王，七要均得妻子贤，八要八仙庆寿长，九要九世同居好，十要十全俱万良，今日文明赞祝后，荣华富贵与天长"。挂号者挂完号下楼梯至地面不远处，执事敬酒，请吃果盒内的果子，经多次敬酒拦阻才让他下来。此后，牵娘引出新娘，取去大簸蓝和竹椅。新郎入洞房戴好新帽，穿好新衣，穿好新鞋袜。乐官吹喇叭等新郎入厅拜堂。合卺仪式（拜堂位式）：司翰主持。男东上，女西升，横列先拜神祇，赞曰："天高地厚两尊尊，夫妇同沾覆载恩，谨人良辰齐拜后，自手偕老福无尽。"

鸣爆。执事起乐，新婚信民就位，迎神，鞠躬，跪，叩首，再叩首，三叩首，初上香、初进香，亚上香、亚进香，三上香、三进香，初献爵、初进爵，亚献爵，三献爵，止乐，读告文。

惟

公元××××年岁次××月××日良辰

新婚信民×××偕妇谨以香烛挂牲酤酥不腆之仪致告于

天地神衹神位前面告曰

数有奇偶，道始阴阳，婚姻迨及，生人典常，礼要×氏，合卺兹良，伏祈默佑，地久天长，瓜绵椒衍，奕世荣昌。

三进爵，叩首，再叩首，三叩首，起，化财焚文，辞神一揖，礼毕退位。

拜毕天地，男女齐下，移拜祖宗。司翰赞曰："祖功宗德两堂堂，夫妇同沾德泽长，谨人良辰齐拜后，百年偕老寿而康。"

鸣爆。执事起乐，新郎新娘就位，迎神鞠躬跪，叩首，再叩首，三叩首，初上香，初敬香，亚上香，亚敬香，初献爵，初进爵，亚献爵，亚进爵，三献爵，止乐，读告文。

惟

公元××××年岁次××月××日良辰

新婚嗣孙×××偕妻××谨以香烛牲酥不腆之仪昭告于

×××邑×××堂上历代高曾祖　考(妣)暨昭穆之神位前而告曰

婚姻重典，人伦大纲，藐予小子，完配增光，兹当庙冗，敬告祖堂，帷冀先人，默佑无疆，夫倡妇随，麟趾呈祥，百年偕老，五世其昌。

三进爵，叩首，再叩首，三叩首，起，化财焚文，辞神一揖。

司翰赞曰："既谒祖宗既谒天，夫妻之礼亦宜全，双双对脸同相拜，步入兰房叙好缘。""夫妻对拜"。

夫妻对拜后，先选好一位子孙多的长者手擎花烛一支，司翰擎花烛一支，喜入洞房。在擎烛前，司翰要先赞一首，赞曰："花烛辉煌，拜毕祖堂，笙歌嘹亮，引入洞房。"赞后，擎花烛入洞房。乐官站在洞房门口吹打。新娘坐好后，司翰赞曰："鱼得水兮凤得凰，匆匆喜气蔼兰房，百年好合从今日，掀开罗帕见新娘。"叫新郎掀去新娘头上的罗帕。

交杯。司翰取酒杯一只，另一人酌酒，司翰赞曰："一杯酒贺新郎，才子扬眉带笑尝，今日关雎四句，他年麟趾呈祥。"赞后，给新郎喝酒一口。司翰又取酒杯一只，酌酒，赞曰："二杯酒贺新娘，佳人窈窕带羞尝，今日鸾翔凤舞，他年桂馥兰香。"给新娘喝酒一口。司翰将两杯交换混合给新郎新娘分别吃，并赞曰："三杯酒互相尝，男才女貌两堂堂，夫妻饮尽杯中酒，梦叶熊罴早弄璋。"

撒帐。

司翰将各种果子（花生、瓜子、汤皮、薯片、水果糖等）撒在新郎、新娘的新床上，让小孩到床上去抢果子，寓意子孙满堂。他一边撒果子，一边高声赞曰："撒帐东，百年偕老在其中；撒帐南，百年恩爱天地长；撒帐西，百年夫妇庆齐眉；撒帐北，百岁姻缘同枕席：撒四方，与中央，好比梁鸿配孟光。"

凡以上司翰的赞文，每赞一句，乐官就要吹喇叭一次。撒帐后，乐官要唱赞歌一首，同时吹打祝愿婚姻美满，子孙满堂。

当天晚上要闹洞房，乐官要吹吹打打。很多亲友挤在洞房内开玩笑戏耍，挤得水泄不通，要新郎抱着新娘装烟给亲友吃，新郎装烟，新娘吹纸门筒点火吃烟（那时吃水烟兜，纸门筒是用草纸卷成圆棒吹火吃烟），大家就故意说笑："新娘是个缺嘴子，冒牙子，吹火不着。"新人用手帕遮住脸。有人抢她的手帕，戏笑说："是个麻子，满脸都是麻子，高低不平，不漂亮，很丑呀！"新人换一条又一条手帕，要被抢掉十多条，到结束后才给还。被敬了烟的要说赞，如"喜烛双双入洞房，洞房生出双鸳鸯，鸳鸯枕上成双对，早生贵子状元郎""花生风烛照新房，天赐新人永吉祥，良夜熊罴来叶兆，诗歌麟趾篇三章""宝马归来满屋光，新奁四面拥新妆，紫箫引动朝阳凤，一阵香风入洞房""飞来鸾凤结成双，诗咏关雎第一章，好是洞房花烛夜，明年定有状元郎"。有的闹到深夜一二点钟，有的闹到天亮。

拜堂第二天。早上，要拜茶。先准备调盘一只，上放男女新衣各一件，男女新鞋各一双，大红包一只，银圆两个。乐官到洞房门口吹打等新郎和新娘进入厅堂，男左女右同时站好。端调盘的也同时进入，走在新郎和新娘前头。把调盘放在双桌的中间，鞋尖向前。祖父、祖母开拜，接着外公、外婆成对拜，接着舅公舅母、姑爷姑姑、姐夫姐姐、姨爷姨娘、媒人等受拜。受拜的一部分人会致赞词,如“百年歌好合,五世人其昌,早早生贵子,兰桂定腾芳”“良缘夙缔,佳偶天成。夫妇齐眉,同德同心”。亲拜完后,父母收拜。在媒人(介绍人)受拜时,有的会搞名堂,先手上涂上猪油,粘上灶上的黑灰,抹在媒人的脸上,使其难洗干净,很难看;有的把褡裢挂在媒人的肩头上,褡裢内插上几根竹片,表示赶猪牯头(公猪);有的把滤酒的酒篓戴在媒人的头上,引得宾客哈哈大笑。

拜茶结束后,新郎和新娘要去厨房拜灶君娘娘。厨师、执事在厨房内鸣爆,点香烛。乐官吹喇叭,随后站在门口。厨师在砧板上放一大块猪肉,菜刀把儿上涂上猪油,要新娘用菜刀在猪肉上砍三刀。新娘防止菜刀把儿上的油弄脏手,先带好手帕或红纸,用时包着菜刀把儿来砍肉。有的司翰会赞,有的不赞。司翰赞曰:“新娘下厨房,砍肉煮肉汤,孝敬父与母,百岁寿而康。”新娘用刀砍三下。接着,丢饭勺卜运气。司翰赞道:“新娘在厨房,用勺卜运昌,一定运气好,百业大兴旺。”然后新娘把两个饭勺丢在地上,看是反还是顺,顺面就是好运气。最后,新娘用锅铲弄潲桶,表示以后会养猪。新娘用锅铲把在潲桶内弄三下。锅铲把儿上也涂了猪油。司翰赞道:“新娘弄饲汤(猪桶盛潲水、饲料),脸上喜洋洋,生猪大发展,财源流水长。”最后,乐官师傅吹打送新郎、新娘回新房,仪式就此结束。

当天上午,男家要准备接会亲客。会亲来人一般最少三人,多则六人,要三代人(如父、侄、孙)。要鸣爆接人,接客的也要三代人,门口接二次,厅堂内接一次。先摆杯,吃茶(果品一般十二盘,有的十六盘),后吃饭,最少十二盘菜,有的十六盘,最多二十盘。新郎、新娘筛酒。会亲的会给筛酒的红包。夫妇俩要给会亲的装饭。饭后,又要舀水请会亲的洗脸,又要给洗脸的红包。新郎、新娘拜会亲的,有的在饭前,有的在饭后。拜时,会亲的在厅上,新郎、新娘站下方,男左女右。地上贴一新席。司翰司仪。新郎、新娘向尊亲长一敬拜,二敬拜,三敬拜。有的要下跪叩首。会亲的致赞词。拜后,会亲的要给新夫妇一个大红包。近的不留宿,路特别远,当天无法回去的就留宿。会亲的回去时,先在厅堂内施礼一次,门外施礼两次,鸣爆而别。别客不远,会亲的要给新婚夫妇给送伞礼红包。

婚后第三天,新郎、新娘回娘家“报娘恩”,带衣两件、鞋二双(给父母),带老鸡一只(鸡不可杀,要带回)。新郎、新娘吃了中饭必返回,不可留宿,路远的只可半路返回。

祝　寿

祝寿,旧时有钱的长辈活到六十花甲(也有五十岁的),晚辈即为长辈做寿(俗称做生日),做寿有单独做,也有同孙子或曾孙结婚同时举行的。送寿匾的一般有女婿、侄婿、孙婿、曾孙婿,母亲的外家等。寿匾是杉板做的,匾上的字要请名人书题,木匠师傅雕刻题字及花边。漆匠油红底,大字贴金,金粉涂小字,厅堂未挂堂匾(如奎星堂)的要先开厅(乐官吹打弹唱一番)挂匾(堂匾),然后才可挂寿匾。到祝寿日,不少扛匾的从街上经过,引人观看,扩大影响。亲戚除寿匾外,还要扛扛盒(当地名称),扛盒内有寿面、寿饼、寿桃、寿酒、寿烛、寿爆、寿衣、寿帽、寿鞋、全猪腿、全鱼、老鸡,鸡挂在扛盒外边。各路扛匾的及扛扛盒的到离祝寿屋不远处等待集中,到齐了就进屋。放炮手放炮,乐官吹打,在路上迎接,子、孙、曾孙、媳妇等跪在路上等匾。等了一次,又移步等第二次、第三次,在大门外要等三次。挂匾前要告祖宗。仪式如下:

寿堂肃静,执事者各执其事,阶下发鼓三遍,堂前鸣金十二,庭内掌号连声,户外放炮三元,奏乐全堂,愚男就位,以下人等就位,迎神鞠躬跪。叩首、再叩首、三叩首。初上香、初进香。亚上香、亚进香、三上香,初献爵、初进爵、亚献爵,亚进爵,三献爵,止乐,读告文。

惟

公元××××年岁次××月××日良辰

愚嗣孙××偕以下人等谨以香烛牲不腆之仪致告

××君邑××堂上历代高曾祖考妣　左昭右穆　神位前面告曰:

恭维我祖,积厚流光,簪缨世冒,祖豆馨香,父母沐荫庇,年跻仗乡××安

康，处卜今吉，悬匾家堂，筹备牲酥，特呈祝章，祈赐福趾，纯嘏尔章，寿龄永享，鹤算添长，默佑子孙，厥后克昌。

谨告。

三敬爵，叩首，再叩首，三叩首，起，化财焚文，辞神一揖，礼毕。

接着钉寿匾钉，赞文："日吉时又良，寿匾悬中堂，我今祝赞后，福寿永无疆。日吉与时良，寿匾挂高堂，王母蟠桃献，兰桂喜联芳。"

钉好寿钉后挂匾。挂匾时赞文："日吉时良大吉昌，挂匾时候正相当，从今于我祝赞后，加增福寿与天长。""宝婺星辉耀华堂，庞眉介寿灿祥光，今朝悬挂龙凤额，福如东海寿南山。""天开文运大吉昌，挂号时候正相当，左边挂起添福寿，右边挂起福寿长。添福寿，福寿长，行卓名芳福满堂，寿星听我来祝赞，喜烛添丁又进粮，少妇必定生贵子，男人读书秀才郎。读书者，秀才郎，如同宰相乙班班，手提雄鸡祝赞后，世代公卿与天长。"

寿婚同庆。按当地习俗，当天午餐是结婚酒。母舅安第一席，老舅公安第二席。晚餐是祝寿酒，老舅公安第一席，舅公安第二席。祝寿酒宴席比婚宴席更丰盛，寿宴席每人要发寿饼，一般一双，特殊的发三双。寿席要八盘八，即八盘八碗。红烧肉用大钵子装，用铁罩子盖住，放在桌子上，这是最丰厚的。

晚饭后要举行拜寿。打连桌两桌，寿翁高坐堂上，男左女右，接受子女等晚辈的拜寿。拜者要成对，不可一人去拜。司翰主持仪式。一般仪式如下：

寿堂肃静，执事者各执其事，司乐者各司其乐，阶下发鼓三通，堂前鸣金十二，庭内掌号连声，户外放炮三连，奏乐全堂。男，偕妻就位，跪，一叩首，再叩首，三叩首，起，献寿酒，一献寿酒（赞：一杯酒酒有好，寿年赛过张果老）。亚献寿酒（赞：二杯酒酒有义，寿年赛过张公议。三献寿酒，三杯酒酒有先，寿年赛过铁拐仙，依我××祝赞后，加增福寿万万年）（在献祝寿酒，拜寿过程中要致赞祝寿词）辞别一揖，礼毕退班。接着女婿、女儿等继续拜寿，直至拜完。仪式也如此。

一般祝寿词如下：（根据对象灵活运用）

五十　恭贺尊台五十春，康强自是百年身，福缘善庆天增寿，大德厚来淑气钟。

六十　六十原一花甲过，遥知海屋喜添筹，善人必有期颐寿，准许耆英占上头。

七十　花甲已过又十年，礼经曾曰老而传，古稀志庆诚光耀，从此康强福寿全。

八十　八十高年寿若何，华堂进爵庆三多，从此耄耋期颐到，齿德俱尊保太和。

九十　堪羡年高气度澶，光阴九十毓天真，从来厚德多延寿，定满人间百岁春。

不拘九十通用　行年经×十，福禄寿而康，欲知春几许，悠几岁月长。

双寿　今朝双寿岂寻常，南报星辉宝婺光，自足善人天赐福，椿萱并茂享荣昌。

岳父母双寿　泰山苍苍，秦水泱泱，二老之寿，山高水长。

寡妇寿　淑德流芳裕后贤，兰馨桂馥满庭前，甲子重添冰雪质，松筠节耐羡高年。

赞寿通用　天之高也，星辰之远也，苟求其故，千岁之日至可坐而致也。

又九如　如山如阜，如冈如陵，如川之方至，如日之升，如月之恒，如南山之寿，如松柏之茂。

祝寿酒　一杯酒祝多福，福如东海受天禄，买良田、置新屋，荣华富贵万事足。二杯酒祝多寿，寿比南山祝大斗，王母桃、麻姑酒，白发如同长相手。三杯酒祝多男，男人满堂乐且耽，燕山桂、郑国兰，停看凤舞拜恩潭。

丧　事

自古丧事便是家庭大事之一，万安客家丧事旧俗也有其特点。

根据客家的丧葬习俗，没钱的人家死了人只搞个“开门路”，不请点主官，不

请礼生，不开奠行祭，只请道士来念经“超度亡魂”。比较有钱的人家搞“一合乎”。富裕的人家搞“三合乎”，除请道士外，还要请点主官、礼生。“三合乎”可请八位礼生，点主官要请官职更高的人，如县长、参议长、乡长。丧葬礼俗一般包括：报丧、开门路、成服、点主、开奠、宰牲、客祭、团孝、入殓、封棺、扶柩还山。

1. 报丧

老人病逝，家人须到床前恸哭一场，由子女哭着立即到河边向“河神”买水。先烧香烛，后顺水流方向用钵子舀水三次，将水捧回房内为死者抹脸，称“沐浴”，用手帕在死者前额抹三次，后四次，然后为死者穿衣服。衣服的扣子、口袋全部拆掉。身上的旧衣服全部脱光。新穿的长裤要一件件、一条条叠好。先将死者翻转，脸向下，背向上，穿衣从背面穿起，后翻转，不可以坐起穿衣。穿衣讲究男双女单。穿好鞋袜（鞋子由女儿做，鞋底是布底），戴好帽子。男女要捆过火衣（用白布遮生殖器，带系腰间），要准备冥被、冥席（尸首垫盖），腰捆缝线，每岁一根，还要多加几根，到封棺时要解掉。嘴内放三小粒银子和一些茶叶、檀香。右手拿一支桃杈，左手拿点饭、一条手帕。枕头用白布做成三角形。穿衣时，不要碰到死者的耳朵，眼泪不可以掉在死者的脸上。衣服穿好后，儿子抬死者的头，媳妇抬死者的足，将死者抬下相牙床后，枕头两边各放七块瓦。接着抬相牙床从厅堂的横（侧）门进去放在厅堂上，头在上，脚在下，男左女右。进厅堂时，相牙床不可以碰到墙壁和大小门，不可以从厅堂大门进去。相牙床要用土砖垫起两头，相牙床头点一盏灯，放一碗饭，饭里放一只鸡蛋，放一只缸，缸上放一双鞋。

死者尸体进厅堂后，子孙立即去请地理先生根据死者年龄及逝世月日择定还山日期。还山日期确定后，孝子、期服侄等就要报丧。报丧有两种方式，一种是口头报丧，一种是讣闻报丧。

口头报丧。报丧者要上衣扣口扣上苎麻丝，到了某户应报者家门口，叫出××到门外。报丧者下跪，并说：“××多谢你了！定于××月××日还山，××月成服点主，宰牲开奠。”如果不开奠，只做“开门路”，就讲前一句，补说只做个"开门路"。要开奠，亲友要送祭轴(各种布)。凡丧事都要送草纸、送奠礼。亲戚煮蛋一碗，报丧者应全部吃光，万一吃不完，应在吃前用另一只碗分开。

讣闻报丧。由先生拟好讣闻稿，交印刷厂印刷，填写亲友姓名后，将讣闻稿分发亲友。帖面印红格，书写亲友姓名。男人死，寿终正寝；妇人死，寿终内寝；父死，则写孤子；母死，则写哀子；父母都死，就写孤哀子。祖母死，孙代父孝，就写承重孙；伯叔死，就写期服侄。孝侄、孝孙百日内写拉泪拜，百日外稽颡拜。孝子与承重孙百日内泣血叩，百日外写稽颡拜。孝子贺人喜事，宜写姻侍教方从吉×××顿首拜。父称严父，母称先慈，名称不可混。

自死者的相牙床进入厅堂后，家庭、亲朋会来守夜，有的打牌(纸牌)。吃斋果粿，也吃其他的果子。亲友守夜最迟到鸡啼就要去睡，但儿孙等亲人要轮流守到天亮。

确定了日期又报了丧后，就要请点主官、礼生、道士，要写请帖。

接着，要请人布置孝堂，写好大门丧联丧帖。孝堂布置扎三顶半圆形拱门，用晒薯片的竹帘五块、横扎三块、直扎两块，涂刷糨糊，贴上报纸，中间拱门上写三个大字：当大事；右拱门上写"鹤唳"两字；左拱门上写"猿啼"两字。

2. 开门路

死者还山前一天，道士二人、乐官四人赶到丧家吃早饭。早饭后，开始做"开门路"。所念经文内容，多是对死者的慰问之词，以便"超度亡魂"。

其主要过程是：用早米装盒，稻谷(几斤)装两盒，然后插上佛像，起坛招神(俗称喊入门)。发关、沐浴，初辰、二辰、三辰、缴钱、关灯(男)、莲池(女)，红门送神、谢神等。所念经文主要有《招魂沐浴歌》《拜血盆经》《奈何经》《十二月怀胎》《十二月古人》《十哀兮》等。乐官鼓钹击节，唢呐伴奏，凄楚哀鸣，催人泪下。子、孙等跟在道士后面跟拜，道士叩首，孝子等叩首，道士下跪，占拜的也下跪。女的死了要拜《拜血盆赞》，用女人洗脚的脚盆装些水，用棍擎起女的衣裳一件，用睡席一床围住足盆，分派一人专烧草纸，丢一枚铜钱或毫子在足盆内。子、孙等跪在地上。

在“开门路”进行前，香灯师要砍好幡竹子一根，由道士剪好花，写上字，画上符。还要砍一棵荷树，剪好几十件小冥衣（鬼穿的衣裳）挂在荷树上。孝子或女婿做笼两担，有的四担，装好冥钱（草纸），道士贴封条（印好了，填上姓氏、年月日等）。

在开奠前要做以下事情：

①请人做好孝杖竹子。按旧制，父死用竹杖，母死用桐杖，后一律用子孙竹做成。用小锯按一尺八的长度锯成一根根。数量多少，由具体人数来定。

②用稻草（禾秆）搓好秆绳若干根，据人而定。长三到四尺。

③剪好孝衣（白布）。孝衣长短，依亲疏而有别。孝子、孝媳、女儿、女婿，期服侄孝衣五尺（老尺），较亲的三尺，较疏的一尺二（老尺），还要做孝帽。

④请木匠做好灵位牌。古制用樟木或用栗木，今多用杉木，上圆以象天，下方以象地。高一尺二寸（老尺），宽三寸（老尺）。中间是空的，要做一块灵位牌心，即按灵位牌尺码做的一块薄木板，可以插入灵位牌内面。

⑤做好“铭旌”。铭旌，用红布做，长约九尺，宽一尺余，字竖行排列。先用红、黄、白纸剪成四方形或其他形状，每一张纸写一字，共写 26 个字过黄黑道。

⑥准备开奠的祭品。

⑦礼生要写好亲友送来的祭轴、挽联。

亲友送的祭轴都是四至五尺的布，颜色不一，有白的、蓝的、黑色的等，布的质量有好有差。挽联是纸裱的，是成对的。

⑧备红墨水一瓶，新毛笔两支，墨汁一瓶，备红布、五色丝线扎灵牌，为题红点主之用。开奠宰牲，要先安排三人捉猪并包好红包，免得临时忙乱。

3. 成服、点主（立主）

成服仪式（在门外向天地行礼写主）

执事鸣金三阵（乐师先鸣锣）起乐。

孝信就位，孝眷人等皆就位，迎神鞠躬，跪，叩首，再叩首，三叩首，起；跪，四叩首，五叩首，六叩首，起；跪，七叩首，八叩首，九叩首（即向天地行三跪九叩首礼）。

初上香、初敬香，亚上香、亚敬香，三上香、三敬香，初献爵、初敬爵，亚献爵、亚敬爵，三献爵、止乐，代读告文。

4. 开奠、宰牲

起乐。主祭孝男就位，陪祭孝男就位，孝媳孝眷人等皆就位，宰牲，迎主鞠躬，跪，叩首，再叩首，三叩首，四叩首，初上香、初敬香，亚上香、亚敬香，三上香、三敬香，初献爵、初敬爵，亚献爵、亚敬爵，三献爵、止乐，引赞主生代读诔章。

5. 客祭、团孝

晚上开奠后接行客祭。

开奠礼式。孝堂肃静，执事者各执其事，阶下发鼓三通，堂前鸣金十二，庭内掌号连声，户外放炮三元，奏乐全堂，再奏哀音，孝子扶杖出帏，孝眷人等出帏，男东女西，排班序立，孝子就位，孝眷人等就位，执事移毛血，启椟，望灵举哀，哀止，迎灵鞠躬跪，叩首，再叩首，三叩首，四叩首，起，平身，诣盥洗所、盥洗、净巾、复位，诣香案前跪，初上香、初敬香，亚上香、亚敬香，三上香、三敬香，初献爵、初敬爵，亚献爵、亚敬爵，三献爵、三敬爵，反爵，叩首，起，平身、复位。行初献礼，执事传爵，孝子捧爵，恭诣灵席前跪，献爵、敬爵，叩首，起，复位。行初馔礼，执事传馔，孝子捧馔，恭诣灵席前，跪，献馔，止乐，读告文。

孝子出帏，捧帛（指白布纱，侍服帽，即戴白后）迎宾。

祭宾就位，迎灵鞠躬，跪，叩首，再叩首，三叩首，四叩首，初上香、初敬香，亚上香、亚敬香，三上香、三敬香。

执事酌酒降神，初降神、初奠茅，亚降神、亚奠茅，三降神、三奠茅，反爵，叩首，平身，起。

6. 入殓、封棺

起乐，孝男就位，对尸鞠躬，跪，叩首，再叩首，三叩首，初上香、初敬香，亚上香、亚敬香，叩首，初献爵、初敬爵，亚献爵、亚敬爵，三献爵，止乐，代读告文。

7. 扶柩还山

祭举神礼仪式(还山的当天早上)。

起乐,孝信就位,迎神鞠躬,跪,叩首,再叩首,三叩首,四叩首,初上香、初敬香,亚上香、亚敬香,三上香、三敬香,初献爵、初敬爵,亚献爵、亚敬爵,三献爵,止乐,代读告文。

从上所述,孝子孝孙、孝眷人等从返山前一天,自成服、立主、开奠宰牲、晚上客祭团孝一直到天亮没有睡觉,早上,又要入殓、封棺、祭神、别灵、出柩、安灵,因此他们这两天都筋疲力尽,苦不堪言。

女的外家封棺前,子孙要下跪请两位封棺的各吃一碗鸡蛋,并包好送上封棺的红包(先总理要和他们讨价还价谈好),等他们吃完,牵一下才可起来。封棺时,杀鸡的要把公鸡在棺材上一刀砍断鸡颈,用鸡血绕棺材淋一圈。外家封棺,年长的在上,少的在下,少的年纪若比死者小,少的要跪到封棺时,长者在封棺前,要烧纸钱,并对死者致安慰词,然后封棺。男死,由家族长辈封棺,要包红包,基本如此。

晚上客祭、团孝到天亮,天亮了就结束礼仪,同时将孝堂拆掉,将大门丧对、丧贴撕掉,将柏树梣、白花搞掉。

早上,出柩前,要请八仙(抬棺材的八个人叫八仙,吃点心(各吃蛋一碗),孝子跪在地上,给每人送上一个红包,新开肩的(第一次扛棺材的)要给一尺五红布。

出丧前一天晚上,孝堂内要一桌陪灵席饭,上席空,只放碗筷,是死者的席位,陪的六人,是儿子、孙子、女婿、孙婿,女的要加外戚等。

出柩前,要扎火把,要用禾秆(稻草)扎,一岁要扎一圈,如七十五岁,则扎七十五圈。

出柩前要安排两人端长凳两张,路上行祭,一人打鼓,一人打锣,一人擎铭旌,亲戚、家族的祭轴各自擎着上路送行。

一般路祭三次,男的先家族,女的先外戚,第二是女婿、孙婿等,第三次是孝子等。

出丧前，裁小四方红纸，分发八仙，行祭的、送葬的将红纸放在袋子里。

出殡前，媳妇、女儿、孙女、孙媳妇、外甥媳、外甥女等要送火把。次序：媳妇在前，后按年龄大小排列。到了坟墓时，将火把放坟上头，要跪三次，后弯路走，不要与抬棺材的相碰，要走得快，比抬棺的八仙先到家。到了家要在门口坪上吃桌上放的酒、饭、煎豆腐，还要用酒洗手，用木梳梳几下头发。八仙等送葬的都如此。

出殡后，一人提竹篮一只，内放饭一碗、茶酒、三牲，逢过路缺口、社官地（习俗社官老爷的地方），其他地撒草纸剪的圆圈，内空，并提一根幡旗子。

出丧后，厅堂大门要贴上一块红纸。

送葬行了三次路祭后，八仙抬棺材去坟地，其他的人将祭轴、铭旌贴的字一齐撕掉，折起带回。长孙手捧神灵牌，手拿雨伞，肩披红布回到厅堂安灵。（乐官吹打）

出殡后，早上要请客安席，一般一席舅公，二席点主官，三席亲戚长者，四席女婿。

坟做好了，棺木进了墓内要落葬，要杀公鸡一只，孝子等要下跪。封龙门要包红包一只。

（宋万盛）

本土习俗

1. 饮食

早先,一日三餐吃蒸饭。吃饭时,男女老少都围坐在厅堂的方桌上吃饭,很少有人在厨房吃或端着饭碗溜达在外面吃饭。过年过节,家家户户都会塞酿豆腐。数百年来这种饮食习俗一直沿袭至今,就平时也会塞酿豆腐吃。其制作过程:首先把豆腐切成方形或三角形,再用茶油将豆腐炸成黄色,形成中空。配料主要是萝卜、芹菜、冬笋、瘦肉等。将上述配料分别切成细丁,和匀,放盐少许,把拌好的配料塞入油炸豆腐内,用荞粉封好口,放到锅中,加水、加热,煮熟即成,味道鲜美可口。有的人家过节喜吃米粉肉。日常生活中,因山坑内冬水田面积广,冬水田里盛产泥鳅,乡民喜吃泥鳅,尤其喜欢吃煮泥鳅。客家人善于储藏食品,因来客首先要喝茶,故平时绝大多数家庭都会晒薯干、乌干子(制作方法:将薯去皮,切成片放入有水的锅中加热,至八成熟时捞出,放在阳光下晒至半干半湿,即把薯干倒入甑内放在锅里用旺火蒸一次。至热气蒸腾时,不时将煮番薯时形成的薯糖洒入甑内,使薯片全部粘上薯糖。蒸熟以后,将薯片逐片摊开在晒垫上晾晒。凡未粘到糖的放入甑内再洒薯糖蒸一次,再晒即可)、笋干(放盐、辣椒、甘草)、梨子干(放糖)、茄子干(放糖)、苦瓜干(放盐、甘草)。过大年时(春节),家家户户煎兰花根、煎粉皮、煎花酥、煎番薯片、煎豆腐。冬天要腊肉、腊鸡。

2. 待客

万安人好客,热情接待来家里的客人。家中来了客人,首先第一句话是说请,接着要泡茶、敬烟。如果说客人要在家中住宿,主人家在晚上要煎米粿,或炒花生招待。有些山区,人们喜欢喝茶,而且放茶叶,不喝白开水,因此家家户户都种有茶叶,自采自制自用。一年四季不管什么时候来了客人,都要先泡茶,并以茶点相待。经济富裕的家庭,茶点主要有:梨子干、油炸的盐笋干、苦瓜干、茄子干，或煎粉皮、煎番薯片。就是一般人家，也有炒豆子、爆米花、炒南瓜子或番薯干。主人和客人一边喝茶、吃茶点，一边叙亲情友谊，食完茶以后才吃饭。不管是新客还是远客，凡是贵客临门，晚上都要煎米粿宵夜。早上起来，在吃早饭之前，要热碗肉汤、鸡汤给客人吃，称“过早点”。没有肉汤、鸡汤，至少也要为每个客人蒸三个鸡蛋过早点，然后才吃早饭。这种待客习俗一直沿袭至今。

热情待客

3. 生日

万安人重视过生日，绝大多数要在“花甲”寿年时办酒庆贺，寿年越高，祝寿规模越大。据传，曾经有人九十寿诞时挂牌，办酒近百席。如逢两个喜事一起办则会提前祝寿，决不能推后，这一习俗沿袭至今。祝寿习俗如下：一送寿饼，凡寿星的女儿、妹妹、侄女、外甥等都要为寿星送饼，称“扎饼”。祝寿过后，儿媳、女儿将寿饼分送给村庄上的各家各户，称“还口债”。二是送寿礼、寿炮、寿面。三是拜寿。寿星生日的头天晚上，由司礼员领着寿星夫妇到众厅，先拜天地，敬祖宗。此时，鞭炮长鸣，热热闹闹。敬完祖宗后，司礼员在众厅中间摆上两张椅子，寿星夫妇端坐椅上，接受晚辈族人和亲友的寿拜，先子后女，先亲后疏,先族内后族外,先直系后旁系,成双成对,顺序进行,司礼员叫一对拜一对,全部拜完,则拜寿礼成。新中国成立后,祝寿习俗依旧,只是接受直系儿孙的寿拜,不会接受亲戚、族人的寿拜。

4. 婚嫁

旧式婚事联姻民俗大致如下:一般是男家主动,男的过了 18 岁,父母就会通过亲戚朋友了解情况。谁家有适龄女孩,男方父母就会请人去说合,如女方父母同意与男方联姻,就会写一张“八字”帖交来人带回。如双方无意见,女孩走的时候,男家就要包红包、送衣物给女方,这叫“发艳”。到了婚期,男方备好花轿,派出迎亲人员、吹鼓手,挑上礼物,喜炮连天,一路吹吹打打地前往女方迎亲。

迎娶新娘

花轿进了女家门,新娘和妈妈、姊妹、哥嫂都会哭别。抬新娘的花轿在路上走的时候,如果碰上前面还有一乘花轿来,这叫“碰轿”,此时双方的花轿都要停下,两个新娘要互换纸扇或手帕,然后各走各的路,这叫“互相吉祥”。花轿进了男家大厅,新郎要拿一把纸扇(先不打开),用手握住纸扇在轿门上连拍三下,再开轿门，再将纸扇打开对着新娘横扇三下、直扇三下，接着用右手轻轻一拉新娘的衣袖。这时，扶娘就会牵新娘出轿拜堂：一拜天地，二拜高堂，夫妻对拜步入洞房。如果是热天，还要一个小男孩端盆水给新娘洗脸、洗手，冬天则拿一只火笼（竹制烤火用具）给新娘烤火。这时新娘要包一个红包给小孩。晚上闹新房，潞田镇高坑的习俗是在新婚夫妇房内办一桌酒菜，并放上糖果。新娘、新郎坐在床边，伴娘坐在新娘身边。洞房门口有人守着，来参加闹新房的客人，每人都要说上四句吉利的顺口溜才能进去，如“两脚走忙忙，走到新人房，贺喜新娘明年生贵子，养个白白胖胖小儿郎”。每人想吃一样菜、想吃一样好糕点或糖果等，都要说上四句与菜或与新娘有关的好话才能吃，例如，“炒猪肝喷喷香，各位亲戚挟来尝，新郎新娘今夜成婚配，明年我把舅公当”。闹洞房是不分长辈、晚辈的，既随便又热闹，一直要到深夜方休。第二天早晨，新郎、新娘要拜客。先由主持人拟好一张至亲的族、戚名单，用红纸写出名字贴在大门口墙壁上，称“拜单”。拜单上凡有名字的，先安排他们吃茶点，后吃一碗肉片汤。随后由主持人逐个叫去厅堂受礼。受礼的客人和亲人都要包红包给新郎、新娘，这称“拜见礼”。

婚嫁习俗大同小异，主要分三步。一是议亲，先由媒人至女方登门说合，女方同意后，用红纸写出生辰，称“过庚”。由男方请人合“八字”，合上的，男女双方父母同意后，男家即办好茶点，由媒人和男家的父母带着茶点到女家去议亲事，名曰“过茶”，又称“定亲”。这时男方就要办一桌酒席请女方家人前来，称“定亲酒”，表示双方同意谈婚，也表示此段婚姻已经确定。亲事议定，再讨价还价，商议聘礼、聘金，然后由女家开启礼单。结婚时，男家按礼单办送礼品礼金。二是送日子与发见礼。先由男方请人选好结婚日子，由媒人带去与女家商量，女家接到结婚日子，还要再请人查日子。经过审查，女家认为这个日子对双方有利，再托媒人转告男家，同意在所选吉日完婚。然后再由男家用红纸正式开启“吉日单”，并按女家要求办好几桌酒席，由媒人和男方家长带着办好的酒席物品和“日子单”送到女家，这一程序称“送日子”。送日子这天，男方要准备发见礼。因这天女家要把叔、伯、兄、弟、姑、姐、姨和舅舅等主要亲戚请来喝酒。喝完酒，男方就要给来喝酒的亲属、亲戚送个红包，名曰“见礼”，红包金额不等。这些亲属、亲戚得了红包，到结婚时，要向出嫁的女孩送衣、布等礼品。三是办婚宴。结婚这天，男方的新、老舅公要买匾或镜去外甥家道贺。男方宴请三天。其间，兄弟叔侄都要去帮忙，还要选一位年龄较大又懂礼节的长辈做总理事。女子出门，先要开容、装箱。新娘还要向亲戚朋友辞堂。亲戚朋友一定要包个红包给新娘，祝福她出嫁后夫妇齐眉。男子结婚有缝被、架床和由父母亲或好友先睡新婚用床（意为沾光）的习俗，此习俗至今未变。男方先拜堂，新郎、新娘拜堂的时辰是早已选好了的。花轿（婚车）到了以后，如果拜堂时辰未到，轿（车）则停在众厅院墙外，新娘要在轿（车）内坐等，先把送亲的人接进屋，待之以茶点。拜堂时辰一到，鞭炮齐鸣，吹吹打打，鼓乐喧天，到花轿（婚车）前迎接新娘，但新娘不下地，由事先选好的贵人将新娘抱进众厅，随即由伴娘扶着，不揭去头盖布与新郎一道参拜天地，再拜祖宗，然后拜父母、拜叔伯、拜亲友。每拜一人，受拜者都要向事先已准备好的放在一边的桌子上丢个红包，称“拜见礼”。拜完后，新郎将新娘抱入新婚洞房，至此礼成。这一婚俗，至今较少保留。出嫁后第三天，新娘要与丈夫一起回娘家，称“回门”。

女儿出嫁后的第二年农历正月初二，要等女婿（习惯称等姑丈）。女婿回来以后，要到与岳父嫡亲的叔、伯、兄、弟的家家户户拜年并送礼。岳父家要先备酒席，每户请一个族人到家里陪女婿吃饭。然后，至亲的各家各户请女婿去吃饭并请会喝酒的人作陪，向新来的女婿敬酒。每个新来的女婿都要喝醉一次酒，不醉不放过，这一习俗沿袭至今。

（许庆华、许诗蕊等）

节庆习俗:“四时八节”

万安兴春节、端午、中秋三大节和清明、立夏、中元三小节,加上立春、花朝、元宵、立秋、重阳、冬至,总称“四时八节”。春节最隆重、最讲究,元宵最热闹。

春　节

农历十二月二十四日开始进入过春节的筹备阶段,该日称为过小年。老人家要在神台上点灯装香,放鞭炮祭祖。家家户户大扫除,室前屋后、门窗桌椅、锅碗瓢皿、衣被席枕等,都要洗刷、打扫得干干净净,一直忙到除夕贴好春联、年画为止。除夕那天还要去菜园拔一棵长势青秀的小白菜种在钵子里,用红纸条圈兜,放于神台或房间桌上,一直养到来年正月十六日送神。人们还习惯在各样家具物件上贴一小块红纸,以讨吉利。除夕晚上为过大年,是一年中倾尽全力操办得最丰盛的一餐,全家人摒弃一切忌口和戒律的大聚餐。晚饭后守岁至凌晨甚至通宵,或品尝糖果糕点,或放烟花,或进行家庭娱乐活动。晚上十一时左右,燃鞭炮,关财门,长辈将压岁钱塞在孩童身上。零点一到,家家户户抢先开财门,由长孙燃放鞭炮后,朝当年有利方向走段路,念几句吉利话,以示开门大吉、四方得利、招财进宝。黎明前,全身换上新衣裤、新鞋帽,意为新年新岁一切都新。大年初一的早餐却是吃隔年的剩饭剩菜,意为旧年吉庆有余。早餐后先自家人团拜,晚辈向长辈磕头或鞠躬祝福,然后到族长及邻居家恭贺新禧。即使旧年积了怨互不搭理的人,大年初一碰面后也会互致问候,讲几句吉利话,缓解旧年结下的矛盾。孩童在正月初一可尽情乐、任意说、随心吃,决不会受到大人责怪,俗话说“孩童之言,百无禁忌”。

从大年初一到正月十六日送完神,县城有一套特有的灯彩——儿郎灯,又称“装太平故事”,非常热闹。九位儿郎神童每日上午、下午、晚上结队游街三次,燃放的鞭炮纸屑,积存于街道达一寸多厚,年年如此。

春节，舞龙灯庆祝祖祠竣工

万安习俗：出嫁的女儿不论路程远近，新年初二要与丈夫双双回娘家拜年；初三以后是远客、亲戚朋友互相拜年。直至正月十六日，春节活动才结束。

端午节

端午节兴吃包子、糯米粽、熟蒜头、水晶糕。门口插艾旗蒲剑，墙边屋角洒雄黄酒，预防毒蛇和毒虫进屋。正午，大人小孩都用艾蒿、石菖蒲、苍术、扛板归、柚叶、鱼腥草、丁公藤、板蓝根等多味草药熬的汤沐浴，药浴后再在肚脐、胸颈、背肩上涂擦雄黄酒，以求全年免生痱子疮毒。孩童喜在颈脖上挂绣制精美的香包。沿赣江边的良口、良富、县城、罗塘、韶口、百嘉、窑头等地，上午进行龙舟竞渡，如今只有百嘉、韶口还保留这一习俗。县城还兴农历五月十五日过小端午节，是日再吃一次糯米粽而已，没有其他活动。

已确定婚姻关系及婚后第一年的男方，端午节前一两天须向女方"送节"，除鸡、鱼，肉、包子、粽子外，还得送扇子，最讲究的是檀香扇或绢扇。

中秋节

全家人在月下团坐赏月，吃月饼、花生、柚子、柑橘等。老人给晚辈讲故事，给幼儿唱民谣："月光婆婆，打只筛箩，筛个米馃，供飨家婆……"青少年则喜捡破瓦在草坪上架干孔塔，当日正午开工，天黑前完工，人越多，架得越高大。人小力弱的就捡茅柴禾草。待圆月高挂后，就对月烧塔，待瓦片烧红后向塔撒谷壳，喷白酒，蓝光闪烁。此刻，众人围塔载歌载舞，嬉戏追逐，尽情欢乐至深夜才散。

清明节

节日期间不置办酒肉聚餐，只备三牲上坟扫墓，俗称"挂纸"（在墓上挂三页沾了公鸡鲜血的纸钱，墓前摆三牲，烧纸钱、香烛，燃鞭炮供奉一番），以祭祖。

有“清明挂纸挂在前,冬至挂纸挂到年”之说,即清明前可扫墓,清理墓地周围的杂草水沟,清明后到冬至前都不能扫墓动土了。清明节还兴用嫩苎麻尾(或艾叶等)与米粉做成绿色的清明米馃蒸熟而食。

立夏节

立夏兴吃蛋,每人都要吃上数个荷包蛋,小孩还用小网袋装一个煮熟的连壳蛋挂在胸前,玩腻了再吃掉;近年还兴吃狗肉,据说吃了不“退夏”(不瘦体);还有该日给小孩过称体重会长得更快之说。大人还要叮嘱小孩该日不能坐门槛,据说小孩立夏坐了门槛当年很容易打瞌睡。

中元节

中元节俗称“鬼节”“七月半”。上午用金箔、银箔折成金元宝、银元宝(折元宝忌孕妇、忌晚间),用土纸剪成一件件纸衣裤(男式圆头、女式尖头),按死者姓名分别写好诰文(姓名上涂鲜鸭血,点燃香烛后再将一堆堆纸钱焚化,待纸堆烧完时,燃放一挂鞭炮,晚辈都要叩头三下不作揖,然后撤案,回家聚餐。此谓“先人先过节,活人后过节”。此节一般兴吃新姜炒子鸭及用芭蕉叶包裹的芭蕉米馃。

元宵节

农历正月十五日夜,是“元宵节”。其活动从农历正月初一持续至十五日。初一“等神”(或称“下座”“请神”),挂出元宵画(祖宗的彩色画像),此后的半个月内,祠堂、庙宇香火不断,每晚唱元宵歌。正月十五日夜,家家户户用“神仙粉”(年前将糯米浸七七四十九天,再磨成粉浆,然后用布袋过滤成水磨粉,晒干后储用)做成鲜肉汤圆、桂花汤圆、芝麻汤圆、豆沙汤圆,灯彩活动进行到深夜,县城的儿郎灯、龙灯、蚪壳灯、马头灯、高跷、旱船,各乡镇的茶灯、狮象灯、太平灯、鲤鱼灯、板凳龙等会聚县城闹元宵。各家门口春节时挂出灯笼又点燃蜡烛，彻夜通明。少儿也牵着各式各样的兔子灯串门游巷，唱着“兔子进屋，买田做屋，兔子进门，多进粮钱”，戏谑追逐。

节后的正月十六日为“送神”日（或称“上座”），“儿郎神”上架封厢，祠堂庙宇亦关门停供。俗话说“送掉元宵神，各人哇（话）各人”，意为元宵节后不再歇息了，也不走亲访友了，各自都要开始搞生产。

立　春

立春正点，将“迎春接福”的旧春纸从厅堂正中屏墙上揭下烧掉，在鞭炮声中贴上新的大红春纸，并用鸡蛋倒立于桌上“试春”。鸡蛋能正立，说明交春时间已至，时过，蛋亦倒下。据说试了春，这一年就顺顺当当。

重　阳

重阳时，农家纷纷蒸糯米酒，谓之“重阳酒”，味道醇纯，不易变质。县城的小孩还会趁天高气爽，相邀到郊外放风筝。

冬　至

冬至日为浸糯米、蒸冬酒和扫坟之日。此日扫坟不一定烧纸，主要是给坟墓清除柴茅杂草，培上新土。据传，冬至到过年的时间内可动土，其他时间动土会惊动死者，给家庭带来噩运。

（刘卫东）

赣江十八滩船夫号子

一

始于赣州城的赣江，至万安县域有十八险滩闻名于世。

十八滩，滩滩险，最险当然惶恐滩。

清朝同治年间修订的《万安县志·方舆志》载："章贡二水北流赣县东北始合，故谓之赣江，二百四十里至万安县治，其间有滩十八……水性湍险惟黄公滩为甚，故东坡诗讹为惶恐，今因之。"

南来北往的舟船到了万安县城都得停下。其中，从赣江下游欲溯江而上的船只，在这里得换上小船，祭拜河神，并请当地滩师领航，请当地的船夫拉纤，才过得了惶恐滩等"赣江十八滩"；反之，亦然。于是，千百年来，船夫们在滩师的引导下，一路拉着纤，一路吼着号子，赤身裸体、四肢着地地艰难前行过险滩，留下一江血汗斑斑的史话，更留下一串惊天地、泣鬼神、千年不绝的赣江十八滩船夫号子。

二

"赣江十八滩船夫号子"包括一套仪式、一组号子和一种精神。

一套仪式。以惶恐滩为首的赣江十八滩自古以来就是水路交通的咽喉要地。船夫们为了拉纤过滩制定一整套完整的仪式，包括祭神、起锚、撑篙、扯篷、拉纤、背船、摇橹、靠岸、下锚等。

一组号子。这组号子有十多首，其喊唱形式都是先由一人领唱，尔后众人和之。它包括：起锚号子、撑篙号子、拉纤号子、招风号子、扯篷号子、背船号子、过沙滩号子、过石头号子、摇橹号子、靠岸拉缆号子、靠岸下锚号子等。

一种精神。历史上的赣江十八滩与黄河三门峡、长江三峡齐名，并称中国三大险滩。“赣江十八滩，滩滩鬼门关，十船经过九船翻，一船虽过吓破胆。”此句道尽赣江十八滩之险恶。然而，船夫们面对险境毫不畏惧，他们避旋涡、绕礁石、战恶浪，齐心协力，展现了团结奋进、勇往直前的顽强精神。

三

“赣江十八滩船夫号子”的旋律由五声音阶组成，有宫、商、角、徵四种调式，不同的号子呈现出不同的格调，或高亢，或坚强，或明快，或悠扬。号子多用客家方言喊唱，歌词言简意赅。

船夫们不仅高声吼唱节奏昂扬雄浑的号子歌，以提振勇气、增强信心、凝聚力量，也通过喊唱其他不同的号子歌，抒发感情，愉悦身心，释放情怀。

四

时移世易，那些暗礁巨石早已全被炸平，险滩成通途。当年的木船逐渐代之以铁质机帆船，当年的纤夫则定格于历史。然而，赣江十八滩船夫号子依然在民间传唱。显然，“团结一致、不畏艰险、奋勇拼搏”的精神，乃赣江十八滩船夫号子留存于世的最大价值之所在。

2013 年，“赣江十八滩船夫号子”被江西省人民政府列入省级非物质文化遗产保护名录。

（县文化馆供稿）

山村唱船闹元宵

元宵唱船是民众春节期间寻根问祖、祭神祭祖、祈福消灾的一项古老习俗。古时,元宵唱船在全县各地盛行,影响深远。该习俗以村落或家族内部传帮带的方式传承,至今在万安境内仍有活态传承,俗称"做元宵"。

清同治年间修订的《万安县志·方舆志·风俗》篇中记载:"元宵,悬所画神舟,日闲,祀以牲醴,曰叩神;夜间,群执歌本曼声唱之,曰唱船;持桡执旗回旋走,曰划船;每次加吉祥语,曰赞船。金鼓爆竹之声不绝于耳,既乃饮而罢。"

令人印象最深刻的就是元宵画和元宵歌。这是他们活动的主体,也是主要特征。活动开始时必须在庙宇或者祠堂挂元宵画,正月初一至十五晚上必须唱元宵歌。

古元宵画

元宵画属道教画,相传是张天师(张道陵)所创,分全堂画和半堂画两种,全堂画俗称二十四船画,半堂画俗称十二船画。画面上部所画是天上诸神腾云驾雾而来。中间部分画有一条宽阔的河,河面神船上载有两百多位各路先贤,乘风踏波而来。下部所画为一座书有"洛阳胜景"牌坊门前人间百姓恭敬相迎的场景。整幅图画描绘出一种天地人神和、万物共欢庆的场景。村民将元宵画视为神画，虔诚供奉。如因损坏重新复制后，必须“开光”才能启用。在沙坪、夏造、弹前等地至今还存有明朝、清朝、民国时期的古元宵画。

元宵歌，各地版本大同小异。正月初一至十五晚上不同的时辰唱不同的歌，十五晚上十二时之前唱完才算圆满。唱词有十多首，包括《迎船歌》《木根源》《造船歌》《景慕屈原》《荣封康王》《捷报状元》《参拜歌》《保当歌》《四时景节》《十劝君》《赞船歌》《送船歌》等。一首歌即为一首叙事诗，除《赞船歌》外，每句歌词均为七个字，逢双押韵，如《迎船歌》起始句：“春王正月梅花开，看见大神远远来。里社当坊来接引，恭迎海会到瑶台。”每首歌的句式结构也不相同，句子有长有短，最短的 40 句，最长的达 184 句。《赞船歌》每一赞为两句或四句，每句结构十分灵活，三字、四字、五字、六字、七字都有。所有歌词朗朗上口，内容浅显易懂，如《造船歌》中唱道：“当初何人置竞渡，何人置下纸龙船？屈原相公置竞渡，后殿夫人纸画船。”《送船歌》中唱道：“满酌三杯饮行酒，留恩降福

唱船

保祯祥。送船送到何处去，竞往扬州与洛阳。”唱船的唱腔和伴奏比较简单，但却极富地方特色。其中，伴奏乐有十个小节，唱腔分上、下句，共有八个小节。歌词表达了村民对民族先贤忠君爱国、创业守信的崇敬之情和祈求国泰民安、人寿年丰的良好愿望。

“做元宵”是一项祭祀性民俗活动，请神是必不可少的一个重要环节。每年正月初一，村民将元宵画请至庙堂或祠堂悬挂，将菩萨像供放在画前神台就位，焚香诵文，鸣爆奏乐。适时，全村老少都带祭祀物品前来祭拜。尔后，在吹打乐及连绵不断的爆竹声中，各地游神队伍浩浩荡荡地出行。队伍少则几十人，多则数百人，有撑元宵画的，有拿执示的，有扛康王菩萨的，有打灯的……彩旗猎猎，犹如一条长龙游走在乡村田间地头和村寨。游神队伍所到之处，各家各户爆竹相迎，接福接寿接好运。当地人称之为“菩萨出行”，祈福消灾。

游神

各地的游神队伍，都是老、中、青、少四代同行，全村齐上阵。这不仅是一支游神的队伍，更是一支传承的队伍。不忘祖、敬先贤、举头三尺有神明、人在做天在看、尊老爱幼……长辈对晚辈的教词中无不透露着一颗敬畏、虔诚、向善、传承的心。传统思想在他们心中根深蒂固，传承千年，经久不衰，不无它的道理。

灯彩表演队是游神队伍中一颗璀璨的明珠，尤其吸引人们的眼球。扎制精美的太平灯、麒麟狮象灯、股子灯、鲤鱼灯等灯彩，生动形象，活灵活现。打灯者身轻如燕，时而穿花，时而盘旋，并伴有节奏明快的“十杯酒”“瓜子仁”“长流水”等民间吹打乐。每打完一个花节就摆一个字，共摆了四个大字——“天下太平”，场面热烈，赏心悦目。

在沙坪跃龙，每到正月初一至十五晚饭后，全村老少就会集聚在村中祠堂或者庙宇，手持元宵歌本，对着元宵画唱歌，当地人称之为唱元宵歌（也叫唱船）。唱船的过程中还伴有赞船、划船等祈福环节。赞船，俗称赞三赞。唱完一首元宵歌后，村民面对元宵画一排一排地站好，由一人领头高声赞一段《赞船歌》。赞完之后，其他村民大声附和：“好！”此为一赞。接着赞第二段，村民们又和之。如此连续三赞。赞船后，村里的青年、小孩拿着雕有龙头的船桨或各执一面彩旗，围着厅堂中的纸扎花船跑动起来做划船的样子。其他村民则一边敲锣打鼓，一边燃放爆竹，一边大声吆喝。厅堂里，爆竹声、锣鼓声、呐喊声、嬉笑声，声声交融，非常热闹。当地老者介绍，划船意味着大家同舟共济，齐心协力地驱除邪恶，让暗尘（灾难、疾病等不好的东西）随船而去，给人们带来好兆头。

元宵之夜，是“做元宵”最为热闹的时候，除了唱船、赞船、划船，还要喝元宵酒、吃元宵羹。元宵羹由炒香的米粉、芹菜、豆腐、猪肉、大蒜、萝卜、大青菜（风菜）、葱花八种原材料熬煮而成，又叫八宝羹。元宵酒是当地人酿的一种纯米酒，一般为重阳酒。用当地村民的话讲“喝完元宵酒，工夫不离手。吃完元宵羹，落（lào）心落肠做营生”。唱船活动结束后，午夜十二时左右，整个祠堂摆满桌椅，如同举办喜宴一般。全村村民围坐在桌前，每张桌子上盛有一大盆元宵羹供村民享用。搞服务的村民用年数已久的海壶给每位宾朋倒上满满一碗米酒，热情十足。大家吃着元宵羹，喝着元宵酒，有互道吉祥的，有送祝福的，有划

拳的，有拉家常的，还有表演节目的……活动在一片欢声笑语中圆满结束。

正月十六是每个地方送神的日子，大部分地方是早上或上午送神，只有夏造的黄祝村为下午送神。送神仪式最为古朴，仪式感极强，充满道教色彩。送神时，燃烛、焚香、鸣炮、奏乐，当地主持将悬挂在庙宇的元宵画取下，用竹筒收藏并护送到指定的村民家中保管。尔后，数百人的送神队伍手握香火沿途插上，直至溪边，场面十分壮观。最后将活动用过的相关物件放置河（溪）边焚烧，意为让疾病和灾难随水而去，留下平安和吉祥投入新的一年生活、生产中去。

元宵唱船源于江南一项古老的民间祭祀活动，战国楚人屈原在《九歌》里早有记载。明、清年代十分盛行。活动主要由请神、菩萨出行、唱船、赞船、划船、送神等环节组成，形态完整，仪式古朴，内容丰富。它融合了民间祭祀、民间文学、民间说唱、民间灯彩、民间游艺、民间美术、民间饮食等诸多文化形式，呈现"天地人神和、万物齐欢庆"的统一的节日文化空间，不仅是研究长江中下游流域春节习俗的活化石，也是研究我国宗教文化、民间信仰发展轨迹的活化石。

近十年来，随着国家对非物质文化遗产保护工作的高度重视以及社会各界的共同努力，元宵唱船活动越办越红火，参与人数也逐年增长，影响力逐年攀升。《中国文化报》《江西新闻联播》《吉安新闻联播》《井冈山报》等国家和省市新闻媒体对它进行了宣传报道。2013 至 2014 年，由县文化馆制作的参赛视频作品《山村唱船闹元宵》《赣江十八滩古老民俗——元宵唱船》等均获国家级奖项，其中《山村唱船闹元宵》在国家博物馆展播。2013 年，元宵唱船被列入江西省代表性非物质文化遗产名录。2019 年，万安县被中国民协命名为"中国唱船文化之乡"。

（刘卫东　赖志良）

儿郎灯会

儿郎灯，俗称“装儿郎”，是城南坛上元宵期间一项古老的习俗，历史悠久，源远流长。它承载着坛上人数百年来的宗教信仰，也是方圆十里八乡民众的精神食粮。

清同治版《万安县志·风俗》记载：“元宵……百嘉、窑头两市，自十三日起，有所谓‘装船’，穿袍靴、戴神头面游行，各庙划船三次，极热闹。而尤莫盛于城内之儿郎灯，每一神护灯鼓吹者辄数十人，食用素，必斋戒，以祈神佑。”可见儿郎灯在当时的风靡程度和影响力。

关于儿郎灯的来源，有这么个传说。古时，赣江暴雨成灾，河水猛涨，从上游漂来一只木箱，恰巧南门坛上的一个孤儿刘某在河边捞水柴，他以为木箱里装着财宝，即把它捞到岸边。开启后，只见箱内整齐地摆放着樟木雕刻的八副儿郎神面具，刘某不知何物，扛至家中，准备晒干当柴烧。当夜，神仙托梦刘某，好生供奉八尊大神，保你娶妻生子，发家致富。刘某不敢怠慢，取出八副儿郎神面具供于神台，初一、十五烧香燃烛，虔诚地敬奉。来年，刘某果真娶妻生子，人财两旺。为感谢儿郎神保佑，刘某在南门坛上构筑“儿郎庙”供世人祭拜，并于每年元宵期间举行迎神赛会，张灯结彩，香火不断，热闹非凡。许愿、还愿者络绎不绝。

深究历史，儿郎灯会的形成与宗教信仰的发展密不可分。三国时期，佛教开始传入万安。同时，这一时期的道教也已形成。它们互相之间展开了激烈的竞争，在南北朝时都各自站稳了脚跟。到唐宋时，它们迎来了全盛时期，出现了名目繁多的宗教活动，如圣诞庆典、坛醮斋戒、水陆道场。佛、道二教竞争的焦点，一是寺庙、道观的修建，二是争取信徒，招徕群众。因此，宗教仪式上均增加了媚众的娱乐内容，如舞蹈、戏剧、出巡。这样，不仅善男信女们趋之若鹜，乐此不疲，而且许多凡夫俗子亦多愿意随喜添趣。为了争取群众，佛、道二教常常用

起坛

走出庙观的方式扩大影响力。北魏时佛教盛行的“游神”活动就是如此。所谓“游神”，是把神佛塑像装在轿子或彩车上，在城乡巡行的一种宗教仪式，所以又称“出巡”。后来，这些宗教活动逐渐世俗化，儿郎灯会就是其中一种带有浓郁的道教色彩的民俗活动。它随着历史的发展不断完善，逐渐演变成集祭祀、祈福、驱邪、商贸、表演为一体的庙会形式，娱神娱人，十分盛行。

儿郎灯会于每年的正月十五日开始至十六日结束，有一套完整的活动程式，内容丰富，形式多样，主要由“起坛”“出坛”“收坛”三部分组成。

起坛，当地人也称请神。一般请当地道士主持，起坛时间为正月十五日早上，地点在南门赣江边。仪式包括做法事、设神台、摆三牲、念诰文、三跪九拜、烧香燃烛、鸣炮奏乐等，意为邀请天地诸神与儿郎神一道，同心协力，各显神通，驱邪除恶，为民造福。民众通过祭拜神灵祈求万事如意、国泰民安。为官者望

表演

加官晋爵,读书者望金榜题名,从商者望生意兴隆,年老者望年年益寿,年幼者望茁壮成长,耕田者望五谷丰登等等,各种心愿诉求交织于此。

出坛,也称出巡、游神、菩萨出行等。出巡时,数名打着绑腿、头扎英雄巾的勇士提着宫灯引路,八位男童头戴儿郎神面具骑着高头大马紧随其后,左右各有护卫数名,两人牵马,其他护卫手持蒲扇,负责拦挡沿途群众投掷的爆竹(扔爆竹驱灾避邪),以免伤及扮神的儿郎。队伍中间手拿执示、彩旗者无数。扮康王菩萨者骑马押后护法。队伍在吹打乐的伴奏中前行,威风凛凛。据当地老者介绍,"白天过街,晚上拜庙""上半夜吃八盘八,下半夜吃米羹"都是先人总结出巡活动的民谚。白天,游神队伍从儿郎庙出发,出南门,到东门,进北门,再沿街回到儿郎庙,不走回头路,上午、下午同方向各游一次。晚上,上半夜拜庆元庙、伏虎庙等城郊之庙,下半夜拜精修观、城隍庙等城内之庙。游神的主要目的是沿途驱邪祈福、祭拜各路庙观神灵。所到之处,沿途住户、商家、庙观执事鸣

炮相迎，极其热闹。游神过程中还会结合当时群众的喜好，表演龙灯、花灯、跑马灯、蚌壳灯、放烟火、踩高跷等丰富多彩的传统节目来增添喜气和人气。每到地势开阔的地方都会表演，群众载歌载舞，场面喜庆热烈。

出坛

收坛，即送神，正月十六日早上举行。万安民间讲究“有请（接）就有送”的传统礼仪，传统祭祀活动也不例外。各地神灵应邀来此护法，为表感谢，本地群众焚香燃竹、奏乐鸣炮，列队欢送诸位神灵归位，在天者归天，在地者归地，在水者归水，在庙者归庙。随后将活动中使用的一些制品废料拿到河边，烧成灰烬随水而去，意为水化污，去凶化吉。

儿郎灯会始终围绕善财童子红孩儿、三坛海会大神哪吒、降妖除魔大元帅李靖、大太子金吒、二太子木吒、二郎神杨戬、护法天神韦陀、大力士雷震子八位儿郎神开展相关祭祀活动。该习俗涵盖宗教信仰、民间艺术、民间商贸等多种文化形式，是一个跨时空的文化复合体，具有较高的历史研究价值、观赏价值和商业旅游价值。随着社会的发展以及人们的思想观念和生活方式的转变，该习俗逐渐从一项祭祀性的民间活动慢慢转变成以娱乐性为主的节庆文化活动，为当地营造了浓郁的节庆文化氛围。

收坛

近年来，县委、政府部门高度重视“儿郎”文化的传承和保护工作。在文化部门的精心指导下，活动开展有序，文旅融合发展，知名度和影响力逐年提高，群众参与热情高涨。芙蓉、五丰、罗塘、窑头等地众多村落家族纷纷组队参加，泰和、夏造、高陂等地民间灯彩表演队也纷纷前来助兴。2015 年、2017 年、2019 年元宵节期间，儿郎灯会作为我国特色民间社火的一种，在央视《新闻联播》栏目多次宣传播出，同时，在省、市、县等各级电视媒体、报刊、网站上宣传报道。为更好地弘扬“儿郎”文化，2015 年，政府在南门坛上“儿郎”文化发源地新建儿郎文化展示馆，供世人参观；2017 年，民间自发成立儿郎灯协会专门组织开展活动；2017 年、2019 年，文化部门举办两届儿郎文化艺术节。2017 年，万安儿郎灯会经江西省人民政府批准，被列入省级代表性非物质文化遗产名录。

（刘卫东）

中秋烧塔

在万安民间还有一项很有特色的民间习俗——中秋烧塔。清道光版《万安县志》载，“儿童拾瓦片堆塔高数尺，夜间小锣鼓沿门化矛烧塔，烧至通红，会饮赏月”。据传，这项古习俗已有约七百年的历史。至今，罗塘、五丰等地还保留着这一习俗。

中秋烧塔是流行于闽、粤、赣的一种民间祈福习俗，又称烧瓦子灯、烧宝塔、烧瓦塔、烧梵塔等。“中秋烧塔”由来已久，主要分布在下乡片乡镇，百嘉、罗塘、五丰、芙蓉、窑头等地最为盛行。每逢中秋月圆时，各个村落居民都会聚集在村里的一块空地上，烧起红红火火的宝塔，火势越旺，象征着今后的日子越红火。全村老少围观祭拜，至深夜尽兴而归。

中秋烧塔

万安“中秋烧塔”习俗的来历，众说纷纭。据传，元朝统治中国后，采取各种歧视政策，剥夺人民的许多权利，并采用监控措施，对百姓的活动进行监视。元朝统治者把五户人家编成一甲，由元朝政府派一名蒙古贵族当甲长。元朝贵族在各乡村作威作福，勒索百姓钱财。元朝末年，黄河连年水灾，物价上涨，人民流离失所。一些爱国志士便纷纷奋起反抗，并事前密约：于八月十五这一天，在空旷之地用瓦片砌塔，燃烧猛火，作为行动信号，一起行动，推翻甲长。从此，烧塔便成为中秋习俗流传下来。

另一传说：烧塔是为了纪念民族英雄文天祥。据史书记载，南宋末景炎元年（1276 年）正月，文天祥被元兵扣留并被押解到北方。行至镇江时，文天祥冒险出逃。经过许多艰难险阻，在南剑州（今福建南平）开府募兵，指挥抗元。不久，文天祥又先后转移到汀州（治今福建长汀）、漳州、龙岩、梅州等地，联络各地的抗元义军，坚持斗争。景炎二年（1277 年）夏，文天祥率军由广东出兵，进攻江西，在雩都（今江西于都）获得大捷后，又以重兵进攻赣州、吉州（今江西吉安，文天祥家乡），陆续收复了许多州、县。元朝江西宣慰使李恒在吉州及兴国县发动反攻，文天祥兵败。祥兴元年（1278 年）秋，文天祥在吉州、兴国等地收容残部近万兵力准备再次反攻，于农历八月十五日汇合在早禾市（今江西泰和县禾市镇）牛吼河边上的一个小山村。中秋节当天，禾市老百姓在牛吼河上用自家门板、茅草架设了一座浮桥，供文天祥率军过桥抗元。当天晚上，文天祥率全军及老百姓共万人在渡口边上拜月神，祈求早日收复失地，国家兴旺发达。月圆时，村民们在渡口用砖块和瓦片砌成一个高约三米的大塔，并搬出所有的稻草，不停地放进去燃烧，烧得塔身通红。塔火和明月照亮了整座浮桥。到下半夜时分，数万抗元将兵全部安全地渡过了牛吼河。后来每年中秋夜，老百姓都会在渡口边砌起灯塔，烧起火，以纪念这位爱国的民族英雄，而且此习俗在各地慢慢传开。目前，禾市镇及附近的乡镇，每年中秋节及前后三天仍会烧塔。

万安“中秋烧塔”主要有垒塔、烧塔、封塔三项内容。

垒塔。农历八月十五日一大早，老人和孩子拣拾残砖断瓦，在村子的开阔

场地上，用砖打好一个六边形的基座，有的是圆形的，各留一个进火口和一个出灰的灶口，上面再用瓦片一层层错缝叠压，慢慢收腰，形似宝塔。

烧塔。晚上，随着月上中天，鞭炮响起，全村男女老少纷纷齐聚塔前。各家自带茅草、秆（稻秆）、柴火等，主烧人另备上老酸酒或米汤。村民们在塔前设香案，点好香烛，摆上柚子、月饼，再次鸣放鞭炮祭月。祭毕，随着三声锣鼓响起，烧塔开始，主烧人不断往灶口塞柴火，随着火焰上窜，再浇上酸酒或米汤。宝塔通红，犹如火龙腾飞一般。烧塔过程中还伴有舞龙灯、举龙凤旗、撑宫灯等特色活动。人们吟诗念词、载歌载舞，祈祷生活幸福安康。至今在万安民间还广为流

垒塔

传朗朗上口的中秋烧塔民谚:“烧塔烧塔,越烧越发”“塔火烧得旺,来年猪牛壮”“出秆出得多,谷多米也多。出秆出得少,田里光长草”“烧塔烧得白,养猪养到没尾巴”。

封塔。午夜以后,人们兴尽身疲,主烧人等稻草烧完后,燃放一串爆竹,念上几句祝福语,祝贺活动圆满结束。

砌塔是一项细致活,且挺讲究。烧塔的底座是最关键的部位,决定塔身的大小,而塔身则用残瓦片交叉层叠地堆砌而成,要留出许多小口,顶端则呈开放式,下宽上窄。各村每座塔的大小、高矮各不相同,其寓意也就多种多样,或象征生意兴隆、吉祥如意,或象征四通八达、团结一心,等等。

烧塔时,先要向塔底土砖留下的一个“火门”里放柴。当整个塔身被烧得通红,就可称为“红塔”。要把塔身烧红,一般都要烧到午夜。烧塔的过程中,火苗时不时地蹿过塔顶。整个塔身被烧得通红时,便不再添柴,只留一些残余的火苗。中秋节是丰收的节日,人们通过烧塔表达收获的喜悦,也象征着今后的生活像火焰一样红红火火。

(刘卫东)

第七辑 手 工 艺

传统手工艺是产生、流传于民间，且能反映民间生产生活、体现地方审美习惯的手工艺。根据手工艺的性质、制作方法及用途，传统手工艺可分为精神文化类和生产生活类。最具代表性的是百嘉酒酿造技艺、窑头豆腐制作技艺以及万安鱼头烹饪技艺。还有食品类手工制品如宝山霉豆腐、涧田红糖、夏造黄元米果等。雕刻类从传统产品转型为现代商品，木工类从造房建屋转型为现代家居装修，风生水起，可惜都是机器生产，生产过程中的民间手工艺几乎丧失殆尽。

还有一些传统手工艺，在现代文明浪潮的冲击下逐渐消亡。比如，理发的剃头匠、盖房子的泥水匠、打家具的木匠、做衣服的裁缝、制锄做犁的打铁匠、制桶的箍桶匠，以及做秤的、拧绳子的、做箬帚的、修伞的、补鞋的、修自行车的手艺人，越来越少。技艺虽优劣不一，却互为补充，解决了人们日常生活中的难题，至今留下一份未曾磨灭的记忆。

民间手工艺传承之优

据《万安县志》记载,清同治年间(1862—1874 年),万安“货之属”(即手工业产品)就有“茶(旧以神坛者为佳)、木油、草纸(表芯花尖)、靛(大蓝、小蓝),石灰、煤炭(以上出山上),缸、罂、沟瓦(皆马子坳出),罐、盂(窑头出)”。清光绪三十年(1904 年)八月,万安县令王作繂向朝廷禀报的奏折中,就述及万安“民间工艺以制纸、榨油、编棕鞯、打竹缆四种为多”。为了发展手工业生产,当时的政府即在县城的仓廒内设立了一所工艺所(后改称习艺所)。开设之初,工艺所收游民四人,学织草席。后来游民越来越多,工艺所便雇请教习一名,兼习织草履;不久,又添置砻碓两具,令习舂米砻谷;又从湖北购进毛巾织机两具,延聘教习,教授游民学织毛巾,并从省里购回织布机,开办工厂,纺纱织布。业务扩大,产品众多。据有关资料统计,当时手工业产品和产量有毛巾 8480 条,大布 875 匹,腰带 774 支,袜带 820 副,草席 3560 床,棕毯 1222 床,舂米 7430 石,不仅满足了县里人民的需要,还运往南昌、汉口等地销售。

民国时期,县城及一些重要农村墟镇,如窑头、百嘉、棉津、武术、良口等地,都设有木器店、竹器店、铁器店、裁缝铺,出产城乡老百姓生产和生活上所需要的手工业产品。1930 年,县城还开设了一间“万安缝衣店”,专为红军和劳苦群众做衣服,价钱比一般缝衣店更便宜,做衣挣来的钱,全部支援前方。

据新中国成立后的调查资料统计,至 1954 年,全县有 30 多个手工业行业,如竹业、木业、铁业、缝纫、烧石灰、采煤、烧砖瓦、制泥炉、烧木炭、打纤缆、制竹篙、做斗笠、制糖、磨豆腐、造纸、打草席、酿酒、做酱油、弹棉花、榨油、铸锅、制粉干。从事这些职业的手工业者中,三分之一依附于城镇手工业主所开设的作坊或店铺,三分之二是半工半农。这些行业中最基本的行业是铁业、竹业、木业、缝纫,产品多为城乡居民在生产和生活中所需要的,如衣服、镰铲、锄头、镰刀、犁、耙、竹箩、晒垫、禾桶、桌子、板凳、大小柜、饭甑、筅帚等。正因为半工半农的

多,农闲时才得以从事传统的手工业生产,所以技艺难以精进,且都是个体生产,手工操作,因而分散、不集中,属落后的小商品生产经济。生产工具陈旧、古老、简单,固守成法,不事改良,因而生产力低,产品价格高。抗战时期,在县城才出现一架缝纫机,缝纫算是实现"机器操作"了。

这种旧式的作坊和个体经济生产方式,不能适应形势发展的需要。1954年,开始引导手工业走集体化发展的道路。其组织形式是由生产小组,到供销生产社,再到手工业生产合作社,即由小到大、由初级到高级。到1956年,全县已组织60个手工业生产合作社,分布于全县十四个墟镇和剡溪、宝山两个农村点。1958年,除传统产品组织手工业生产合作社继续生产外,还兴办了一些手工业工厂,如铁木竹农具综合厂、棕草竹器厂、城关修配综合厂、被服厂、造船厂、建筑厂,走半机械化、机械化的道路,生产工农所需的新产品。在20世纪五六十年代,由于开展了技术革新、技术革命,各工厂发明创造了许多新农具、新工具,如铁木打谷机、耘田机、播种施肥机、手摇刷薯机、旱土播种机、自动风车、简易机耕船、双刀割禾机、小苗带土移栽插秧机、白铁桶、钢锹,有数十种之多。

铁匠

万安县创制的铁制耘田机，1975 年在吉安地区操作表演时，被海南人学去。至今，他们对机器进行改造后还在推广使用。

现将优质的传统手工业产品简介于后：

丝篾箩。弹前篾器厂出品。优点：篾丝均匀、光滑，四方四棱，编织平整结实，口锁得紧扎，接头紧密，不现空隙，不冒篾头，底很结实。

篾匠

铁丝火笼。沙坪篾器社出品。优点：篾丝匀细，编织紧扎平整，盖子结实，小巧玲珑。

草席。良口篾器社出品。优点：编织紧密，席边平整，颜色鲜艳。

菜刀。万安铁器厂出品。优点：刀口锋利，无伤火夹痕，刀把与刀芯帽光滑、端正。

四齿耙。万安铁器厂出品。优点：管形驼式，四个齿身一样大，齿距一样宽，齿尖呈一字形，齿尖无开叉，无伤火。

莲子水桶。万安木器一厂出品。优点:无斜折烂料,做得圆,上面倒了棱,呈鼓形,耳子居中,梁子不斜。

四方木条凳。万安木器一厂出品。优点:刨得平整光滑,榫头没有打通、打错,打眼时凿子没挠破木料,现面不现钉帽,抖榫没有抖破,四脚落地平稳。

纤缆。县城产,为省内名优产品,坚实牢靠,昔日赣江帆船都在这里购买纤缆。现因改用钢丝绳,使用机帆船,此业渐渐衰落。

筅帚。五丰乡枫树坪、鹅盆等地出产。筅帚为生活用具。优点:篾细,中间木坚,扎得紧,经久耐用。洗帆船时也可以用。

改良木犁。窑头木器社出品。改良木犁为仿制农具。优点:轻巧灵活,制作精致美观,犁络宽,深浅均匀,倒环整齐,操作时容易掌握,人省力,牛也省力。

三用手摇风车。窑头、良口等手工业社出品。三用手摇风车为改良农具。优点:一次能车尽乙谷,灵活轻巧;能同时分出壮谷、半乙谷、乙谷。

足踏轻便水车。枧头木业社出品。足踏轻便水车为改良农具。优点:灵活轻巧,工效比旧水车提高两倍。人坐着踏水,降低了劳动强度,一人能当三人用。曾在全县推广使用。

钢锹。县五金机械厂出品。有两种型号,一为闯字牌 2 号尖锹,一为闯字牌 F 方锹。硬度、弹性冲击和质量,均达到 A 级水平。1989 年,全国工具、五金产品质量检测中心鉴定,钢锹为优质产品。

(刘盛瑞)

话说万安造纸

清同治十二年(1873年)版《万安县志》记载,“工惟上乡造纸张工资最重”。另据民国时的《江西农工商矿纪略》载,“万安出口货物,纸为大宗,民间工艺也以制纸为最多”。全县除百嘉、窑头、韶口、罗塘等地外,其余产竹之地,历来皆有造纸。纸类有琢表,次表,大、小花笺,表芯,小纸,糙纸等。尤以棉津(含沙坪、梅团),良口(含武术、宝山、涧田、顺峰)等地产纸为佳。

万安造纸颇有名气,与其水源、取料、工艺有密切的关系。山竹有大、小年之分(大年丰产,小年歉产),又有“三化”之别(老化、中间化、幼化),幼化竹是纸料佳材。按山竹新陈代谢的规律,不能乱砍滥伐,否则,造成竹林枯竭,资源贫乏。纸质的优劣取决于水源、取料、工艺三要素:深谷竹林山泉清,嫩竹入湖清泉浸,制胶配料不离泉,槽中取宝工艺精。万安纸的特点主要是质坚性韧、色泽洁白、平整光滑、脱墨防潮,而且时久不变。纸的生产过程有很强的季节性和严缜的工艺,具体有八道工序。

一、上山砍麻

麻即幼竹。小满芒种之间,上山用幼化竹取料(长2米,宽2.5米)。麻有青筒、白筒之分(白筒须除去幼竹外皮,青筒不除),白筒料用于精制纸。

二、入湖沤烂

湖塘长方形、正方形都可,大小不等,麻石灰一层叠一层地放入湖中。麻石灰的比例是1∶1.3。山泉浸沤两个月后,将麻洗净,除污水,清湖塘后再次将麻放入湖中。表层用石块、竹片压紧,每隔七至八天,排除污水,放入清泉,反复四次。最后一次排除污水后,不再放清泉,让其腐烂即成。

三、粗细别料

将湖塘内腐烂之麻按表层、内层手工别开,表层为粗料,内层为精料。

四、加工粉碎

内层精料用脚踩,表层粗料用碓打,均呈粉状。

五、进槽配料

将料放入槽桶,加适量胶水和清泉。胶水由柳树、拉露子、香蔸子、小青、毛

树子（其中一种或多种均可）的叶子浸泡而成。

六、槽中取宝

俗称“水中取宝”，用涂了油漆的精制竹帘，手工在槽内捞纸。

七、分张烘晒

将已上榨的纸胚逐张分开，阴雨天烘烤，晴天太阳晒。

八、成件入库

根据纸类好劣，分别扎捆，磨刷加印成担，验明入库。

造纸工艺流程，前后紧紧相连，季节性强，必须做到砍麻入湖不误时，别麻碎料应按时（麻料久置，则因虫害而失效），槽中取宝不逾时（当日配料当日用完）。在正常情况下，除第一道工序外，其余工序一般有三至五人就可生产。

新中国成立前，五区和六区（棉津、良口）有槽户 2000 余家，年产纸 14.8 万担；县内聚有贾商 30 多家，专营纸业（如涧田林昌发，武术江源发，棉津曹仁兴、万利和等）。还有吉安、樟树、南昌等地还派专人坐镇收购贩运。在南昌还设有“万龙纸栈”，专人常驻，掌握信息，联系销路。当时万安纸除销往安庆、南京等地外，还畅销香港及南亚国家。纸业的发达，活跃了城乡经济，圩镇店铺林立，日中如市，颇为热闹，故有“上广下津（京），不如良口棉津，有钱做生意，无钱搞搬运”之说。

民国时期，兵荒马乱，政局不定，至抗日战争爆发，劳力减少，资源被困，商业萧条，市场渐趋闭塞，纸价急剧下降，县内纸业生产大减。民国二十四年（1935 年）《经济旬刊》载：“纸为日用所需，无刻不备，急待恢复，固不容议，且创始发明的事业，不求振兴光大，专仰给于外人，不持有关国民经济，实属奇耻大辱。”民国二十九年（1940 年），县府提倡振兴实业，改良造纸，解决供需，曾在棉津、涧田等地分别建立纸业生产运销合作社，由政府与商人合资在棉津西园、五里岗开创“合记”“兴记”改良造纸，年产毛边纸六千刀，供县用之需。至民国三十六年（1947 年），县内纸业生产：棉津仅留 17 家，产量不足万担，良口产纸也仅万担左右。

（冯玉仁）

榨 油 坊

巨大的撞锤在空中游走,“轰”的一声巨响,硕大的油槽木中便“汩汩”流出金黄的菜籽油。透过窗棂的阳光,抹在几个赤裸着上身的汉子古铜色的皮肤上。这就是榨油坊里的情景。

榨油坊里,靠墙的地方砌的是一个双灶台,两口大铁锅远远看去就像两个深不见底的黑窟窿;灶台的斜对面是一个直径七八米的大碾盘,榨油的第二道工序就在这里完成;中间开阔地带是榨油的主要部件“油槽木”的位置。“油槽木”其实就是一截巨大的树干,五米多长,两头差不多抵到榨油坊的东西墙壁,切面直径需两个大人伸长手臂才能抱全,树中心凿出一个长两米、宽四十厘米的“油槽”。

那个年代物资贫乏,家家户户种油菜和芝麻以弥补食用油的不足。每年的四月油菜籽丰收,九月芝麻丰收的时候,就是榨油坊开始飘香的日子。

沿袭了一千多年的传统榨油工艺归结起来可以用炒籽、碾粉、熏蒸、包饼、

打榨来概括。

榨油的头道工序是炒籽。炒籽的标准是香而不焦,控制好火候的大小是关键。不停地翻炒才能保证油菜籽不被炒煳。由于两口大铁锅直径足有两米,翻炒时仅靠手臂的力量是搅动不了炒勺的,所以形似牛肩骨的巨制木炒勺,被房梁上垂下的一根粗大的麻绳吊着,翻炒时就可以借助杠杆原理轻松借力。

接下来,将炒香后的油菜籽碾成粉末。大伯们把油菜籽沿着碾盘沟槽撒匀后,碾粉的任务就交给另一个主要的劳力——一头牛。为防止牛在撞锤时受到惊吓,必须给它蒙上眼罩。只要大伯在牛背上使劲拍上一巴掌,勤劳的它便不知疲倦地围着碾盘打转,身后拖着的是沉重的铁轮,“吱吱扭扭”声成了它永远听不厌的主旋律。

一个小时后,油菜籽碾成粉末后就该蒸粉了。把菜籽粉倒入木甑放入小锅蒸熟,一般一次蒸一个饼,每一甑只需两三分钟。蒸熟的标准是见蒸气但不能熟透。通常情况下,一个人蒸好一甑倒出,另一个人马上开始包饼。当蒸熟的菜籽粉填入用稻草垫底的圆形铁箍瞬间,榨油坊顿时香气弥漫,而人就像站在莲花台上跳舞似的,打着赤脚转圈圈,快速把菜籽粉踩实。

打榨是孩子们最喜欢看的“表演”,因为那是汗水与力的完美展现。把如同老式“电影胶片盒”的油胚饼整齐地填装在“油槽”里,塞上木楔子,打榨就开始了。这时几位汉子全部集中在三米多长、重达几十斤的撞锤旁,喊着号子:“嘿哟哟……嗨……”号子喊起,几位汉子首先合力把撞锤推向油槽木上方,随后领头的快速拉回,一只手扳住锤头尽量让撞锤高高翘起,借着惯性,再加力把撞锤迅猛向木楔子撞去。就在撞锤临近木楔子的刹那间,领头扳住锤头的手瞬间松开。衔着号子“嗨”的尾音,“轰”的一声,撞锤狠狠地撞向木楔子。巨大的压力,迫使金黄的油脂汩汩渗出,再流到黝黑发亮的油桶里。

(作者不详,选自《井冈山报》)

大塘头的传统土法制糖

五丰镇荷林村棠溪，俗称大塘头（因村口有个大池塘而得名），在全县的自然村中很有名气，因这里曾盛产甘蔗，并精通土法制糖。

一

大塘头从清乾隆年间开始种植甘蔗和土法制糖，中途从未间断，直到20世纪70年代末。

大塘头罗氏家族北宋末年从泰和迁入，繁衍至今，有一百多户五百余人。罗氏先人选择大塘头开基定居，也许看中的就是大塘头优越的地理环境。大塘头南、西、北三面环山，东面临水——这个“水”就是遂川江。每年汛期，遂川江夹带着上游的大量泥沙，在大塘头村口以东沉积下来，久而久之，主河道东移，沉积的泥沙面积不断扩大，厚度不断增加，形成了一块近千亩的肥沃沙洲。洪水泛滥，虽然毁坏了一些庄稼，但也给沙洲施了一次肥，所以根本不用担心沙洲土壤肥力衰退。从此，沙洲成了养育大塘头罗氏家族的一块宝地。罗氏先人在沙洲上选择大面积种植对水肥需求较高的甘蔗就顺理成章，土法制糖也自然应运而生。

新中国成立前，大塘头几乎家家户户都种植甘蔗、制糖，销售白砂糖、红糖的收入成为每个家庭重要的经济来源。最多的时候，大塘头共建有五个制糖的蔗棚（制糖的作坊），后来只保留了“上棚”与“下棚”两个蔗棚。虽然蔗棚数量减少，但生产规模反而扩大了，生产能力大大提高。

新中国成立后，由于特定的历史因素，大塘头只保留了“下棚”一个蔗棚。“上棚”废弃不用，仅作为地名流传至今。“蔗棚”没有了上、下之分，“下棚”就直接被称为“蔗棚”了。这段时期，大塘头的甘蔗种植和土法制糖业达到鼎盛，可谓举县闻名。邻村的西塘村与东源村的枫林自然村，也效法大塘头，大力推行甘蔗种植和制糖，然终因制糖技艺不精，没有坚持几年，就先后放弃了。1972年，县土产棉麻公司建成古法制糖厂，聘请了大塘头的几位师傅担任技术顾问，具体指导公司的制糖流程。

随着家庭联产承包责任制的实行和万安糖厂的建成投产，大塘头的甘蔗种植热情虽然依旧高涨，甘蔗种植规模空前大，但土法制糖终因经济效益低下戛然而止，被无情地淘汰了。

古法熬制红糖

二

大塘头的蔗棚就在村口以东百来米的沙洲中间，在此选址建棚，主要考虑蔗棚位置比较居中，可以尽量减少甘蔗的运输强度；同时蔗棚距离大塘头村更近，方便成品糖运回入库。

蔗棚占地面积有三四亩地，分为榨汁区和制糖区两部分。

榨汁区为露天区，中间高，四周低，为圆形布局。圆心处设长方形石盘基座，石盘基座上并排立着两个直径和高都为一米多的青石碾磙，分一公一母。

公石碾磙上方连接一弓形木制长臂,长臂另一边为动力端,提供动力的一般是两头牛,牛拉着长臂,做周而复始的圆周运动,运动的长臂直接带动公石碾磙转动,公石碾磙又通过齿轮带动母石碾磙转动。同时向相反方向转动的两个石碾磙把一根根甘蔗从两个石碾磙中间碾压过去,蔗汁涌出,甘蔗成皮。蔗汁一遍不尽便两遍,甚至三遍。源源不断的蔗汁通过管道流进了制糖区的大桶里。

制糖区为简易的瓦房,只有砖砌的立柱,没有墙壁,四面通透。制糖区设施并不复杂,一个长方形的土灶加一个高高耸立的烟囱。土灶上是整齐的一排直径二尺二的铁锅,共有七口,由低到高,依次排列。蔗汁滤去泥沙等杂质后进入第一口大锅,大火烧煮,去泡沫,蒸发水分,蔗汁逐渐浓缩,适时依次把蔗汁移入后面的铁锅继续熬煮。浑浊稀稀的蔗汁渐渐地变黄、变稠,由黄到红,由红到褐,到了第六、第七口锅,蔗汁就即将完成华丽的转变,成为诱人的红糖。

铁锅如此布局,是很有科学道理的。首先,铁锅虽然大小完全相同,但因为铁锅口边与灶台台面距离不一,容量并不一样,锅放置得越低,与灶台台面的距离越远,容量越大。所以,七口铁锅的容量随着铁锅由低到高的位置变化而逐渐减少,这和蔗汁随着水分的不断蒸发,体积逐渐减少是一致的。其次,七口铁锅由低到高排列,完全符合火道上升的原理。再次,七口铁锅呈"一"字形布局,甘蔗原汁需猛火烧煮,之后随水分蒸发,到最终制糖成功,火势渐小渐弱。

刚出锅的红糖温度很高,十分黏稠,一般有两种进一步处理的方法。一是直接装入大小统一的木桶中,待初步冷却后密封入库,经一段时间自然凝固,沙化结晶,真正的红糖就大功告成。第二种方法有点奇特,是用红糖进一步制取白砂糖。把黏稠的红糖装入一个底部为锥形的土陶缸里,装有红糖的土陶缸再放置于坛缸之类的容器上。装有红糖的土陶缸底部有一手指大小的圆孔,用稻草塞住,既不能太紧,也不能太松。太紧,缸里的糖和水分无法继续滴漏;太松,糖和水分全部滴漏到下方的容器里,无论是哪种情形,都没法得到白砂糖。只有不紧不松,恰到好处,让土陶缸里杂质较多的糖和水分,在重力的作用下,通过土陶缸底部圆形小孔中塞的稻草间的空隙慢慢渗漏到下部的容器里。下部容器中的糖，因为杂质和水分增加，为红褐色，虽仍然黏稠，但较之原来更稀。而土陶缸里上部的糖就得到进一步提纯（去杂质，减水分），渐渐变得像霜雪一样，颗粒微小，入口即化，比起现代化机器生产出来的白砂糖口感要好得多。缺点是用这种方法无法全部制取白砂糖，得到的是两种糖，一是白砂糖，二是有点稀、纯度更差的红糖，两种糖的比例基本是五五对开。另外，速度太慢，耗时太长。

制糖过程看起来简单，实际操作起来牵涉到许多方面，是一个需要科学协调的系统工程。

确定蔗棚开工的日期很讲究，过早，甘蔗尚在成熟沉淀糖分；过晚，甘蔗会被霜雪冻伤，影响出糖产量和品质。按照本地的节气，开榨日子一般是立冬前后的几天时间。即使这样，也难免会碰上异常的天气，如遇霜雪提前来临，就要砍伐甘蔗，不清蔗叶，就地堆放，蔗叶覆盖甘蔗，可防冻伤。

开工前的准备工作要做好几天，主要是安装调适榨具、整理场地、清洗铁锅等工作，一般由年富力强的男劳力完成。生产队其他的男劳力和全部女劳力去砍运甘蔗。

一切准备就绪，蔗棚便正式开始制糖，几百亩的沙洲里呈现出一片繁忙的景象：几百人的劳动都由队长一人调度指挥，人们服从分工，自觉劳动，绝没有怠工、窝工的现象。

砍运甘蔗、甘蔗榨汁、蔗皮晒收、烧煮制糖、搬运入库等所有工作环节，都显得紧张而有条不紊。为了赶时间，常常牛困人乏，换牛换人，轮班作业，几乎每天都要挑灯夜战至深夜。

制糖是否成功，关键在对蔗汁熬煮火候的准确把握。掌勺的技师通过“望”（观察蔗汁的颜色和黏稠变化）、“闻”（用鼻子嗅，感觉蔗糖香味的浓淡变化）、“尝”（舌舔蔗糖，感觉蔗糖的甜度变化）等手段准确判断蔗糖熬制的程度。培养一位掌勺的技师并不容易，现大塘头掌勺技师有三位，他们是罗宣芬、罗宣徒、罗高云。其中罗宣徒还健在。

三

大塘头传统的古法制糖技艺的意义和产生的积极影响是多方面的。

大塘头传统古法制糖历史悠久，它跳出了家庭作坊的制糖模式，利用机械集约生产，分工合作，大大提高了劳动效率，其生产规模是家庭作坊的十几倍，甚至几十倍，日产红糖五六百斤以上。其工艺先进，独树一帜，一直是周边模仿与学习的典范。它不仅直接推动了大塘头及其周边甘蔗产业的发展，延伸了甘蔗产业链，提高了经济效益，而且为促进大塘头成为真正的富裕之村助了一臂之力。不说别的，冬日的田野，哪里都是一片萧条与荒凉，而大塘头的冬天却因为制糖热闹非凡，呈现出一派忙碌的景象，创造出别村所没有的财富。当地至今还流传着这样一首民谣：西塘府，邓林县，大塘头，金銮殿。由此可见，大塘头与邻村的邓林、西塘相比，可谓是富甲一方。老一辈人说，大塘头在制糖盛行的年代，男丁根本不愁娶不到媳妇，远近的姑娘都希望能嫁给大塘头的年轻后生。

大塘头人家团结得像一家人似的。大家都说，这与大塘头几百年的甘蔗种植和制糖有着很深的渊源。制糖的日子里，从蔗棚里弥漫出浓郁的糖香味，即使方圆几里之外，也仍然香甜扑鼻。经过村口桂罗公路的络绎不绝的人，熟悉的，陌生的，经不起糖香味的诱惑，怀着几分好奇进了蔗棚，讨根甘蔗，尝一口蔗糖，这是稀松平常的事。年底，每户人家分得几十上百斤蔗糖，一部分销售，一部分家用，一部分馈赠亲朋好友。久而久之，大塘头的村民嘴上都抹了糖，性格、品质里都仿佛带着“甜味”，待人接物令人十分舒适与陶醉。

如今，蔗棚所在地已经复垦，踪迹全无，留下的只有青石榨盘和青石碾磙，散落在村口池塘边的草丛中，似乎每天都在诉说它曾经辉煌的历史。

（罗宏金）

民间酿酒

万安的民间酿酒传承千年历史，延续百年工艺。原料一直就是两样：一个是纯正的糯米，也叫江米，一个就是特制的酒曲。也就是以水、糯米、甜酒曲为主要原料精心酿制而成，在保持米酒原口感不变的基础上不断改进米酒的质量，使酒味调和，醇厚柔和，甜香可口，回味悠长。

民间酿酒一直坚持用传统工艺酿酒，工艺简单，无非就是蒸熟、发酵、压榨和灭菌四道工序。这个传统工艺在万安客家酒厂还能清楚地看到，厂里有蒸煮车间、发酵车间、压榨车间、灭菌车间以及包装车间。万安民间酿酒坚决杜绝任何添加，连用水都是本地最纯净的井水或处理过的自来水，在保持米酒原汁原味的基础上，再来考虑品种改良，不断改进米酒的质量。经过技术革新，现在的民间酿酒也走上了品牌化、规范化道路。目前能生产陶瓷瓶装、磨砂瓶装、易拉罐装、桶装等各种包装的酒娘、封缸老酒、陈年红米酒、糯米酒、水酒、料酒等一系列绿色食品，推出了白酒、黄酒、米酒三大系列二十多个品种，仅白酒就有 30 度、35 度、39 度、40 度和 50 度多个种类。这些产品天然环保，具有增强血液循环、促进新陈代谢、舒筋活血、补血养颜、强身健体之功效。

其实，在 20 世纪 90 年代以前，每到九月重阳节前后，本地人都会选用几十斤纯糯米用木甑蒸熟，待冷却后再加酒曲，封存发酵，多日后即可品尝酒娘。再在酒娘中兑入适量的水，就成了米酒。这是简单的酿酒过程，也是当地女人必备的一项生活技能。假如一个女人出嫁后，不会酿酒或酿出来的酒口感不行，轻则受到村里人和夫家人的责备，重则被人轻视。

而今，这项生活技能渐渐地失传了。家家酿酒、家家飘香的场景再也没有了。还有一种酒，是万安米酒的上品。那就是陈年的红米酒。在重阳日将酿造好的酒娘，置于地窖封存两年以上，待春节来临再挖出，就成了陈年的上好红米酒，此酒越陈越香，醇厚爽口，回味悠长，喝上一口，能甜到心底。过了几天，伸伸舌头，仿佛还能闻到酒香。

小时候，日子清贫，在青黄不接的季节，米酒成了生活最好的调味品。田间劳动回来，喝上一碗万安米酒，会让你瞬间忘掉生活的劳累。只是没想到，万安米酒让万安鱼头成了闻名遐迩的一道名菜。取赣江里的鳙鱼头，再伴以辣椒、生姜、米酒或当地出产的赣泉啤酒，煮出来的万安鱼头特别鲜嫩可口、香气四溢。这道菜已是万安当地美食的一个风向标。每个来到万安的人，必定吃上一大盆用万安米酒煮出来的万安鱼头。

（郭志锋）

第八辑　美　食

民以食为天，随着回归自然食品的兴起，传统美食越来越受到人们的青睐。万安地处赣江要冲，自古水路交通发达，良口、武索、五云、百嘉、窑头为交通重镇，上通两广，下达苏浙，回旋鄂川。千百年来，途经万安的文人骚客、官吏商贾，南来北往，相互交流，极大地丰富了万安的饮食文化。至今，众多的美味佳肴，既继承了本地的传统色彩，又糅合了粤、川、苏、浙各路风味，形成了万安特色。

"窑头豆腐　百嘉酒"农民画

窑头豆腐

万安自古有饮食文化民谚“窑头豆腐百嘉酒”一说。作为万安最有名的特产——窑头豆腐,以洁白、嫩滑、柔韧、可口传世。薄板豆腐,切成细丝而不断,摔在地上不会烂,且嚼劲十足;厚板豆腐,口感如清炖鸡蛋一样鲜,味道纯正。用它再加工成油豆腐、豆腐乳等,味道甚佳。千百年来,窑头豆腐成了万安人民逢年过节的美味佳肴,也成了过往万安的宾客的口中美味,甚至成为赣味食品中的一绝。

唐朝末年,有陈霖者,字时雨,河南人,科考中士,登进士第,得享御宴之幸。

御菜上了一道又一道,众多山珍海味,但陈霖唯独钟情豆腐。这御宴豆腐端上来,看相就很好,犹如结冻的炼乳。吃一口,香味浓浓,还有嚼劲,越嚼,其味越香。那日,御宴上光豆腐就上了三道菜,用不同的豆腐制作。其中一盘豆腐丝,刚开始,陈霖还以为是哪里的粉丝,吃起来才发现是豆腐做的。这让陈霖开了眼界:豆腐中有不少水分,怎么还能弄成扯不断的豆腐丝呢?这豆腐肯定不是一般的豆腐了。陈霖光想着这豆腐,连皇上说了些什么也没注意听。后来陈霖便四处打听,终于在御膳房的厨师那里学到了豆腐的制作技法。

陈霖当大唐进士没多久,还没来得及提升,大唐就灭亡了,社会进入新一轮动荡之中。十七年后,大唐后裔李氏又重新掌权,是为后唐,陈霖被重用,出任庐陵(今吉安市)刺史,后官至吏部侍郎,然不久便闲居家中。于是,陈霖便琢磨起豆腐的制作技法,并将从御膳房厨师那里学的豆腐制作技法,做了新的改良。他熟练掌握后,还手把手地教会了妻妾,并传给了后人。窑头豆腐的制作流程依次为选豆、去皮磨浆、烧浆、放石膏、压榨水分、切块六道工序。制作豆腐所需材料和器具有黄豆、石膏、井水、石磨、锅灶、木桶、勺、擂钵、摇浆架(篓)、纱布、木制口字架、层板等。

据窑头镇夏坪陈氏族谱,陈霖第八世孙陈彦富于南宋宝庆丙戌(1226 年)

从五云头狮(原泰和县域,今万安县韶口乡境内)迁居窑头夏坪开基,并将豆腐制作技艺带到夏坪。自此,夏坪豆腐开始远近闻名。自开基后一直到解放以前,夏坪都有许多专门做豆腐的作坊。做豆腐成了当地许多村民养家糊口甚至发家致富的重要门路。同时,这一技艺也传到了夏坪附近的其他村落,尤其是窑头圩镇。因宋熙宁四年(1071 年)万安改镇置县后,设立窑头塘,夏坪归窑头塘(后改名窑头乡)管辖,因此人们习惯性把这一地域做的豆腐统称为窑头豆腐。

(耿艳鹏)

百嘉冬酒

话说清康熙十七年(1678 年),有个文质彬彬、举止儒雅、年过半百的老人来到万安,吃了窑头豆腐,喝了百嘉黄酒,欣然写了一篇散文《卖酒者传》,文中曰:“万安有卖酒者,以善酿致富,平生不欺人。”

他就是明末清初著名学者、散文家魏禧,字冰叔,又名凝叔、叔子,号勺庭先生,宁都人,1624 年生,十一岁入庠,出口成章,十三岁开始在翠微峰开“易堂”授徒,专心著书,很有名气,成为易堂学派领袖。他为何到了万安?原来清康熙十七年(1678 年),天子下诏修《明史》,要文坛泰斗、一代宗师魏禧赴京。江西巡抚指令宁都县令前去报喜,督其赴昌。他一听,冷笑道:“什么喜事?分明是要我变节易志。不去!”县令劝说不动,只得调来兵丁,连拉带拽地“护送”他去了省城。巡抚一听江南才子来了,便亲自登门造访,一进门却发现他身染重病,卧床不起,便要他病愈后立即赴京。谁知巡抚刚一走,他就一骨碌爬起来,乘人不备,收拾行装,向南而去,一路采风,一路写文章,不觉来到了万安。万安人见他相貌堂堂,人品不凡,便以窑头豆腐、百嘉酒招待。这一吃,他还真的吃出味道来了,便打听百嘉黄酒的来龙去脉。

古老的百嘉冬酒酒库一角

百嘉人自古会做酒，宋代有产米酒的记载。明朝时期，有吉水江子头人迁百嘉，他善于酿酒，酿出的酒颜色黄澄澄的，喝了香喷喷的。有人问他这酒是怎么酿出来的，他讲了一个故事。江子头有口清泉，泉水甘甜可口。当地有个老太太将泉水烧开，免费供应过往行人解渴。一天，有个老汉来到这里，喝了水，吃了花生米，问她要酒喝。她说："没有酒啊！"老汉说："那你为何不卖酒？"她说："稻子要人作，蒸酒要柴烧。我一个孤寡老婆子哪能做酒卖啊。"老汉一听，从自己口袋里掏出七粒糯米丢入井里，七天后井水变成了黄酒，黄酒香飘十余里。从此，老太太卖酒赚了钱，在村头建了一座桥，这座桥就叫醪桥。百嘉人一听，深受启发，认为这是仙人制的仙酒，从此也用糯米做酒。手工操作制出来的酒光泽透明，香气扑鼻，口感甘醇，清凉不辣，颜色澄黄，很远就能闻到酒香，许多人靠做酒致富。

百嘉酒是万安众多老冬酒（黄酒）中的佼佼者，呈棕黄色（不加色素），醇香、性浓、无杂味，酒精 15 度，葡萄糖含量为 2%。百嘉酒的制作工艺已广传至芙蓉、涧田、潞田、沙坪、宝山等乡镇，并且还传到外省、市、县。如今万安酿酒厂和万安客家酒厂不断改进工艺，开发生产的糯米桂花酒、封缸酒，味道更加香醇，抿一口即沁入心脾，回味无穷。

（郭敬华）

附录

卖酒者传

万安县有卖酒者，以善酿致富，平生不欺人。或遣童婢沽，必问："汝能饮酒否？"量酌之，曰："毋盗瓶中酒，受主翁笞也。"或倾跌破瓶缶，辄家取瓶，更注酒，使持以归。由是远近称长者。

里有事聚饮者，必会其肆。里中有数聚饮，平事不得决者，相对咨嗟，多墨色。卖酒者问曰："诸君何为数聚饮，平事不得决，相咨嗟也？"聚饮者曰："吾侪保甲贷乙金，甲逾期不肯偿，将讼，讼则破家，事连吾侪，数姓人不得休矣！"卖酒者曰："几何数？"曰："子母四百金。"卖酒者曰："何忧为？"立出四百金偿之，不责券。

客有橐重资于途，甚雪，不能行。闻卖酒者长者，趋寄宿。雪连日，卖酒者日呼客同博，以赢钱买酒肉相饮啖。客多负，私怏怏曰："卖酒者乃不长者耶？然吾已负，且大饮啖，酬吾金也。"雪霁，客偿博所负行。卖酒者笑曰："主人乃取客钱买酒肉耶？天寒甚，不名博，客将不肯大饮啖。"尽取所偿负还之。

术者谈五行，决卖酒者宜死。卖酒者将及期，置酒，召所买田舍主毕至，曰："吾往买若田宅，若中心愿之乎？价毋亏乎？"欲赎者视券，价不足者，追偿以金。又召诸子贷者曰："汝贷金若干，子母若干矣。"能偿者捐其息，贫者立券还之，曰："毋使我子孙患苦汝也！"其坦然如是。其后，卖酒者活更七年。

魏子曰：吾闻卖酒者好博，无事则与其三子终日博，喧争无家人礼。或问之，曰："儿辈嬉，否则博他人家，败吾产矣。"嗟乎！卖酒者匪唯长者，抑亦智士哉！

（节选自《魏叔子文集》，作者魏禧系明末清初著名散文家）

金丝小红枣

每年八九月间，宝山乡（原名黄塘乡）的片片枣林里，黄澄澄、红彤彤的枣子挂满枝头，宛若天上的繁星。小红枣皮薄核小，肉厚不膨，脆甜可口，自古便是贡品，并远销闽、粤及东南亚各国。

相传很久以前，一个乞丐来到黄塘，住在狮子岩，不幸被毒蛇咬伤，毒性发作，危在旦夕，当地一个老汉发现后立即用草药救了他的命。几年后，这个乞丐又来到了黄塘，看见那个老汉饿得皮包骨头，且上吐下泻，生命垂危。乞丐赶紧拿出不知在哪里讨来的几颗小红枣给他吃。老汉如获至宝，狼吞虎咽地吃了小红枣，连枣仁也吞了下去。乞丐说："哎呀，你怎么把枣仁也吞了？"老汉说："这么好吃的东西，我怎么舍得吐掉啊！"乞丐告诉他，既然吃了枣仁，就不要到厕所拉屎，要到菜地里去大便，并用土掩埋好。乞丐说完便头也不回地走了。很快，老汉就不吐不泻了，他照乞丐说的到菜地里解了大便。

转眼到了春暖花开、万物复苏的季节，那菜地里竟长出了几棵枣树，不几年就开花结果了。村民们奔走相告，都来尝鲜，还把枣仁丢入自家的菜地，果然家家菜地里都长出了枣树，且越长越多，越长越大，年年丰收。这时，大家才恍然大悟地说："他哪里是乞丐？肯定是神仙啊！"于是，每当枣子成熟时，村里百姓都烧香点烛，用红枣敬天神。

有一天，大家都在热热闹闹地敬天神，有个药商经过这里，问这是怎么回事。大家把枣子的故事讲给他听。药商听完后，感觉十分神奇，知道其中定有奥秘，便高价收购当地红枣，贩运出国，得到了国外客商的青睐。他们认为这种红枣皮薄核小，肉厚不膨，脆甜爽口，营养丰富，药性很好，有健脾补血、养神补脑、滋阴补肾、益气生精的功效。又因红枣晒过之后，用手一掰，就能把枣肉拉出一条条金丝来，因此取名金丝小红枣。从此，金丝小红枣畅销各地。《万安县志》便有"金丝小红枣，外出远又香""产品远销港粤地区和东南亚各国，颇受药商青睐”的记载。

话说，那药商的弟弟是个朝廷命官，听说金丝枣十分神奇，便带了一些到京城献给皇帝享用。皇帝因有三宫六院七十二妃，妻妾嫔妃艳姬成群，气血亏损，气喘肾虚，精神萎靡，皇子又患有因血小板减少引发的紫斑病，其形难看，其痒难忍。他们一起吃了红枣炖鸡汤、炖鸡蛋、炖莲子后，竟然收到了奇效：皇上心情舒畅，气血旺盛，益气生精，精神大振，皇子的紫斑症也好了很多。皇上大加赞赏，称其为神枣，并下令每年进贡。从此，宝山金丝小红枣成了贡品。

（蔓　菁）

鱼 肴

传说宋代大文豪文天祥途经万安时，在县丞刘功甫家做客，他说自己特别喜欢吃鱼，请刘功甫不要杀鸡宰鸭，也不要割肉剥兔，要吃鱼，且要四盘五碗。四盘五碗是万安摆宴待客的常规，即四个炒盘、五个煮碗，全用鱼来做，确实是个难题。谁知刘功甫满口答应，曰："吾县盛产各种鱼，别说四盘五碗，就是八盘八碗（过去待客的最高档次）也不在话下。"果然，厨师弄了八盘：油炸酱汁餐条干、油炸鳝圈圈、油炸鱼包、油炸虾包、酒糟鱼、糖醋鱼片、莴苣炒鳝丝、红烧鲤鱼；八碗：粉蒸鲶鱼、泥鳅粉芋羹、清蒸鲫鱼、清蒸甲鱼、捶鱼丝汤、鱼圆汤、黄颡鱼汆汤、鳙鱼头汤。文天祥见了大喜，曰："八干八湿，还有老鳖作船，可谓八仙过海了。妙哉！妙哉！"他兴致勃勃地饱餐了一顿，喝了一坛百嘉老酒。

传说归传说，但万安确实是得天独厚的鱼米之乡，不仅有赣江盛产的各类河鱼，而且众多水塘中还有人工饲养的家鱼。鱼的烹调在万安也别具特色，广为流传。很多游人专为品尝万安的鱼而慕名远道而来。

油炸酱汁餐条干 将小餐条、小沙㑇鱼去除内脏烘烤成干，油炸鱼干，加姜末、辣椒、大蒜酱炒，下酒送饭都好。

清蒸糟鱼 冬季，选较大的草鱼或鲤鱼切成巴掌大的块，洒点盐腌半天后晒至半干，再用上等米酒酿糟加玫瑰花、生姜、辣椒、五香粉腌制一个多月后即可清蒸食用，糟鱼色为玫瑰红，味道独特。

捶鱼丝 原为万安南乡客家喜庆筵席、年节、待客的必备佳肴，外观与北乡的肉丝一样，味道却迥然不同。与鲜鱼一样，选用大草鱼、鳙鱼、鲤鱼除骨除皮。将鱼与荸荠粉（或优质薯粉）、鸡蛋、茶油拌和制作，手工操作，工艺较复杂，要捶得很碎、很韧（故名捶鱼），高温蒸熟晾干，烹调可煮、炒、炸、烧汤，口感鲜美韧滑。

粉蒸鲶鱼 鲶鱼切成块，粘糯米粉加五香粉、胡椒、辣椒粉，下面托以芋片，味道特别鲜美。

雪花泥鳅羹　把一个个小粉芋放入清水中煮熟后，捺出去皮，再放入锅中加水煮。煮干后，将活泥鳅倒入，加姜丝、佐料，待泥鳅可脱骨时搅成泥状，再添加茶油或芝麻油，其味嫩滑鲜美。

鱼包、虾包　在禾花鱼（农田中一种很小的花鱼）或米虾（小虾）中拌入面粉或糯米粉，加鸡蛋、姜末、香料及少量食用苏打，拌成浆糊状后，用汤匙舀入热油中炸成包，口感鲜脆香酥。

黄颡鱼氽汤　万安一年四季都可捕的黄颡鱼（俗称黄丫颈），烹调方法很简单：水开后将黄颡鱼和佐料一齐下锅，封盖十分钟，起锅前加点芡粉即可。

（刘如愚）

万安鱼头

万安鱼肴闻名遐迩，慕名前来品鱼者不计其数。有朋自远方来，不亦乐乎。只要有客人来，万安人必以鱼宴招待，以尽地主之谊。乍一看，误以为此鱼宴与别的地方没有多大区别，只是多些鱼罢了。其实万安所说的鱼宴，至少包含两层意思：其一，本地的鱼宴常常是全鱼宴，桌上所摆放的菜肴皆与鱼有关，也就是说原料均取自鱼身；其二，此地的鱼宴与别地的不同处在于所有的鱼均来自赣江。而其中领头的一道菜恰恰就叫"万安鱼头"。万安鱼头，现已成为十大赣菜之一，打开百度就能查到"万安鱼头"的相关简介。

万安鱼头主要原料是赣江里的鳙鱼，做起来也很简单。首先，食材一定要新鲜，以前一天晚上渔夫刚刚捞上来的鳙鱼为最佳。在晨曦的微光中，鱼在鱼篓里面翻腾跳跃，鱼的鳞片还闪着新鲜的光泽。挑上一条肥硕鲜美的鳙鱼，剖开鱼肚处理好内脏，然后把鱼头洗干净，放盐和豆粉腌制两个小时。在烧热的大铁锅中放一大勺油润锅，再佐以姜片、蒜片、干辣椒、花椒等料子炝几秒。此刻，把腌制好的鱼头倒入热锅煸炒五至六分钟，使鱼呈现金黄色。再将煸好的鱼头倒入砂锅，放啤酒、泰椒、尖椒、蒜泥、味精、酱油、蚝油，煲一至两个小时，撒入香菜叶以提香。如果再加些本地的窑头豆腐一起炖，则更加鲜美。做好的万安鱼头还未到餐厅，香气早已四溢开来。等到鱼头摆上餐桌，只见红油白汤，品相绝佳，夹一块豆腐放进嘴里，顿觉唇齿间细滑鲜嫩；喝一口鱼汤，直感汤汁浓香醇厚！而鱼脑，更是爽口顺滑，令人回味无穷！劳累了一天的人们回到家中，如果能吃上这样一碗万安鱼头，那真是赛过神仙的日子。

鳙鱼有一个透明、独特的胖头。它的鱼脑与众不同，比一般的鱼脑更大、更肥厚，不仅肉质鲜嫩，清香爽口，而且营养价值极高，含有十余种氨基酸。吃了一回，就想吃第二回，令人难以忘怀。

发掘于万安的渔梁城遗址表明，在新石器时代，原始人类就已寻找到赣江这个天然的渔场。那时的人，吃鱼虽然十分简单粗糙，但美味无限。

其实玄机不玄，奥妙就在原材料。发源于赣南山区的章江与贡江，流至赣州合二为一，成为赣江。赣江流了数十公里，便进入了万安境内，几乎横贯整个万安县。赣江，是江西的母亲河。她把第一滴甘甜的乳汁给了万安，也把美好的河山留在了这儿。或许是因为万安有着70%的森林覆盖率，空气格外清新，或许是因为万安湖区水质清澈，从未受过任何污染，所以这儿盛产的鳙鱼、鲫鱼、草鱼、鳊鱼、石斑鱼等水产品，有着原生态的纯净和香味。

（郭志锋）

果品点心

万安农家的糕点食品，具有传统特色，口感独特。

沙坪米粉 万安称米粉为“粉干”。沙坪粉干自古就有名气，细如丝，韧如筋，色洁白，耐收藏，久煮不煳不烂，不仅可煮汤，还可油炸，而且油炸的更爽口，常被用作待客点心。肉炒粉干为家常菜肴。

潞田花酥 潞田花酥是一种糯米粑粑，选用优质糯米（如高秆桂花糯、石晶糯）先蒸成糯饭，做成圆饼（约碗底大小），画上花色，晒制成干饼（须无风的晴天晒制）。食用时，用浮油炸酥（可膨发到菜碗口大），口感香脆鲜酥，故名花酥。将炸酥后的花酥放入鸡汤、肉汤或蛋汤中稍煮，即是高档的待客点心。

雪花珍珠丸 用薯粉和煮熟的粉芋揉在一起，再搓成一个个小圆球，下开水锅中煮熟加糖，即可食用。雪花珍珠白如同玻璃球，既好看又好吃，松软爽口。

香禾子米果 香禾子是一种低产量的高秆粳稻。用其米蒸成饭，入碓臼趁热加入黄槐柴烧成的灰过滤的水，用棒子捶搓，揉成稀烂的饭团，再用雕有花卉图案的印板打成一个个饼晾干，后放入冷开水中浸漂，可保存半年不坏。食时切成片用油炸，再撒上白糖（甜食）即可食用，或用白菜条、腊肉煮炒（咸食），口感软韧香甜。

玛瑙薯片 又名乌干仔或黄干仔，即倒蒸番薯干。将整个新兜番薯（指早稻收割后稻田里种植的晚番薯）煮至五到七成熟后，刨成片晒干，再入甑蒸至全熟（蒸时须将煮番薯时的糖水浇入），最后晒干而成。薯片呈暗红色（乌干仔）或金黄色（黄干仔），透明似玛瑙，口感柔韧香甜，甜得沁心。

猪肠糕 将神仙粉（纯糯米浸泡 49 天后磨浆过滤成粉）与红糖拌匀，搓揉成猪肠状，蒸熟即成，口感柔韧甜腻。

冲霄 用糯米粉拌以熟芋，加糖揉成团，切成指粗的条块，晾干即成。食用时烹炒、油炸均成倍膨发，色金黄，松脆香甜，入口即化。

玉兰片 一种是晚米浸泡后磨成浆，加点糖或盐，用汤勺舀入特制的铁盆内，摊成薄薄的一层，将盆放入开水锅内水面上漂蒸，熟后取出粉皮晾至半干，切成丝或片，还可染上各种色素，晒干后即成，俗称炀皮。另一种是将浆滤溜成粉，加入干糯米粉揉搓匀韧后入甑蒸熟。蒸熟后取出，先碾成片或块，涂上色素，再卷搓成筒状，然后横切成薄片，晒干即可。食用时油炸则膨发，口感香酥；煮炒则柔韧，加入鸡蛋、肉丝，是一种上好的点心。

芎玉米果、芭蕉米果 把天然野菜——艾（有香艾、芎玉草等几种，统称"艾"，以芎玉草为最好）煮烂后，拌入糯米粉和白糖揉搓，做成一个个条形或圆饼形（或用印花模板打成饼），米果蒸熟即成。若将做好的生米果用芭蕉叶一只只卷包起来再入笼蒸就叫芭蕉米果。两种米果都散发天然的清香，柔韧脆口，常食可防癌、治癌。

薯包米果、芋包米果 将脚板薯刷成糯糊状（或用煮熟的粉芋捣烂），加入1/3的米粉或面粉，适量的糖（或盐）、姜末、蒜叶等拌匀后用手抓成圆球体（比乒乓球略小），用汤匙舀入沸油中炸，待表皮略黄，米果浮上油面即可起锅，口感香酥鲜脆。

贵妃糯饭、泥鳅糯饭 把优质纯糯米用热水浸泡30分钟，然后洗净，拌入肉粒（肥瘦各半）入油锅炒，不放水蒸，而是用文火慢慢炒，渐渐添油，并略洒点盐水（或糖水），直至炒熟。糯饭香味扑鼻，口感韧滑，越嚼越有味，据说过去皇宫的贵妃才可以享用，故名贵妃糯饭。食之，能暖胃健体，对尿频、尿床患者有立竿见影的疗效。

泥鳅焖糯饭 按1∶3的比例取活泥鳅和优质糯米，先煮糯米。待糯米七成熟时，将活泥鳅及蒜、姜、猪油、盐等佐料倒入即封盖焖。水干饭熟后，用筷子将一只只露在饭面上的泥鳅头和骨头夹掉。再加入芝麻油，将泥鳅肉与糯饭搅拌均匀，即成鲜美软糯的泥鳅焖糯饭，这是糯饭中的珍品。

（刘如愚）

菜 干

万安农家有些蔬菜晒制的干,风味独特,是烹调的好佐料,也是好菜肴。

笋干炒腌菜 收采春笋的季节,将去年腌在瓮缸里的青菜芯(湿腌菜)取出,与切成片的熟春笋加辣椒粉一道拌匀入甑久蒸,后晒成干。这是烹调红烧肉、扣肉的上好佐料,酸、香、甜、辣、咸五味齐全,比市面买的干菜笋好多了。上桌后,食客宁舍肉而拣食菜干。

菜脑干 把较嫩的青菜头除皮切薄片晒制成干,这是炒肉、烧肉、煮汤上好的佐料,入口清脆爽齿。

萝卜干 良口的萝卜自古就很有名。相传,当年曹操八十三万人马路经良口滩,船被打翻,驻军埋灶做饭,用半个萝卜供全军吃了一顿;另外半个挖空成船,装运全军人马。良口、罗塘、云洲等地沙质土种的萝卜又大、又嫩、又甜,晒制的香干萝卜、五香萝卜及萝卜丝,炒肉、烧汤都味浓脆口。

南瓜花、木槿花、芙蓉花、辣椒等花干 万安农户习惯晒制各种花干,将鲜花先用盐腌制,后加入米粉入笼蒸熟,再一朵朵摊开晒干,食用时用油炸,又香又脆,既可作为果品送茶,又是下酒的佳肴。另有南瓜拌辣椒粉蒸熟后晒的南瓜干,也是甜辣兼备的好果品。

(刘如愚)

家禽佳肴

家禽的烹调花样繁多，万安人特别喜欢下面几道大补的家禽烹调菜肴。

三胞胎 准备一整只猪肚、一只仔鸡、一只鸽子、一个鸡蛋，鸡蛋放入鸽腹，鸽子放入鸡腹，再用猪肚包裹鸡，加入七粒白胡椒和大蒜头，用线封口，加入适量清水在砂锅中文火炖透。这道菜不仅鲜美，而且可以温补脾胃，治胃溃疡。

三杯鸡 选不超过一公斤的仔鸡一只，枸杞、黄芪、党参各20克放入鸡腹，加入素油、黄酒、酱油各一杯（约100毫升），故名三杯鸡。不加水，在砂钵中文火炖烂即成。出锅时醇香扑鼻，皮色金黄，油而不腻。

粉蒸仔鹅 鹅的烹调多是红烧、煮汤或小炒，而粉蒸仔鹅是万安的传统烹调法。选一只刚长齐老毛的仔鹅，用糯米粉清蒸。鹅肉下面垫荷叶、芋仔，上面洒姜末、大蒜末、胡椒，起锅时浇点芝麻油，口感鲜美香脆，可补血壮体。

炒仔鸭 选刚换过绒毛的仔鸭，新嫩姜、红辣椒、花椒（10克）用素油热炒，香脆可口，辣得洒泪，鸭块连骨头都可嚼碎。食之可暖胃。

（刘如愚）

猪肉菜肴

万安花猪自古以来就远销川、广、苏、浙一带，肥瘦适宜，油脂适中，可烹调很多名菜。此选述几种。

荷花娘子 用荷叶包裹剁碎的夹心肉或荷花油（即大肠上撕下的油），置于钵内，一瓣一瓣地摆成一大朵荷花状，再放入甑中（或蒸笼）以合适的火候蒸透，荷叶清香扑鼻，口感滑溜不腻，清香爽口。

酿豆腐 将肉末加冬笋（或菜头、萝卜）粒，塞入已炸好的皮韧中空的油煎豆腐（或切成三角形的大块白豆腐）内，以薯粉封口，后清蒸或汤煮，口感脆滑多味。

十锦荟萃 将瘦猪肉、鸡丁、冬笋、红萝卜、苹果、橘片、海带（以上均切成碎粒状），小白菜和已煮熟的青皮豆等十种不同颜色的原料，加佐料及少量糖一同下锅煮，起锅时撒点淀粉勾芡，形成红、白、黄、绿、青、蓝、紫七色俱全的糊羹，风味独特。

焖三绘 把精肉丝、豆腐丝、墨鱼丝（或冬笋丝）先炒后焖，色、香、味俱全。

万安清汤 馄饨清汤各地都有，但万安清汤颇具特色：个儿大，皮薄，肉质鲜嫩，滑溜炀口，汤清而油较重。

（刘如愚）

编后记

“古色文化”是近年兴起的一个词，其确切含义，众说纷纭。所以要编辑一本叫作《古色万安》的书，压力很大。对于万安的古代历史文化，一些前辈做出了不懈的努力，特别是县政协数十年来陆续编印了二十多本文史资料集。众多文史爱好者怀着对历史、对先人的敬畏之心和神圣的使命感，也做了许多收集、整理和撰写工作。基于这些良好的基础，以及县委、县政府的高度关心和支持，县政协策划并组织编写了本书。

本书的基本架构或者说写作大纲，数易其稿，我们也征求过有关专家的意见。根据既定思路，我们进行了具体的分工与合作。对于参与的写作者，我们要求尽可能地进行田野调查，尽可能地核实史料，尽可能地配上图片。我们还自我加压，要求尽可能多地收录新创作的文章，增加新作在本书中所占的比例。围绕这些目标，各位作者争先恐后地深入实地调查，并反复查阅有关史料。有时为求证一个人名或地名的更替，作者们多次采访知情人，咨询有关专家，彰显出对历史负责、对读者负责的严肃态度。

纵观全书，由于作者众多，各人的表达方式本来就千差万别，再加上有些作者年事已高，无法重写，因此某些篇目在叙事的风格上或是语言的运用上，差异比较明显。然而，编纂团队真诚合作，文章异彩纷呈，或平实介绍，直接入史，突出要素；或特地访古，情倾于史，突出古韵；或专题挖掘，考据以史，突出底蕴。总而言之，目标一致，既追求史料性，又追求可读性。

需要说明的是，本书有些篇目在内容上有交叉，为防止重复，只能二者取其一。比如人物张鸣冈，因为在“牌坊”篇中已写了他的履历，所以在“名人”篇里就没有再列举，在“村落”篇里也只是一笔带过。又比如万安鱼头、窑头豆腐等，因为在“美食”篇里有涉及，故而在“手工艺”篇里就没有再重复，等等。另外，还有一些内容无法穷尽，我们只能根据现有的史料，将主要部分列入本书。比如“诗词”篇、“古树”篇，都只是沧海一粟，反映的也只是一个侧面，诸如此类，不胜枚举。

借此机会，我们诚挚地感谢县政协历年来的文史资料编纂者的无私奉献，感谢县文物局、县文化馆等相关单位为我们提供宝贵的资料。本书照片由郭隆润、孙跃峰、耿艳鹏、萧人翔、郭志锋、刘卫东等人提供，一并致谢。

限于各种主客观因素，本书肯定存在诸多不足，敬请读者批评指正。